经济学专业课程思政

理论初探与案例分析

主　编：杨玉珍　李荣华　　副主编：李志前　张　磊

中国经济出版社
CHINA ECONOMIC PUBLISHING HOUSE
北　京

图书在版编目（CIP）数据

经济学专业课程思政：理论初探与案例分析 / 杨玉珍，李荣华主编. -- 北京：中国经济出版社，2023.11
ISBN 978-7-5136-7460-7

Ⅰ. ①经… Ⅱ. ①杨… ②李… Ⅲ. ①经济学-教学研究-高等学校 ②高等学校-思想政治教育-教学研究-中国 Ⅳ. ①F0 ②G641

中国国家版本馆 CIP 数据核字（2023）第 177716 号

责任编辑 焦晓云
责任印制 马小宾
封面设计 久品轩

出版发行 中国经济出版社
印 刷 者 北京富泰印刷有限责任公司
经 销 者 各地新华书店
开　　本 710mm×1000mm 1/16
印　　张 19.5
字　　数 329 千字
版　　次 2023 年 11 月第 1 版
印　　次 2023 年 11 月第 1 次
定　　价 98.00 元
广告经营许可证 京西工商广字第 8179 号

中国经济出版社 **网址** www.economyph.com **社址** 北京市东城区安定门外大街 58 号 **邮编** 100011
本版图书如存在印装质量问题，请与本社销售中心联系调换（联系电话：010-57512564）

本书是河南师范大学经管类专业课程思政教学研究特色化示范中心、河南师范大学西方经济学课程思政教学团队与河南师范大学本科教育教学改革研究与实践项目“经济学专业课程思政教学指南编制”的阶段性研究成果。

本书编写组

主　编　杨玉珍　李荣华

副主编　李志前　张　磊

成　员（按姓氏音序排列）

冯　冬　韩喜昆　姜景军　李　敏

黎文勇　石晓华　宋跃刚　王　博

谢超峰　薛豫南　曾凡慧

本书简介与使用说明

为贯彻落实教育部《高等学校课程思政建设指导纲要》(教高〔2020〕3号),中共河南省委高校工委、河南省教育厅《关于推进本科高校课程思政建设的指导意见》,《中共河南师范大学委员会、河南师范大学关于印发〈河南师范大学课程思政建设实施方案〉的通知》等相关文件精神,全面推进省级经管类专业课程思政教学研究示范中心建设,着力培养具有家国情怀、国际视野、创新精神和实践能力的高素质经济学人才,本书编写组依托河南师范大学的师范教育优势和专业学科基础,组织学校经济学科带头人、专业骨干和优秀青年教师编写了本书。本书是河南师范大学经管类专业课程思政教学研究特色化示范中心、河南师范大学西方经济学课程思政教学团队与河南师范大学本科教育教学改革研究与实践项目“经济学专业课程思政教学指南编制”的阶段性建设成果。

本书包括理论研究、案例分析和附表三个部分,各部分既有所侧重,又紧密联系。

第一部分理论研究,遵循“思想政治教育—课程思政—经济学专业课程思政”的逻辑,梳理了改革开放以来我国思想政治教育的发展历程和成功经验,明确了课程思政的内涵与重要意义,并结合河南师范大学商学院西方经济学教学团队的实践,介绍了“教师高端引领,学生有序参与”的经济学专业课程思政教学机制;同时,结合国家和省级教育行政部门发布的重要政策文件、一线教学实践与教育质量评价理论,从教学团队和教师个体两个层面提出课程思政建设成效监测指标体系,分析当前经济学专业课程思政建设面临的挑战,并从系统论和协同论视角出发,给出经济学专业高质量推进课程思政建设的路径。

第二部分案例分析是本书的主体内容,分为政治经济、产业经济、宏观经济和数字经济四章,立足于改革开放以来我国经济发展的成就与政策,运用马克思主义基本原理、中国特色社会主义理论体系与习近平新时代中国特色社会主义思想，挖掘各案例蕴含的思政元素，将专业知识讲授、能力提升与价值引领融于教学之中，以增强学生理论联系实际、科学分析经济现象与本质的能力。本书结合专业基础课程与专业核心课程的知识体系，从中国经济发展历程和政策创新的多彩实践入手，围绕政府、市场、行业、企业与家庭等市场经济活动的重要主体，开发形成基于经济学专业课程群的课程思政案例，给出了专业知识教育与思想政治教育相结合的一般流程与教学组织方式，可为高校一线教师和专职辅导员结合专业特点开展思想政治教育提供参考。

第三部分附表。为全面呈现21世纪，尤其是党的十八大以来，我国高校思想政治教育的政策主题、政策变迁轨迹和重要创新实践，本部分较为系统地梳理了国家层面思想政治教育重大政策和课程思政重要政策、省级层面课程思政实施意见，并摘录了各地代表性高校课程思政的具体工作方案和建设经验，形成涵盖课程思政顶层设计和微观实践的政策文本资料汇编，可为高校教师与思想政治教育专业人员开展课程思政理论研究和典型案例对比分析提供便利和参考。

由于编者水平有限，本书在理论研究、思政元素分析、教学实施，以及附表收集、归纳和整理等方面难免存在不足，诚望广大专家学者和一线教师提出宝贵意见和建议。

本书编写组

2023年10月

序言

党的二十大报告指出，教育是国之大计、党之大计，培养什么人、怎样培养人、为谁培养人是教育的根本问题，育人的根本在于立德，要全面贯彻党的教育方针，落实立德树人根本任务，培养德智体美劳全面发展的社会主义建设者和接班人。高校是知识生产、专业教育、科学研究、社会服务与人才培养的高地，是教育、科技、人才与创新的重要联结点和空间集聚地。2016年12月7日至8日，习近平总书记在全国高校思想政治工作会议上发表重要讲话并指出："要用好课堂教学这个主渠道，思想政治理论课要坚持在改进中加强，提升思想政治教育亲和力和针对性，满足学生成长发展需求和期待，其他各门课都要守好一段渠、种好责任田，使各类课程与思想政治理论课同向同行，形成协同效应。"这一重要论述为新时代高校推进课程思政建设提供了根本遵循和行动指南。

立德树人是新时代中国高校人才培养的鲜明标识。2020年5月28日教育部发布的《高等学校课程思政建设指导纲要》，是我国高校课程思政建设的标志性文件，指出要深入贯彻落实习近平总书记关于教育的重要论述和全国教育大会精神，贯彻落实中共中央办公厅、国务院办公厅《关于深化新时代学校思想政治理论课改革创新的若干意见》，把思想政治教育贯穿人才培养体系，全面推进高校课程思政建设，发挥好每门课程的育人作用，提高高校人才培养质量。省级党委教育工委和教育行政部门纷纷出台课程思政的工作规划与实施方案，聚焦课程思政体系建设，围绕教学队伍、教学体系、课程体系与平台搭建等出台指导意见，推动普通高等教育与职业高等教育等不同类型高校，综合类、理工类、财经类、师范类、农林类、医药类等不同类别高校，结合院校特点和学科特色创新开展课程思政建设。高校课程思政建设由注重学科德育的局地探索迈向全面推进和纵深发展的新阶段，成为高校人才培养机制改革与教学实践创新的高频词汇与思想政治教育领域的研究热点。

河南师范大学是国家中西部高等教育振兴计划支持高校、国家“111计划”实施高校、河南省人民政府与教育部共建高校、教育部本科教学工作水平评估优秀学校和河南省特色骨干大学、河南省“双一流”创建高校，即将走过百年风华，在专业建设、学科发展、科学研究、人才培养与社会服务等方面形成了优良传统、取得了丰硕成果。学校始终坚持立德树人，高度重视课程思政的顶层设计，遵循建章立制、理论研究、教学实践、凝练成果与扩大服务的原则，聚焦教师队伍“主力军”、课程建设“主战场”、课程教学“主渠道”，以师范教育为支撑，遵循学科差异和专业特点，深度推进专业教育、思政教育与师范教育的有机融合，着力打造跨专业、跨学科、跨学院的德育共同体，着力创新党委管总、职能部门统筹、院系主体实施、专业特色发展、多学科协同与多部门联动的课程思政工作机制，探索并不断完善“专业＋思政＋师范”的课程思政建设新路径，实现课程思政建设由政策驱动和外生牵引向价值追求和内生发展的范式转变，着力打造集样板课程、教学团队、特色化研究示范中心于一体的河南师范大学课程思政品牌。

为推动课程思政建设落实落地和深入发展，2021年12月8日，河南师范大学印发了《河南师范大学课程思政建设实施方案》，将课程思政作为高质量人才培养的重要抓手，提出全面发动、分批建设、示范引领、抓核心、全覆盖、全过程、建立标准、产出导向与推动课程思政教学体系建设的行动思路。学校建立课程思政重大研究课题征集制，围绕课程思政理论层面的“疑问困惑”、教学实践维度的“有序推进”、组织实施层面的“一体协同”等重点难点问题，向全校公开征集选题，在校教学改革研究与实践项目、校教育科学研究基金中设立课程思政专项，实行“揭榜挂帅”和“赛马”等制度，支持教师潜心研究和创新教学实践，开展高水平的课程思政理论探索与案例分析。学校坚持一流教研涵养一流教学、培养一流人才，一流教学、一流人才检验一流教研成效的思路，依托高水平教学实践凝练一流教研成果，以一流教研成果引领高水平教学实践，形成教学实践、人才培养与教研成果的良性循环，着力打造扎根于实践、具有鲜明学科属性和专业特色的课程思政教学研究成果。

经济学专业扎根于经济实践，与社会发展联系密切，天然地带有“高大上”与“接地气”的双重属性。中国经济发展奇迹、发展道路与发展模式是备受海内外关注的重要议题，如何吸收借鉴西方经济学的有益知识，并将其融入中国经济发展实践，是新时代我国高校经济学专业落实立德树人根本任务的重要内容。本书从政治经济、产业经济、宏观经济和数字经济等不同“剖面”，运用马克思主义基本原理、中国特色社会主义理论体系、习近平新时代中国特色社会主义思想，对改革开放，尤其是党的十八大以来中国经济发展的重大成就、典型案例与创新实践进行分析，深入挖掘渗透于丰富多彩的经济实践的思政元素，编写涵盖微观、中观与宏观等不同层面，涉及高质量发展、制造业转型升级、乡村振兴、共同富裕、高水平对外开放等不同主题的教学案例，是学校分类推进课程思政建设的创新尝试和成果总结。

课程思政是一项正在深入推进的复杂系统工程，涉及人才培养的各环节和思想政治教育的各方面。受研究视野和研究素材等方面的限制，虽然编写组数易其稿，但是本书难免存在不足，欢迎各位同人提出宝贵意见和建议。

本书编写组

2023 年 10 月

目　录

第一部分　理论研究

第二部分　案例分析

第三部分 附表

第一部分 理论研究

改革开放以来高校思想政治教育发展历程与建设经验

高等教育是我国教育体系的重要组成部分，事关国家事业发展和民族复兴，为产业变革、技术创新与国家综合实力提升输送人才，受到社会大众与各级党委政府的高度关注。高等教育肩负着为党育人、为国育才的光荣使命和重大责任，在思想政治教育中的作用尤为重要。改革开放以来，高校思想政治教育工作是我国思想政治教育工作体系的重要组成部分，在培育社会主义建设者和合格接班人的过程中发挥着重要作用。对改革开放40多年来我国高等院校思想政治教育的话语内容与基本发展经验进行梳理和总结，对了解和掌握我国高校思想政治教育发展的基本脉络和路径具有重要意义，也是新时期开创高等院校思想政治教育工作新格局新态势的重要内容。

结合杨振海（2010）、骆郁廷和秦玉娟（2019）、周作福（2021）的相关研究，可将改革开放以来高校思想政治教育的发展历程简要地分为四个阶段。在不同的发展阶段，高校思想政治教育的话语内容既有共性，也因经济社会发展条件与国内外形势变化而有些差别。40多年来，我国高校思想政治教育工作总体上呈现出良好发展态势，其发展经验值得深入总结。在实现第二个百年奋斗目标新征程中，我们应吸收借鉴此前的思想政治教育经验，进一步增强高校思想政治教育工作的针对性与实效性，为实现中华民族伟大复兴的中国梦积蓄力量、培育人才、提供指引。

一、发展历程

（一）恢复发展阶段（1978—1984年）

1978年12月召开的党的十一届三中全会作出把党和国家中心工作转移到经济建设上来、实行改革开放的历史性决策，这是扭转中国前途命运的关键一招。“文革”给我国高等教育事业的发展带来了深重灾难，导致人才培养断层，使我国与西方发达国家在教育与科技等领域的差距拉大，影响了我国经济社会的发展。为此，党的十一届三中全会以后，国家教育行政管理部门明确提出，我国高校思政教育工作要尽快清除“文革”中“左”的指导思想，高校思想教育工作要服务于党和国家的发展大局和中心工作，把育人的指导思想从“以阶级斗争为纲”转变为“为‘四个现代化’培养人才”。这一时期，国家教育行政管理部门对高等教育学生思想政治工作提出了规范性指导意见，为改革开放事业的发展提供了重要支撑。

（二）初步发展阶段（1985—1992年）

随着国内城乡经济体制改革与对外开放的推进，思想多元化倾向有所增强，受20世纪80年代中期所谓“自由化”的影响，大学校园一时出现了“全盘西化”的倾向，高校思想政治教育工作受到很大挑战。部分高校曾经试行校长负责制，狭隘地将党对高校的领导限定在政治领域，从而导致党对高校的全面领导一度被严重削弱。20世纪80年代中后期至90年代初期，国际共产主义运动先后出现了东欧剧变与苏联解体两大事件，进入低迷时期。在此背景下，我国高等院校思想政治教育工作面临前所未有的压力，如何培养具有坚定共产主义理想的社会主义事业的合格建设者与接班人，成为我国高校思想政治教育工作着力解决的重大问题。

（三）全面发展阶段（1992年至党的十八大前）

党的十四大提出建立社会主义市场经济体制，这一时期高校思想政治教育工作将政治理论课和思想品德课（并称“两课”）作为对学生系统开展马克思主义理论教育和品德教育的主渠道和基本环节，强调大力推进教学内容与方法改革，提出高校开展“两课”，并对思政课规范性发展进行了系统规定。该时期高校思想政治教育服务于改革开放和社会主义市场经济建设，回应和解答社会转型变革时期大学生面临的思想与价值困惑。该时期我国进一步强调了高校思想政治教育工作在高校工作中的地位和作用，要求加强高校思想政治教育队伍建设，并提出高校思想政治教育工作要贴近生活、贴近大学生、贴近时代。

（四）创新发展阶段（党的十八大至今）

党的十八大以来，以习近平同志为核心的党中央团结和带领全国各族人民深化改革，推进高质量发展。这一时期，我国高校思想政治教育工作也进入创新发展阶段。紧紧围绕实现“两个一百年”奋斗目标，高校思想政治教育抓住立德树人根本任务，为培养担当民族复兴大任的时代新人提供支撑。党中央高度重视青年工作，要求把高校思政课作为立德树人的重要依托，以提高质量为主题，以教师队伍建设为根本，以落实意识形态责任制为抓手，以协同促发展，以改革促发展，以创新促发展，推进高校思想政治教育建设。

二、不同阶段的话语内容与特征分析

改革开放以来，不同阶段高校思想政治教育工作面临的情况以及需要处理的矛盾存在差别（王永友、宁友金，2019），从而使不同时期高校思想政治教育的话语内容既具有一致性，也具有差异性（钱俊，2018；高鑫，2019；孙晓琳、庞立生，2019）。思想政治教育领域相关研究指出，高校思想政治教育的话语内容鲜明地体现了高校思想政治教育的导向性与侧重点，是了解和把握一段时间内高校思想政治教育的重要切入点，受到不少研究者的关注（谢爱林 等，2020；宋琳，2020）。

（一）话语内容

在恢复发展阶段，高校思政教育主要以恢复马列主义教育、四项基本原则教育、革命理想教育与共产主义道德品质教育等为重点内容。1980 年 7 月 7 日教育部印发的《改进和加强高等学校马列主义课的试行办法》提出高校思想政治理论课的主要内容，即马列主义与毛泽东思想。根据 1981 年发布的《关于建国以来党的若干历史问题的决议》，要对大学生开展无产阶级价值观和社会主义道德观教育。根据 1982 年教育部发布的《关于在高等学校逐步开设共产主义思想品德课程的通知》，要有计划地进行共产主义思想品德教育，把共产主义思想品德作为一门必修课纳入教学计划。

在初步发展阶段，高校思政教育话语以“马列主义理论”“共产主义思想品德”“形势与政策”“品德和纪律”“法律基础”和四项基本原则教育为重点表达内容。1984 年中共中央宣传部、教育部联合发布的《关于加强和改进高等院校马列主义理论教育的若干规定》要求，在坚持思想路线、方针政策教育的同时，要紧密结合时代和科学技术的发展，进行科技道德教育；要体现学生的主人翁地位，结合学生自身的思想、心理等问题进行教育，融入学生的真情实感、所思所想。1986 年发布的《国家教委关于加强高等学校思想政治工作的决定》指出，要经常开展形势政策教育、加强和改进马克思主义理论教育，爱国主义和革命传统教育，进行品德和纪律教育，创新思想政治教育的方式方法。

在全面发展阶段，高校思政教育话语以“反对‘和平演变’的宣传教育”、“德育教育”、“社会主义核心价值”、“公民道德教育”、“心理健康教育”、“三个代表”重要思想、“社会主义荣辱观教育”和“科学发展观教育”为重点内容。这一时期，高校思政教育话语的表达载体以思政理论课教学、社会实践、思政工作队伍等为主。这一时期最明显的特征就是随着改革开放与市场经济发展，高校思想政治教育逐步走向系统化和生活化。1995 年 11 月 23 日，我国颁布了第一部全面系统规范高校德育工作的重要文件《中国普通高等学校德育大纲》。该文件标志着我国高等院校思政教育工作进入依纲管理、依纲育人、依纲考评的新阶段。2004 年 8 月，《关于进一步加强和改进大学生思想政治教育的意见》发布，提出了大学生思想政治教育的主要内容，其中，核心内容是理想信念教育，重点内容是爱国主义教育，基础内容是道德规范教育和大学生素质教育，并补充“三观”教育、时代精神教育等内容。以上内容要素完整、层次清晰，体现了大学生思想政治教育完整的内容结构。

在创新发展阶段，高校思政教育以“中国梦主题教育”“社会主义核心价值观教育”“四史教育”等为重点话语内容。党的十八大以来，习近平总书记高度重视高校思想政治教育工作。2014 年 12 月 28 日至 29 日，习近平总书记在第二十三次全国高等学校党的建设工作会议上强调，“高校肩负着学习研究宣传马克思主义、培养中国特色社会主义事业建设者和接班人的重大任务”，“要坚持立德树人，把培育和践行社会主义核心价值观融入教书育人全过程”，“各级党委和宣传思想部门、组织部门、教育部门要加强对高校党的建设工作的领导和指导”。2016 年 12 月 7 日至 8 日，习近平总书记在出席全国高校思政工作会议时指出，思想政治理论课要坚持在改进中加强，提升思想政治教育亲和力和针对性，满足学生成长发展需求和期待，其他各门课都要守好一段渠、种好责任田，使各类课程与思想政治理论课同向同行，形成协同效应。2019 年 3 月 18 日，习近平总书记出席学校思想政治理论课教师座谈会并发表重要讲话，指出办好思想政治理论课，最根本的是要全面贯彻党的教育方针，解决好培养什么人、怎样培养人、为谁培养人这个根本问题。新时代贯彻党的教育方针，要坚持马克思主义指导地位，贯彻习近平新时代中国特色社会主义思想……努力培养担当民族复兴大任的时代新人，培养德智体美劳全面发展的社会主义建设者和接班人。

（二）话语特征

在恢复发展阶段，高校思政教育话语有三个明显特征：①从“文革”时期的“革命斗争型”政治话语中脱离出来，坚持党的基本路线和四项基本原则教育，为社会主义现代化建设保驾护航；②顺应时代要求，满足社会主义建设的实际需要，培育德智体协调、德才兼备的合格人才；③坚持社会主义方向，提高政治觉悟，使青年大学生更好地抵制落后腐朽思想和错误思潮的侵袭。

在初步发展阶段，随着1984年国家教委同意设立思政教育学专业，思想政治教育逐步走向学科化阶段，其工作队伍也越来越正规化，高校思政教育话语也日趋学科化、专业化。在追求理论传达的过程中，高校更加关注学生的精神世界。一方面，帮助学生辨别国外腐朽、落后思想，引导学生的价值选择；另一方面，注重学生的德育培养，主要从社会规范、人的行为表现等方面对学生进行教育。

在全面发展阶段，高校思政教育话语强调“教书”和“育人”的结合，显示高校思想政治话语更加人性化、更加关注人文关怀，其工作开展以学生为中心。思政教育既要教育人、引导人，又要关心人、帮助人，要体现政治性、思想性、与学生成才紧密联系的特点，要为大学生成长发展服务，凸显人性化和时代性。

在创新发展阶段，高校思政教育工作综合运用政治理论课、第二课堂、社会实践、典型案例、身边故事等资源，以及互联网技术、新型社交媒体等多种载体，以学生为核心，不断强化思想政治理论研究与实践创新，高度重视典型经验总结与示范推广。各高校充分考虑90后、95后、00后大学生的特点，结合国家变化、行业发展、企业成长、家庭与个人成长案例，以及国内外纵横向对比等方法，运用主流互联网传媒载体与社群互动平台，多维度多层次开展青年大学生思想政治教育，不断推动思想政治教育的生活化，使得思想政治教育工作能够接地气，真正实现形式上有吸引力、内容上有深度，将理念转化为实际行动，使价值宣导外化于行。

三、建设经验总结

（一）坚持和巩固党的领导

党的领导为我国高校完善思想政治教育体系、丰富思想政治教育内容与拓展思想政治教育路径提供了强大的政治保障和组织保障（刘晓玲、平可，2018）。改革开放以来，坚持党的领导，不断将党在不同时期的最新理论成果、重大方针与重要政策创造性地与思想政治教育工作结合起来，是高校开展思想政治教育的重要内容与内在要求（陈占安，2018）。我国高校思想政治教育工作 40 多年的发展历程表明：坚持和巩固党的领导，高校思想政治教育工作就会不断得到加强和改进；而削弱党的领导，高校思想政治教育工作就会遭受严重干扰和挫折。坚持和巩固党的领导，是高校思想政治教育工作保持正确方向，为社会主义现代化建设服务，为党育人、为国育才的根本前提。虽然在不同的历史时期，国家的发展环境、国内外条件和形势有所不同，但是中国共产党立足实践，勇于改革创新，不断提升中国这样一个地域辽阔、人口众多的大型经济体的治理能力与治理水平。因而，高校应不断汲取党的最新理论成果、重大战略与重要政策蕴含的智慧，坚持和巩固党的领导，不断完善和优化思想政治教育工作，提升思想政治教育的育人能力，为社会主义现代化建设和“两个一百年”奋斗目标提供坚实的思想保障。

（二）落实立德树人根本任务

立德树人是高等学校的根本任务，是高校思想政治教育的落脚点。高校思想政治教育是一项系统工程，既包括思想政治理论，也包括各种形式的社会实践，肩负铸魂育人的职责，承担着培育社会主义建设者和接班人的历史重任。虽然国家经济社会发展水平不断提高，但是高校承担的立德树人的根本任务没有改变，并在不同历史时期有各自的侧重与表现。高校要培养理想信念坚定、专业水平卓越、有职业精神的社会主义现代化建设者。改革开放 40 多年来高校思想政治教育工作的实践表明，只有落实立德树人根本任务，坚持社会主义办学方向，把培养什么人、怎样培养人、为谁培养人的问题解决好，才能真正推动我国高等教育事业良性发展。进入新时代，立德树人的根本任务要归结到培养能够担负起民族复兴大任的有理想、有本领、有担当的时代新人。

（三）坚持主导与主体的互动

教师是高校开展思想政治教育的主力军，学生是高校开展思想政治教育的落脚点，要让学生深入学习、掌握马克思主义理论及马克思主义中国化的最新理论成果，做到内化于心、外化于行。我国高校为推进思想政治教育进行了长期的探索和努力，坚持以学生为中心，不断推进教育与自我教育的紧密结合，实现思想政治教育的主导与主体的有机统一，不断激发学生的积极性、主动性和创造性，引导学生自觉参与思政课教学全过程，加强教育主体与受教育主体间的互动，在双向互动中消除学生的思想困惑，在纵横向对比中让学生认识国家发展大势，在自我教育中实现思想觉悟的提高，在社会实践中夯实思想基础，把高校思想政治教育的内容转化为学生的自觉思想认知、政治认同和行为取向。高校思想政治教育是教育与自我教育相结合、内因与外因相结合的过程，是双向互动、教学相长的过程，能够激发教育活力、增强育人合力。

（四）坚持改革创新

改革开放以来，我国经济社会快速发展，思想政治教育也面临着新情况新问题，高等院校围绕立德树人根本任务坚持改革创新，不断完善思想政治教育体系和工作方式方法，以提高思想政治教育工作的实效性（卢忠萍 等，2018）。一方面，立足于现实问题开展科学研究。高校思政课承担着为学生传道、授业、解惑，帮助学生确立正确的世界观、人生观和价值观，系好人生第一粒扣子、把好人生总开关的重任。为了更好地解决大学生在政治认同与价值取向方面的问题，消除他们的思想困惑，高校积极开展思想政治教育，围绕教书育人中的常见问题与重难点议题开展系统科学研究，注重发挥集体作用，开展科研协作，全面分析相关问题的根源，结合思想政治教育的内在规律与实践路径，不断提高思想政治教育工作者回应现实、解决问题的能力。另一方面，创新育人实践新局面。高校紧紧围绕大学生的所思、所想、所悟，以及经济社会形势与条件，以学生为主体，创新性地将新机制、新方法、新路径、新模式、新样态运用于教书育人过程之中，不断完善教学内容、优化教学方式，增强思想政治教育工作回应现实、解疑释惑、服务育人的能力，提高思想政治教育理论课的感染力、吸引力、说服力，发挥思想政治教育工作在推进学生坚持正确政治方向和价值取向过程中的支撑作用。

（五）坚持理论与实践的紧密联系

坚持理论与实践相结合，是提升高校思政课建设质量和效果的根本要求，也是高校思政课建设的基本经验（程婧，2010；崔晓丹，2018）。改革开放以来，高校思政课建设在坚持理论与实践相结合方面进行了积极而深入的探索，积累了宝贵经验。一是联系实际开展理论教育。结合改革开放以来国家经济发展、社会建设与综合实力提升的伟大成就，融合不同时期青年大学生的发展环境、成长历程与思想状况，多层面开展马列主义理论与思想教育，推动学生深入学习马克思主义中国化的最新理论创新成果，使高校思想政治教育实现贴近实际、贴近生活，贴近学生，以及理念上认同、行动上执行。二是以丰富理论指导多元化社会实践。引导学生深入开展社会实践，以马克思主义的立场、观点、方法去解决社会实践中的现实问题，提高分析和解决现实问题的能力，指导和推动社会实践的发展。三是深化社会实践教育。采取多种方式，组织学生参加劳动实践、社会调研、志愿服务、科学实验与实习实训，持续推进和不断优化高校思政课实践教育体系与方式方法。

（六）推进思想政治教育科学化与系统化

改革开放 40 多年来高校思想政治教育的发展历程表明，只有持续提高和增强思想政治教育的科学化与系统化，才能适应不断变化的育人环境，为社会主义现代化建设培养合格的建设者和接班人（严文波，2016；王树荫、温静，2019）。20 世纪 80 年代，为了适应当时思想政治教育的需要，思想政治教育专业应运而生，相关专业和学科发展进入新阶段。2005 年 2 月，中宣部、教育部印发了《关于进一步加强和改进高等学校思想政治理论课的意见》，明确提出要“设立马克思主义一级学科”。同年 12 月，国务院学位委员会、教育部颁布《关于调整增设马克思主义理论一级学科及所属二级学科的通知》，提出新增设的马克思主义理论一级学科，下设五个二级学科，分别为马克思主义基本原理、马克思主义发展史、马克思主义中国化研究、国外马克思主义研究、思想政治教育。至此，我国高校思想政治教育的科学化与系统化进入一个新的阶段。

专业发展和学科建设为高校思想政治教育队伍壮大提供了支撑。2008 年发布的《关于进一步加强高等学校思想政治理论课教师队伍建设的意见》提出，要建设一支政治坚定、专业精湛、师德高尚、梯次合理的教师队伍，将高校思想政治理论课建设成为大学生真心喜爱、终身受益的优秀课程。高水平的思想政治教育理论课离不开高水平的思想政治教育师资队伍，高校以学科建设和专业发展为依托，着力培养理想信念坚定、理论功底扎实、善于创新发展、能够理论联系实际、年龄结构合理、梯次分明的思想政治教育师资力量和研究团队，以创新促发展，以改革为动力，实施高校思政理论课骨干师资专题培训与专职辅导员综合能力提升专项工程，切实提高思想政治理论课任课教师的理论素养、教学水平与科研能力。经过 40 多年的发展，我国高校已形成以专职为主、专兼结合、结构合理、较为均衡的思想政治教育工作队伍，为培养社会主义事业建设者和接班人奠定了良好的基础（冯刚，2018）。

参考文献

［1］杨振海．大学生思想政治教育三十年：历程、特点与启示［J］．教育评论，2010（1）：48–52.

［2］骆郁廷，秦玉娟．新中国 70 年高校思想政治理论课建设的回顾与展望［J］．思想理论教育导刊，2019（11）：67–75.

［3］周作福．改革开放以来大学生思想政治教育政策设计的内涵及演进［J］．学校党建与思想教育，2021（1）：37–41.

［4］王永友，宁友金．改革开放以来大学生思想政治教育主要矛盾的演化历程［J］．当代青年研究，2020（5）：18–23.

［5］高鑫．改革开放以来中国共产党思想政治教育话语体系的发展历程与基本经验［J］．思想教育研究，2019（7）：45–50.

［6］孙晓琳，庞立生．改革开放以来思想政治教育话语变迁研究［J］．学校党建与思想教育，2019（1）：15–18，22.

［7］钱俊．改革开放 40 年以来大学生思想政治教育话语体系的演化、传承与创新［J］．黑龙江高教研究，2018，36（11）：131–134.

［8］谢爱林，徐玉莲，王新想．改革开放以来高校思想政治教育范式转换与发展［J］．教育学术月刊，2020（5）：54–59.

［9］宋琳，李丹．改革开放以来思想政治教育学科发展的历程与逻辑［J］．人文杂志，2020（2）：63–69.

［10］刘晓玲，平可．改革开放以来思想政治教育政策环境建设回顾与展望［J］．思想教育研究，2018（11）：14–18.

［11］成黎明，黄艳．改革开放以来高校思想政治教育的跨越式发展：以党中央印发的 4 个重要文件为视角［J］．思想教育研究，2018（10）：133–138.

［12］陈占安．改革开放以来高校思想政治理论课建设的回顾与展望［J］．

思想理论教育，2018（10）：21-27.

［13］卢忠萍，程雄飞，王先亮．论改革开放40年思想政治教育的“变”与“不变”［J］．思想理论教育导刊，2019（5）：121-124.

［14］教育部思想政治工作司．加强和改进大学生思想政治教育重要文献选编：1978—2014［M］．北京：知识产权出版社，2015：682.

［15］程婧．改革开放以来大学生思想政治教育的发展过程［J］．学术论坛，2010，33（3）：181-185.

［16］崔晓丹．大学生思想政治教育主渠道与主阵地协同研究［D］．北京：北京科技大学，2021.

［17］严文波．改革开放以来思想政治教育学科发展的回顾与展望［J］．思想教育研究，2016（4）：17-20.

［18］王树荫，温静．改革开放以来思想政治教育的基本经验［J］．思想理论教育，2019（3）：46-51.

［19］冯刚．改革开放以来高校思想政治教育政策设计与发展展望［J］．国家教育行政学院学报，2018（9）：28-35.

［20］习近平在全国高校思想政治工作会议上强调：把思想政治工作贯穿教育教学全过程，开创我国高等教育事业发展新局面［N］．人民日报，2016-12-09（1）.

课程思政的内涵与重大意义

2016年，习近平总书记在全国高校思想政治工作会议上指出："高校思想政治工作关系到高校培养什么样的人、如何培养人以及为谁培养人这个根本问题。要坚持把立德树人作为中心环节，把思想政治工作贯穿教育教学全过程，实现全程育人、全方位育人，努力开创我国高等教育事业发展新局面。"课程思政理念提出以来，一些文献围绕课程思政的内涵（王学俭，2018）、课程思政在实践中的误区（鄢显俊，2018）、课程思政与思政课程的联系与区别（石书臣，2018）等展开了研究，这些研究为本书提供了重要参考。本书在辨析近似概念的基础上，澄清了关于课程思政的一些常见误区，并从教育思想、教学实践、教师发展、专业建设和学生发展等层面，对课程思政的科学内涵进行了系统阐释，有助于深刻理解和把握课程思政，充分认识课程思政建设的重大价值与时代意义，为进一步推进课程思政的升级与优化奠定了基础。

一、课程思政的内涵

（一）近似概念辨析

基于中国知网全文数据库，采用文献计量学方法，编写组发现，课程思政与思想政治理论课程、德育课程存在较为密切的联系。在实践中，我们应注意课程思政与近似概念之间的区别与联系，走出对课程思政的认识误区，全面准确地理解课程思政。

1. 思政理论课程

思政理论课程是贯穿我国初等、中等与高等教育各阶段的重要课程，是思想政治教育工作体系与教学体系的核心课程。在不同的教育阶段、不同的历史时期，思想政治教育课程的表现形式、课程名称、教学内容、教学方式方法以及在教学活动中所占份额和评价方式存在一定的差别。

2004年中办发布的《关于进一步加强和改进大学生思想政治教育的意见》指出，高等学校思想政治理论课是大学生思想政治教育的主渠道。思想政治理论课是大学生的必修课，是帮助大学生树立正确世界观、人生观、价值观的重要途径，体现了社会主义大学的本质要求。这不仅展现了思政课程在课程德育中的重要地位，也揭示了中国开展高等教育的鲜明底色，有着较为显著的意识形态属性。从课程体系与作用的角度看，思政课程在高校思想政治教育方面具有自洽性、完整性与理论渗透性等特性。思政课程要求必须100%保证对学生的思想政治教育，引导学生在社会实践中学懂悟透马克思主义、社会主义与爱国主义的道理。

思政课程与课程思政的核心内涵都是育人，在高校思想政治教育工作格局中具有重要作用，但它们的关注点又有差异，主要体现在课程地位和思政优势等方面。要正确把握二者的关系，既要认识到二者之间的紧密联系，又要明确二者的区别，充分发挥二者各自的思想政治教育功能和育人优势，形成协同效应，增强育人合力（石书臣，2018）。

2. 德育课程

德育课程是学校课程体系的重要组成部分。结合国内外相关理论和我国的实践，可以将德育课程分为学科性德育课程、活动性德育课程和隐性德育课程三大类型，其中，前两者属于显性德育课程。

学科性德育课程是德育的基础性课程，以直接传授和学习系统的道德及思想政治的知识、观念、理论为主，旨在促进受教育者思想道德认识、观念、理想乃至道德情感、意志、行为习惯的形成与发展。活动性德育课程，以学生的兴趣、需要和能力为基础，利用校内外的教育资源，通过学校组织或学生自己组织的一系列活动，提升学生的道德认知和实践能力，改善学生的道德生活。活动性德育课程具有鲜明的实践性，与学科性德育课程既相辅相成又相对独立，是德育的主导性课程。

目前，学术界对隐性德育课程的认识尚未形成一致意见。一般认为，隐性德育课程是指学校情境中以间接、内隐方式呈现的，能够对学生的品德发展产生一定影响的德育课程。它与显性德育课程相对应，广泛存在于课内外、校内外有目的的教育活动中。从我国教育实践来看，德育课程是培养学生行为、学习和生活习惯，提升学生审美、合作精神和实践能力，增强学生的道德、心理、个性品质的课程，以人格教育为基础，通过体验式和浸润式方式形成文化烙印。

（二）基于不同视角的内涵

“课程思政”体现了一种新的思想政治工作理念，即“课程承载思政”与“思政寓于课程”（邱伟光，2017）。这一理念有三重含义，即在价值传播中凝聚知识底蕴，在知识传播中强调价值引领，注重课堂教学、社会实践、网络运用三维课程的统一。课程思政是专业课程与弘扬真善美的结合，这个结合要有一个勘探、发掘、冶炼、加工的过程。这个过程是一个化学反应，是把“干巴巴的说教”向“热乎乎的教学”转变的过程，是把教师的“我要告诉你”向学生的“我想学什么”转变的过程，是让课程思政有情有义、有温度、有爱的过程（吴岩，2020）。结合现有理论研究与高校实践，本书从以下五个角度对课程思政的内涵进行阐释。

1. 教育思想角度

教育思想是中国共产党在教育领域的指导思想。在不同的历史时期，教育面临的问题与待解决的重难点问题有所不同。随着内外部环境的变化，不断丰富和发展教育思想是中国共产党推动中国教育发展的成功经验。面对新情况、新问题，2016 年习近平总书记在全国教育大会上明确提出，“要把思想政治工作贯穿教育教学全过程，实现全能育人、全方位育人，努力开创我国高等教育事业发展新局面，其他各门课都要守好一段渠、种好责任田，使各类课程与思想政治理论课同向同行，形成协同效应”。这为开展课程思政提供了方向。将思想政治教育浸润到学校教育的全流程，浸润到专业建设与教师教学活动的各环节，改变了一段时间以来高校思想政治教育过于依赖思政理论课单一阵地的局面，是党不断顺应新形势、新局面，实现教育全方位育人、提高育人质量与育人效果的直观体现，也是课程思政的立足点。

2. 教学实践角度

课程思政是一种课程观，并非要在现有的课程体系与教学活动中新增一门专门的课程。由于对专业分工的理解与实践存在偏差，一定时期内，思想政治教育被简化为思想政治教育工作者的业务，而忽视了各专业天然具有的育人功能。课程思政的提出，是育人理念的自然回归，改变了一段时间内存在的孤立和割裂地开展价值引导与人格塑造等教育活动的局面。专业课程重视知识技能，而思政课程的价值塑造与引导缺乏丰富的专业场景，难免出现入耳不入脑，思政效果差，缺乏吸引力、引领力、创造力和感染力等情况。课程思政的提出与实施，体现了专业知识传授与思想政治教育、专业任课教师与思政教师协同育人的理念。

3. 专业建设角度

单纯地将教育简化为技能养成与提升，限制了教育以及学校功能的发挥，不利于学生的综合发展，也无法真正解决如何育人、为谁育人的根本性问题。课程思政提供的新场景、提出的新要求，向教育主管部门、学校和一线教师提出了新的时代课题，即如何以育人为根本目标，有机地将课程与思想恰如其分地融为一体。这是在实现民族复兴的伟大历程中亟待解决的问题。从“三全育人”的视角出发，更为科学全面地看待专业建设的功能、课程设计与课堂教学的作用，是专业建设的内在要求与重要内容。

4. 教师教学角度

在以专业为基础的高等教育体系中，任课教师多是以特定学科与专业为基础，掌握某一学科专门知识体系的人员。从课程体系角度看，高等教育各学科、不同专业的课程均以专业性较强的课程为主，而教育活动天生带有意识形态的功能，如何在课程建设与课堂教学中将专业知识、技能、素养与思政元素有机融合，考验教师的基本功、学术能力与教学态度，也关系到能否建立一支让党组织放心、人民群众满意、社会高度认可的高素质高等教育教师队伍。照本宣科的灌输式、以教师为中心的单向输出式教学早已滞后于学生发展与社会实践的要求。课程思政对于教师凝心聚力，以高度的责任感、主动精神、钻研精神提高专业课程间、专业课程与思政理论课的协同育人效果具有推动作用。

5. 教学方法角度

课程思政要求各门课程都要发挥思想政治教育功能，推动高校思想政治教育工作充分利用好课堂教学这个主渠道，在确保各门课程都种好“责任田”的基础上，在思想政治教育功能上发挥协同效应。这一美好境界的实现，不仅需要在专业院系内部凝聚共识，也需要作为高校思想政治教育主渠道的“思政课”的参与和引导，更需要高校学生思想政治教育工作行政管理部门的支持与配合。换言之，唯有在高校内部形成各部门、各院系普遍参与和协同运作的“大思政”格局，课程思政的开展才能形成良好的外部氛围，教学的实效性才能真正得到提升。

二、课程思政的重大意义

（一）课程思政是落实立德树人根本任务与推进高校教育理念变革的内在要求

立德树人是新时代高校的根本任务。如何育人、怎么育人、为谁育人的问题始终规定和引领着高校的专业建设与课程发展。全面推进课程思政建设，是落实立德树人根本任务的战略举措。从现实角度看，专业课以及专业课教师是学校教育的主力，任何单纯和单独依赖思政理论课解决思政教育的做法，都是不符合教育规律的，也难以真正完成立德树人的根本任务。课程思政建设是一项具有战略意义、鲜明导向、重要作用的系统工程，涉及的因素多、环节多、主体多，其实施直接影响到育人效果与育人质量。《课程思政建设发展纲要》提出，高等教育主管部门、各高等院校、高校教师等参与主体，要推进高校教育理念的更新，对教师队伍建设、课堂教学方式方法进行重新建构以及优化调整，将价值观引导寓于知识传授和能力培养之中，使各专业课程与思政课程相向而行、同时发力，形成聚合效应和协同效应，构建和不断完善全员全程全方位的“三全育人”大格局。

（二）课程思政是落实大思政战略与完善思想政治教育工作机制的现实需要

随着市场化改革与经济社会发展，利益多元性、个性化思维与互联网技术等多种因素的叠加，为新时期高校思政工作带来了新挑战。为此，原先行之有年的思政课程面临着如何回应现实、挖掘新元素、探寻新路径、建立新机制的问题。大思政框架符合教育规律，是根植于现实、回归教育本质的大战略。各高校应从教育全过程、教学全环节、育人全主体的视角出发，立足专业建设与教育教学的实际，深入挖掘课程的思政教育资源，让思想政治教育贯穿整个教育教学过程，构建全员育人、全方位育人的大思政创新格局。思政理论与课程思政是思政教育体系的“两翼”：前者有相对固定的课程资源、教学内容与教学要求，表现为显性教育；而后者属于隐性教育，其中蕴含的科学精神、人文素养、专业精神是育人不可或缺的重要资源。与各个专业发展、演化及现实紧密结合的实践活动，具有可感性、亲切性和生动性。从回归教育本质的角度看，思政教育是专业课程的题中之义。由于认知的偏差，一段时间以来，各专业教师之间出现了价值疏离和场域疏离，从而导致思想政治教育危机。从完整的教育活动角度看，专业任课教师深刻认识到教育的本质和育人的终极目的，以及每门课程所包含的隐性教育资源，主动行动，相互支撑，才能促进思想政治教育共同体的有效运行，形成强大的育人合力，产生显著的育人效能。

（三）课程思政是落实教育铸魂育人功能和发挥课程价值观引领作用的重要形式

教育活动与一般的社会活动不同，它天然且鲜明地具有铸魂育人和价值引领的强大功能。作为一种特点鲜明的教育活动，思想政治教育承担着影响、塑造人的价值观与世界观的重任。思想政治教育的价值表现为个体价值和社会价值。前者表现在，思想政治教育通过人才培养，不断满足个体的精神需要，从而实现人的全面发展；后者表现在，通过宣传动员来凝聚力量、促进共识、统一思想、推动社会整合，进而实现社会稳定。随着全球化的推进和各种文化思潮的涌入，人们的思想越来越多元。政治教育通过意义阐释、价值追寻和精神引领，使人的信念更加坚定、内心更有力量、生命更有意义。宣传动员可以使社会更加和谐、人际交往更加公平、社会更加诚信、运行更加规范，因此在保证传统思政课创新发展的同时，不断挖掘各门课程的育人资源，是高校课程改革的重要任务，也是各位教师的重要责任。在教育活动中，每位教师都负有不可推卸的立德树人的责任和义务，这是每位教师的使命担当。

（四）课程思政是推进课程体系自我完善与构建“三全育人”体系的重要载体

课程思政不是专业课程与思想政治教育的简单连接，也不是为了落实大思政框架的生搬硬套，它蕴含着丰富的教育思想与鲜明的教育理念，渗透着系统论和协同论的思想。系统论认为，一个系统内各子系统之间以及子系统内部、子系统与外部环境间存在着相互影响、相互制约的关系；协同论则认为，系统内部的子系统与子系统内部的主体为了实现某一目标而信息共享、资源共用。课程思政要求教育行政管理部门、高等院校、学科专业以及一线任课教师坚持系统论和协同论，持续不断地探索专业课程与思政元素的融入路径与机制，探索专业任课教师、教学管理人员、辅导员与班主任等育人主体之间在协同育人方面相互支撑、相互补充、相得益彰的方式。课程思政突破了原有的思政教育课程与专业知识课程、人文教育课程等割裂、孤立的状态，将专业知识教育、理想信念教育有机融合，对学生的全面发展和综合提升具有重要意义，对推动各课程之间的交叉、互补以及融合具有重要推动作用，是课程体系更新完善的生动体现，是“三全育人”理念贯彻的重要载体。

参考文献

［1］高锡文．基于协同育人的高校课程思政工作模式研究：以上海高校改革实践为例［J］．学校党建与思想教育，2017（24）：16-18.

［2］习近平在全国高校思想政治工作会议上强调：把思想政治工作贯穿教育教学全过程　开创我国高等教育事业发展新局面［N］．人民日报，2016-12-09（1）.

［3］张驰，宋来．“课程思政”升级与深化的三维向度［J］．思想教育研究，2020（2）：93-98.

［4］鄢显俊．论高校“课程思政”的“思政元素”、实践误区及教育评估［J］．思想教育研究，2020（2）：88-92.

［5］王学俭，石岩．新时代课程思政的内涵、特点、难点及应对策略［J］．新疆师范大学学报（哲学社会科学版），2020，41（2）：50-58.

［6］杨守金，夏家春．“课程思政”建设的几个关键问题［J］．思想政治教育研究，2019，35（5）：98-101.

［7］何玉海．关于“课程思政”的本质内涵与实现路径的探索［J］．思想理论教育导刊，2019（10）：130-134.

［8］石书臣．正确把握“课程思政”与思政课程的关系［J］．思想理论教育，2018（11）：57-61.

［9］王海威，王伯承．论高校课程思政的核心要义与实践路径［J］．学校党建与思想教育，2018（14）：32-34.

［10］巩茹敏，林铁松．课程思政：隐性思想政治教育的新形态［J］．教学与研究，2019（6）：45-51.

［11］伍醒，顾建民．“课程思政”理念的历史逻辑、制度诉求与行动路向［J］．大学教育科学，2019（3）：54-60.

［12］刘鹤，石瑛，金祥雷．课程思政建设的理性内涵与实施路径［J］．中国大学教学，2019（3）：59-62.

［13］胡洪彬．课程思政：从理论基础到制度构建［J］．重庆高教研究，2019，7（1）：112-120.

［14］李凤．给课程树魂：高校课程思政建设的着力点［J］．中国大学教学，2018（11）：43-46.

［15］成桂英．推动“课程思政”教学改革的三个着力点［J］．思想理论教

育导刊，2018（9）：67–70.

［16］邱伟光．课程思政的价值意蕴与生成路径［J］．思想理论教育，2017（7）：10–14.

［17］邱伟光．论课程思政的内在规定与实施重点［J］．思想理论教育，2018（8）：62–65.

［18］邱仁富．“课程思政”与“思政课程”同向同行的理论阐释［J］．思想教育研究，2018（4）：109–113.

［19］刘淑慧．“互联网+课程思政”模式建构的理论研究［J］．中国高等教育，2017（Z3）：15–17.

［20］李国娟．课程思政建设必须牢牢把握五个关键环节［J］．中国高等教育，2017（Z3）：28–29.

［21］闵辉．课程思政与高校哲学社会科学育人功能［J］．思想理论教育，2017（7）：21–25.

［22］吴岩．让课程思政建设在全国高校刮起一股新风［EB/OL］．［2023-05-11］．http：//sn.people.com.cn/n2/2020/0611/c393584-34080869.html.

经济学专业课程思政建设——以西方经济学课程为例

根据《高等院校本科教学质量标准》，西方经济学课程是我国经济学专业的基础课程。西方经济学课程思政建设，是经济学专业课程思政建设的样板和重点工作，要达到如下目标：一是专业能力目标，即使学生能够结合西方经济学的基本理论、框架与设计，准确理解西方经济学的研究对象和特点，对经济问题进行比较全面的剖析。二是方法能力目标，即在教学过程中，突出学生主体，启发学生观察、自主思考、独立分析与解决问题，使学生走出课堂了解西方经济学的发展特点，掌握实际应用技能。三是社会能力目标，即设置与课程内容紧密配合的课堂活动，丰富教学内容，调动学生的学习兴趣，培养学生的主体意识、问题意识、开放意识、互动意识和交流意识，使学生真正成为学习的主人、课堂的主人，获得应有的收获，并在案例分析中提高综合职业能力，领悟并认识到敬业耐劳、恪守信用、讲究效率、尊重规则、团队协作、崇尚卓越等职业道德与素质在个人职业发展中的重要性，树立良好的职业道德风尚。

围绕课程思政目标，要坚持显性教育和隐性教育的统一（高国希，2019）。西方经济学教学通过积极培育和践行社会主义核心价值观，运用马克思主义方法论，引导学生正确做人和做事（张鲲，2018），要求结合师德风范、政治导向、专业伦理、学习伦理、核心价值等内容进行教学设计。任课教师在传授专业知识的过程中，要结合时代议题、学生所思所感所惑（孙杰，2018；沙军，2018），明确将专业性职业伦理操守和职业道德教育融为一体，给予学生正确的价值取向引导，以提升其思想道德水平及综合素质，并结合身边案例、先进典型事迹和模范人物，引导学生做社会主义的坚定信仰者与积极践行者。

一、思政元素选取与教学基本流程

第一，有组织有规划地开展西方经济学课程思政工作。在学校党委的领导下，成立学院课程思政建设的领导机构，推动课程思政工作的实施、日常督导与绩效评价。以制度化、规范化方式不断推进课程思政建设，将课程思政建设微观化、实体化、常态化，不断提高学院课程思政建设能力与水平。

第二，集中进行西方经济学课程的知识传授、能力培养与价值引领三重目标的系统化教学设计。西方经济学包括宏观经济学和微观经济学。学院组织专业任课教师、党团干部与专职辅导员等思想教育工作人员，按照总体设计与分章节设计相结合的思路，明确西方经济学课程各部分的知识目标、能力目标和思政教育目标，进行集中研讨和备课，为西方经济学课程思政提供菜单式教学内容和教学目标选项，要求任课教师在教学过程中结合课程大纲中合适的内容开展专业知识教学、能力提升与思政教育。

第三，形成可视化、清晰明确的西方经济学课程思政基本流程。主要包括 6 个阶段：阶段 1，面向学生展开调研，整理大学生关心的热点问题；阶段 2，教学团队带着问题与学生共同查阅相关资料；阶段 3，教学团队组织教学研讨会，集体备课，以达成知识能力、思政教学目标和内容等方面的共识；阶段 4，课程思政教学实施、师生讨论达成共识、进行思政升华；阶段 5，采取学生评价、教学团队成员互评和院系督导评价的三方评价机制，开展教学效果评价；阶段 6，进行课程思政教学案例总结、教学经验归纳、教学过程反思、教学方法改进以及建设成果汇总。充分利用大学慕课等在线开放教学平台与微信公众号等大众传媒手段，使更多的人能够学习课程思政建设成果，不断扩大西方经济学课程思政的育人效果和影响范围，实现专业教育与思想政治教育的育人功能。

二、教学举措与案例分析

（一）教学举措

1. 集成运用多元化教学方式方法

教学团队坚持课程思政推进的“学生为主体、教师引领方向”的统筹协调，按照课堂内教学与课堂外教学相互补充的思路，综合运用理论知识讲授、案例讨论与实地调研等方式，以及启发式、分享式、互动式等教法，选取形式多样、生动灵活的图表、视频、音频等多元化信息，将专业知识讲授与现实问题有机融合，增强西方经济学课程思政的感染力、接受度与传播性，实现润物细无声的课程思政教学效果。

2. 推进教学载体和教学途径的多样化与科学化

教学载体是思政教育教学系统不可或缺的要素之一，直接影响着整个教育教学进程及其实际效果。教材、教师、学生、平台等是教学载体的重要组成部分。教学团队按照理论联系实际、师生联动、线上线下教学方式相融合的总体指导原则，以最新出版的马克思主义理论研究和建设工程重点教材《西方经济学》为理论知识传播的载体，融入我国改革开放以来经济发展巨大成就、民生建设、环境治理、产业结构绿色转型、系统性风险与疫情防控等重要经济热点议题，以现代信息技术为支撑的多媒体课件、各类高水平在线精品课程等形式进行经济学专业课程思政教学，实现了教学载体和教学方式的多样化和科学化，提高了学生的接受度与课程思政的传播范围。

（二）案例分析

宏观经济学是西方经济学课程的重要组成部分，编写组成员在前期的课程思政教学实践与理论研究中，曾以“疫情冲击下我国国民经济的复苏和增长：基于宏观经济政策视角”为主题进行课程思政建设。这里对该典型案例课程思政教学设计进行简要介绍。

【教材分析】 本课程使用马克思主义理论研究和建设工程重点教材《西方经济学》（第二版）（下册）。该教材不仅较为全面、系统地介绍了西方经济学的代表性理论，而且基于马克思主义观点，剖析和批判了西方经济学代表性理论在内在逻辑、研究假设与适用条件等方面存在的不足，是理论简洁、内容丰富、篇章合理的精品力作。

【教学对象】 本课程适用于本科二年级经济学与管理学专业学生。学生们在本科一年级学习了社会主义市场经济概论、微观经济学、高等数学等课程，对市场的运行机制、内在逻辑和经济学的数学化表达有了一定程度的了解。这为本课程结合我国发展实践传授西方经济学的代表性理论奠定了基础。

【教学目标】 运用宏观经济学相关理论和知识，多角度全方位分析疫情冲击下我国国民经济的恢复和发展趋势，掌握宏观经济政策分析的逻辑视角、分析方法与典型工具，提高学生理论联系实际的能力，激发学生的爱国热情，提高专业知识教育和思想政治教育的融合度。

【教学重点、难点与解决策略】

重点：分析我国不同区域、不同行业对疫情冲击的差异化反应，以及在此过程中宏观经济政策工具对我国经济增长的影响机制。

难点：结合以习近平同志为核心的党中央科学谋划、出台的财政政策和货币政策，用既通俗易懂又严谨规范的学术语言，分析疫情影响下我国国民经济恢复和增长的逻辑。

解决策略：通过图表结合、权威观点介绍、师生互动讨论、学生分组讨论、个人经历讲述等方式，将宏观经济学理论知识与坚定“四个自信”有机结合，提高学生对思政元素的认同度和对专业知识的接受度。

【教学思路】综合运用多媒体、互动式、讨论式、分享式等教学方法，将宏观经济学理论知识与坚定“四个自信”有机结合，提高学生对宏观经济政策工具、作用机制、传导路径等的理解力，以及宏观经济学课程的传播力、接受度与教学效果。

【课时安排】本部分内容使用2个标准课时，是宏观经济理论与中国现实问题相结合的运用环节，属于拓展性、研究性的教学内容。

【教学过程】首先，由任课教师展示国内外权威机构发布的世界主要经济体在疫情冲击下的反应，引出我国统筹推进疫情防控与社会经济发展取得的举世瞩目的成就；其次，利用国家统计局的权威数据，展示2020年以来我国不同行业生产总值的变化，阐述为了应对疫情冲击，以习近平同志为核心的党中央在财政政策和货币政策等方面的针对性举措；再次，利用《西方经济学》（第二版）（下册）教材中财政政策和货币政策相关理论知识，分析我国为了应对疫情冲击而实施的典型宏观经济政策的作用；最后，总结和归纳疫情冲击下我国国民经济恢复和增长过程中财政政策、货币政策的作用。

【教学流程】按照教学导入、课程讲解、师生讨论、教师归纳与总结四个相互联系、不可分割的紧密环节依次展开（见表1）。

表1　教学流程

教学环节	教学方法	教学目标
教学导入	图表与视频	掌握疫情冲击下我国经济的恢复和发展情况
课程讲解	解说与多媒体	掌握疫情冲击下我国实施的财政政策与货币政策工具
师生讨论	分享式、互动式与案例式	分析疫情冲击下我国实施的财政政策和货币政策的作用
老师归纳与总结	梳理与归纳	掌握财政政策和货币政策“组合拳”的发生机理，了解以人民为中心的宏观调控政策

【教学反思】 进一步思考如何妥善处理理论知识的学术性与通俗性的平衡，如何将较为抽象的宏观经济学知识与学生的生活实际、所想、所思、所感、所悟有机结合，提高宏观经济学课程对增强大学生“四个自信”的支撑力。

三、建设机制

在西方经济学课程思政建设中，除了要深入挖掘西方经济学主要理论和代表性观点蕴含的各种思政教育资源，还要系统运用以马克思主义为指导的中国特色社会主义理论分析和解释当代中国经济发展的道路和成功经验。要把马克思主义的立场、方法和社会主义核心价值观贯穿于经济学教学的全过程，使西方经济学课程既能弥补本学科的缺陷与不足，又能实现知识传授、价值引领、能力培养的高度统一，进而在课堂教学中实现全员、全程、全方位育人的目标。为了实现这一目标，要构建一支密切配合、分工协作、具有创新力和引领力的高水平经济学专业课程思政教学队伍，形成具有示范效应和推广价值的课程思政开发、监测与评价机制。

（一）思政教学机制

沿用教学团队初步搭建的“团队作业、组织策划、菜单选项、模块任务”建设路径，开发与西方经济学内容有机融合的思政案例。统筹学校各种教学资源和保障条件，创新教学思维，丰富教学场景，按照理论知识传授与实践教学相结合、线上线下教学技术手段相补充的思路，结合当代大学生的认知特点与学习习惯，建立经济学专业课程群课程思政的菜单化与模块化实施机制。

（二）师资团队建设机制

加强师资团队的德育意识和德育能力建设，为高质量的课程思政提供人才保障。按照名师引领、高层次人才引进、青年骨干教师培养、专职与兼职相结合的建设思路，重点做好教学团队建设工作。建立经济学专业课程群思政教学领导工作小组，强化组织领导和制度建设。此外，要通过成立课程思政工作室等方式，整合专业课程、通识教育课与思想政治教育教师资源，组建多学科互相支撑、良性互动的课程思政教学团队，保障专业知识讲授与思想政治教育的有机融合。

（三）协同推进工作机制

教学团队集思广益，围绕经济学专业课程思政建设定位、建设内容、推进方式、所需素材与资源保障条件等内容进行了充分细致的讨论，对课程思政建设的重点及难点进行了系统梳理，明确了课程思政建设的推进路径、工作实施要点与注意事项，形成了集中备课、师生互动、效果评价与协同整改提升的经济学专业课程思政推进机制。教学团队通过分工协作、多元联动，搭建起“团队作业、组织策划、菜单选项、模块任务”的课程思政建设路径，为形成具有推广价值和示范效应的经济学课程思政建设创新模式提供了经验支撑和实践借鉴。

（四）教学质量监测评价与整改机制

教学完成后，采取学生评价、教学团队成员互评和督导评价相结合的方式，对课程思政教学效果进行系统评价。在评价时，应坚持“一元主导、多维并举”的评价标准，构建经济学专业课程思政效果监测、反馈、多元评价与协同整改提升机制。

四、创新举措

（一）打造全员参与的教学体系

要科学把握理想预期与现实效果的内在张力，探索提升课程实施的科学性和有效性。其中，一项非常重要的工作就是贯彻实施全员育人理念，找准经济学专业课程与思想政治课程的结合点，探索构建全员育人的教学实践体系。积极探索构建经济学专业课程思政实施方案，而后以课程思政引领课程管理创新，并结合课程的具体情况、具体问题进行持续探索，深入挖掘课程中蕴含的德育元素，围绕课程专业知识体系建立价值谱系，实现专业知识与思想政治内容的创新融合与无缝衔接，提升课程思政的科学性与有效性。

（二）坚持系统化思维和时代性视角

教学团队坚持以系统化思维、时代性视角统筹推进经济学专业课程思政建设，围绕高质量发展、双循环新发展格局、创新驱动发展战略等，按照突出重点、注重互动、理论与实践相融合的思路，从教学内容、知识传授技巧、教学过程、教学方法、专业知识与思想元素融合路径等多方面进行全流程全方位设计，以实现经济学专业知识教育、坚定理想信念教育与国情教育的有机融合。集成运用分享式、启发式、案例式教学方法，采取课堂内与课堂外相结合的方式，让学生结合鲜活的经济社会发展的动态现实，加深对所学知识的领悟和理解，感受国家日新月异的发展面貌，激发学生投身祖国建设的热情，培育具有浓厚家国情怀、良好专业素养、较强社会责任感、创新精神和实践能力的经济学人才。

（三）探索制定“一元主导、多维并举”的评价标准

构建“一元主导、多维并举”的课程评价标准，就是要将立德树人成效贯穿于经济学专业课程思政评价的全过程。立德树人是课程思政的灵魂，基于立德树人成效的人才培养效果应当成为且必须成为课程思政建设评价的首要标准。要以习近平总书记关于教育的重要论述为指导，构建涵盖课程设计与实施评价、学生评价、教师评价等多个维度的课程思政评价体系，建立健全课程设计与课程实施成效考核评价体系和监督检查机制，将“有理想、有本领、有担当的时代新人”作为学生评价的主要标准，把“传播知识、传播思想、传播真理，塑造灵魂、塑造生命、塑造新人”作为教师评价的主要标准，进而以课程评价带动课程实施与课程设计改革发展。

五、建设成果

（一）教师层面

通过西方经济学课程思政教学和研究，进一步提升了团队运行效率和合作效果，以及专业课教师的课程思政水平和素养，形成了一支具有较强德育意识和德育能力的师资团队；在传授专业知识、提升师生专业水平的同时，保证了课程思政的方向性和引领性，为经济学专业课程思政探索可借鉴的一般模式提出了可扩展的创新思路，有助于推动学院和学校课程思政建设的高质量发展。

（二）学生层面

课程规划不仅把学科专业的知识体系以课程的方式呈现出来，更彰显了

课程内容所蕴含的育人价值。经济学专业知识传播，增强了学生对中国道路、发展模式与发展前景的信心。可进一步优化课程设置，着力打造具有家国情怀、创新精神、实践能力和发展后劲的实干型人才，培养能够担当民族复兴大任的时代新人。

（三）社会层面

应进一步完善西方经济学的多主体、多环节课程思政协同实施方案、思政元素选取方法和融入路径、案例开发数据库，形成具有示范效应、可操作、系统性较强、推广价值较高的课程思政研发、教学内容设计、教学推进、效果动态监测与优化提升的工作机制，创新课程思政建设推进模式及实施路径。同时，应在各类在线开放课程平台推送优秀的课程思政教学成果，扩大经济学课程思政教育的影响力。

参考文献

［1］高国希．坚持显性教育和隐性教育相统一［J］．中国高等教育，2019（11）：10-12.

［2］张鲲．高校“课程思政”的时代命题与建设路向［J］．北方民族大学学报（哲学社会科学版），2019（2）：162-166.

［3］孙杰，常静．高校加强“课程思政”建设现实路径选择［J］．中国高等教育，2018（23）：15-17.

［4］沙军．“课程思政”的版本升级与系统化思考［J］．毛泽东邓小平理论研究，2018（10）：81-85，108.

［5］张丹丹．复杂性视阈下“课程思政”建设路径研究［J］．广西社会科学，2018（9）：211-215.

经济学专业课程思政建设评价体系、常见问题与优化路径

思政教育评价是评价立德树人根本任务落实情况的内在要求。改革开放以来，我国高等院校逐渐形成和完善了思想政治教育质量评价框架与体系（冯刚，2018）。课程思政建设效果是反映和体现课程思政落实立德树人根本任务质量的重要指标（马超，2019）。本书按照“建设—评价—整改提升”的思路，结合经济学专业特点、课程思政建设的一般规律以及教育教学质量监测评价的代表性方法，构建了一套以立德树人根本任务为导向、以教育教学过程为基础、学生评价与同行评价相结合的经济学专业课程思政建设效果监测指标体系。在此基础上，结合实地调研，深度剖析经济学专业课程思政建设中的常见问题，并提出了针对性改进建议。

一、评价体系

（一）评价框架

课程思政内涵丰富，其建设效果不能用单一指标来衡量。从质量评价的角度来看，复合指标能将复杂的多维信息糅合在一起，简化决策过程。目前，课程思政测度研究尚处于起步阶段，对课程思政内涵的把握不足，对构建课程思政测度体系应当遵循的各项原则缺乏考虑。结合相关文献与政策导向，课程思政测度体系应同时包含原则层面和技术层面，两个层面相互联系、相互渗透，是不可分割的统一体。原则层面要求紧紧把握课程思政的内涵，以立德树人效果为最终目标，确保课程思政效果监测体系的全面性、异质性、稳定性和动态性；技术层面要求以统计思想为总领，严格考察入选指标的透明性、可得性和简明性。原则层面和技术层面分别关注测度体系的整体和部分。

本书按照衔接政策导向、观照现实、逻辑清晰、易于操作的思路，综合《高等学校课程思政建设指导纲要》等相关政策的要求，以及学术文献（谭

红岩 等，2020；杜震宇 等，2020）与部分高校的实地调研，从教育学理论出发，注重课程思政理论与实践的结合，遵循测度指标筛选的一般原则，提出了一套具有普适性和可操作性的课程思政建设评价指标体系。

对经济学专业课程思政建设效果的评价，要符合教育教学质量评价的一般思路，考虑经济学专业的特点，吸收借鉴其他专业与学科课程思政建设实践的有益经验。

经济学专业课程思政建设效果评价要坚持以下四个重要原则：

第一，系统性。评价指标体系涉及的指标要尽可能详细、全面，以更为系统地反映客观现实。但是，也要避免指标量过多、过细带来的数据收集和加工处理的困难与不便。因此，指标体系既要较为全面，又要简单明了、具有代表性。

第二，可比性。对测度指标的选取，要具有统一的量纲和数据口径，以便在不同对象间进行横向对比。

第三，可操作性。要按照清晰明确、易于获得的基本原则选取测度指标，尽量避免争议大、主观性强的指标，尽可能选择能够定量测度且数据易得的指标。

第四，科学性。课程思政是一项以立德树人根本任务为导向的行为活动，选择的指标以及指标之间的关系要能够体现课程思政的科学性，应尽量减少使用定性评价指标，提高指标的覆盖度、代表性，减小主观指标对评价结果的影响。

（二）测度指标的筛选方法

应遵循数据可得、便于比较的原则，兼顾既有理论文献、各省级教育行政管理部门发布的课程思政建设评价标准与全国各地高校近年来的多元化实践，注重指标体系的系统性、可比性、可操作性与科学性，以及各个评价维度之间的相对均衡性，选择能够直接和间接体现课程思政绩效的常规指标与高频指标，确保指标能够较好地体现课程思政的本质要求与建设目标，为推动经济学专业课程思政建设提供定量参考依据。

可参考陈洪海（2016）、迟国泰和陈洪海（2015）的思路，运用显著性差异方法筛选测度指标。具体地，用指标负载系数反映指标对综合评价结果的影响在显著性上的差异，删除负载系数小的指标，保证筛选出的指标对课程思政评价结果有显著影响；进一步地，剔除冗余信息，即对可能存在信息重叠的指标，运用 Person 相关分析方法删除同一指标层内相关系数大而反映所属指标层信息能力弱的指标。对指标进行初筛及剔除冗余信息是进行课程思政绩效评价的重要环节。

（三）多维度分类指标

1. 教学团队层面

结合教学评价、国内高校的课程思政建设成效评价方案，本书提出经济学专业课程思政示范教学团队建设成效的多维度评价指标体系（见表 1）。该指标体系包括发展规划与制度建设、学科依托与专业支撑、保障条件、建设效果、示范引领等方面，集中而鲜明地凸显了课程思政的核心要义与本质属性，突出了课程思政建设的系统性、科学性、全面性、时代性与协同性等典型要求，体现了教学团队层面开展课程思政建设需要着力解决的关键问题和核心环节，与教育行政管理部门的要求相契合，与教学团队建设的内在要求相一致。

表 1　教学团队课程思政建设效果评价指标体系

一级指标	二级指标	评价标准
发展规划与制度建设	发展规划	能够依据立德树人根本任务，提出清晰明确、具有操作性的课程思政建设规划；提出课程思政的总体目标、分阶段目标以及亟待系统解决的重点难点问题
	制度建设	具有定期的、制度化的课程思政建设研讨制度，能够依据各级部门的制度规范，构建具有专业特色的课程思政工作机制与奖惩制度
学科依托与专业支撑	学科依托	课程思政建设以经济学、马克思主义理论相关学科点为支撑，推进学科融合发展、创新发展与特色发展
	专业支撑	课程思政建设依托已有的各级综合改革试点专业与一流本科专业建设点
保障条件	经费投入	拥有必要的师资培训经费，确保任课教师参加岗前培训、实践研修、学术交流等
	硬件设备	拥有专用的办公和教学研究场所，以及满足教学实践与研究的设备
	师资力量	以经济学、马克思主义理论、教育学、心理学、政治学、教育技术学等学科为主，实践经验丰富
	兼职队伍	由各级教学名师等与思政课教师组成的教研团队，协助开展课程思政教学研究工作

续表

一级指标	二级指标	评价标准
保障条件	师资培训	科学设置课程思政培训内容，实施全员培训制度，开展全方位、多样化、针对性的教师培训，落实教师岗前培训、在岗培训，提升课程思政教学能力
建设效果	建设原则	推进“思政育人”与专业教育有机融合，增强学生“四个自信”，挖掘经济学专业知识中蕴含的思政元素；提出经济学专业价值塑造、能力培养与知识传授“三位一体”的教学目标，加强学生对课程知识的理解、掌握、拓展与深化
	建设内容	构建科学合理的课程思政教学体系，依据行业需求变化与社会发展需要，不断完善人才培养方案和教学大纲；优化课堂教学管理体系，将课程思政融入课程建设与课堂教学的全过程；开发具有良好教学效果、推广价值的教学案例；构建课程思政效果监测评价体系和激励机制，将课程思政建设成效作为教学团队教学绩效考核的重要内容
	教学研究	积极开展各类课程思政领域的教改项目；能够创新教育教学方法，推进现代信息技术在课堂中的应用，积极开展教学方式改革、教学质量与学生收获等方面的研究
	资源整合	结合学校学院现有资源，以专业为基础，为任课教师提供专业指导、专题讲座、示范案例、教学素材等资源，为教师提供丰富、实用、便利的教学资源，形成共建共享机制
	服务咨询	以教学研讨、教学竞赛、教学成果推广、教研工作交流等多种形式为载体，促进院内校内不同专业与学科间教师的互学互鉴；为需要培训以及新入职的教师提供针对性培训和咨询服务
示范引领	团队带头人	具备良好的师德师风，政治立场坚定，有强烈家国情怀，思维新、视野广、自律严、人格正，注重为人师表，善于提炼课程中蕴含的育人因素，教学经验丰富，教学成果突出
	团队建设	团队成员结构合理，具有课程思政建设意识和发展能力，积极参与课程思政教学改革；探索具有专业特色的管理模式，持续进行项目研发或资源共享，提供服务咨询、教师培训等，使团队运行机制更加科学化、规范化
	效果	团队成员在教学能力、教学研究与项目开展等方面相互支撑，协同发展能力显著提高；建设一批优质课程思政样板示范课程，带动所在学院学校课程思政建设能力与水平提升

2. 教师层面

教师是开展课程思政的“主力军”。要坚持把师德师风作为教师素质评价的第一标准，教师的言行举止是其素养的直接体现，本身就具有教育作用，故而教师必须以身作则、率先垂范。要增强教师的育人育才能力，教师不仅要教授学生“谋事之才”，更要教给学生“立世之德”。思政教育不仅是思政理论课教师的责任，也是每一位教师的职责。教师要增强育人意识，承担起育人使命，真正弘扬“大学精神”。要树立正确的课程观，认识到课程思政就是要挖掘每门课程中蕴含的育人资源，与思政课程同向同行、协同育人，既不能把思政教育只归于思政理论课负责，也不能把专业课上成思政课。教师要深入挖掘思政元素，运用马克思主义的立场、观点、方法来阐释专业理论中的价值观念、思维方式和科学方法，勇于进行教学改革，创新教学方式方法，努力取得对本专业、学院课程思政建设具有积极示范效应的教学成果，形成具有较高推广价值的课程思政模式。

结合既有研究与各地高校实践，教师层面课程思政建设效果评价指标体系见表 2。

表 2　教师层面课程思政建设效果评价指标体系

一级指标	二级指标	评价标准
教书育人	师德风范	政治立场坚定，爱国守法，敬业爱生，有强烈的家国情怀，思维新、视野广、自律严、人格正，为人师表，积极开展课程思政教学研究，堪为大学生健康成长的指导者和引路人
	教育理念	坚持立德树人，贯彻“课程思政”教育理念，将课程思政与专业教育紧密融合，将思想政治教育贯穿课程教学全过程
教学能力和水平	教学目标	课程目标：能根据课程性质、特点及授课对象等，制定明确的课程思政教学目标，注重解决学生在专业学习中的思想问题。价值引领目标：符合学校和专业人才培养要求，特色鲜明
	教学思想与内容	注重价值引领、知识传授、能力培养有机结合，能深度挖掘课程和教学方式中的思想政治教育资源，根据授课目标、教材内容、教学对象等教学要素，找准课程思政切入点
	教学艺术与方法	推动课程思政与现代教育技术深度融合，创新思政元素展现形式；注重课程思政教学方法多样化，采用启发式、研究性、案例式、PBL 等教学方法，帮助学生树立正确的世界观、人生观和价值观
教学改革与成效	教学改革	积极推进课程思政教学改革创新，课程思政教学理念、方法、手段创新及实施效果显著
	学生评价	学生对教师师德师风评价高，学习满意度高，教学效果好

续表

一级指标	二级指标	评价标准
教学改革与成效	同行评价	能自觉指导和帮助课程团队教师提高育人意识和能力，课程思政教学改革同行认可度高
	示范引领	课程思政教学改革的辐射和推广价值

资料来源：根据各省级教育行政管理部门以及高校实践等整理。

二、常见问题

本书结合所在高校的实地调研与问卷星调查，发现经济学专业课程思政建设中存在的一些需要注意的问题，主要表现在以下三个方面。

（一）重视程度不够

由于缺乏系统性思维，未能深入研究思政元素融入专业课的基本原则，形成具体可行、操作性强的教学方案。课程思政教学应在促进思政课和专业课教学良好互动方面发挥作用。但在实践中，一些专业课任课教师对课程思政建设的重要意义与价值认识不够，重视程度也不够，未能结合专业特点与育人目标，科学设计教学内容，导致课程思政教学浮于表面、流于形式、未能深入、具有较强的主观色彩，不能实现思政教育目标。有些教师将思政内容独立呈现，导致教学内容与思政内容分离，不利于学生系统掌握有关知识，也无法将思政内容融入专业知识的讲授中。

（二）对融入路径与方法缺乏研究

思政与课程的关系，应是“如春在花、如盐化水”，高质量的课程思政应当是课程与思政的巧妙融合、相得益彰（石定芳、廖婧茜，2021）。然而，我们在实地调研中发现，由于缺乏相对系统的指导和学习，一些任课教师生搬硬套地将思政内容嵌入课程，未能基于所教授课程的属性与特点，深度挖掘课程的思政元素，无法做到有机融合、相互促进、协调发展。在教学实践中，一些任课教师对思政元素的融入时机选择、融入力度与融入路径缺乏研究，对思政内容与专业知识融合路径的科学性、适宜性与自然性关注不足。在教学内容上，有的脱离专业知识，思政元素过多；有的思政元素不够，未能不着痕迹地融合，也未遵循知识传授、学生学习的规律，按照由近及远、由表及里的教学方法，将社会主义核心价值观、家国情怀、专业素养与科学精神等自然地融入课程，无法实现润物无声的育人效果。

（三）建设的系统性亟待加强

课程思政建设是一项系统工程，需要举全校之力方能全面实施，且非一日之功。我们在调研中发现，由于对课程思政的重视程度不够，部分教师对课程思政的重要性认识不足，部分基层教学组织未能调动一切人、财、物和积极因素，做好顶层设计，全面规划，层层落实，形成纵向贯通、横向融合的课程思政建设工作网络。此外，由于缺乏系统性思维，未能形成定期进行课程思政研究的工作机制，也未能结合专业课程思政建设中的突出问题做到与时俱进、采取切实有效的措施。由于教学惯性，任课教师未能充分调动学生在课程思政建设中的积极性，也未能引导学生多渠道、多形式参与课程思政建设，使得课程思政的立德树人效果有待进一步提高。

三、优化路径

（一）强化政策引导与支撑机制建设

经济学专业课程思政建设的高质量开展需要强而有力的制度建设与充分的机制保障。要以课程思政建设为重要切入点，贯彻落实立德树人根本任务，系统推进经济学专业课程思政的规范化与常态化建设。要坚持社会主义办学方向、立足中国大地开展经济学专业教育，必须以培育社会主义的合格建设者与接班人为目标。坚持党的领导，要将党的领导渗透到经济学专业课程思政建设的全过程、全要素、各环节之中，教学团队和任课教师要深入学习党的十八大以来习近平总书记关于高等教育的重要论述，贯彻党中央、各级政府与教育行政管理部门关于思想政治教育的指导意见与决策部署，将课程思政纳入经济学专业教学体系，建立和不断优化经济学专业课程思政建设机制。不断完善党委统一领导、党政齐抓共管、各部门紧密配合、各学院具体落实推进的院系课程思政工作体系。要不断完善经济学专业课程思政推进方案，从目标思路、任务举措、预期目标和进度等方面作出安排，确保经济学专业课程思政建设发挥实效。为将经济学专业知识传授、技能培养与价值引领有机结合，要在经济学专业教学中有机融入党的理论和路线方针政策，以及国家、区域、行业、企业与个人发展案例，完善经济学专业教学设计，优化教学实施过程，创新教学管理模式，提高教学过程驾驭能力，建立为社会主义现代化建设服务的经济学专业课程思政支撑机制。

（二）推进师资队伍与共享资源建设

师资是经济学专业课程思政高质量建设的支撑力量。为此，要建设一支政治强、情怀深、思维新、视野广、自律严、人格正的高素质课程思政教师队伍。具体可从以下六个方面着手：①科学规划经济学专业课程思政师资培养培训计划，综合运用专题研修、实践锻炼、考察调研、学术交流等方法提高队伍综合素质；②继续完善系统、科学、易于操作的课程思政建设质量综合评价办法，形成以政治关、师德关为前提，以育人效果为核心的任课教师教学效果综合监测指标体系，将相关评价结果与教师的职业发展、项目申报以及奖励奖惩等挂钩，科学应用评价结果，避免对相关评价结果的滥用；③不断加大对任课教师开展课程思政教学的激励与保障力度，为他们提供经验交流的机会、科研经费的支持；④深入挖掘课程思政建设的先进典型和优秀成果，宣传课程思政育人示范团队和先进个人，推动课程思政经验交流；⑤以院系为基础，开展课程思政特色品牌建设，举办以学科大类为基础的课程思政竞赛，以赛促教、以赛促改、以赛促学；⑥为减少重复建设、避免资源浪费、提高资源配置效率、发挥教研共同体的协同育人合力、提高教学团队内部协作水平，充分利用现有的经济学专业数据库，补充完善相关资料库，为教学团队和任课教师学习先进典型、开展课程思政备课与研究提供基础支撑。

（三）完善教学效果反馈、反思与协同整改机制

第一，建立多元化的课程思政建设绩效反馈机制。围绕课程思政开展的教学设计、教法革新、课程改革、教学活动、教学管理与教学成效等是评价经济学专业教学团队和任课教师开展课程思政情况的重要观察维度。要以立德树人为导向，以课程思政建设规划、教师教学过程、学生学习效果、团队示范和教师经验示范等为多元课程思政评价标准（陆道坤，2021），综合运用同行听课互评、院系督导、学校督导与校外专家评价等多种方式，采用总体性评价、分项评价与专项评价相结合的方法，结合课程开展情况、学生对课程的总体满意度与分项满意度等信息，形成对任课教师课程思政

教学过程与教学效果的综合评价结果。要坚持定量与定性评价相结合、分层次与分类型评价相结合的思路，收集不同评价主体对任课教师开展课程思政建设状况的评价信息，确保相关评价信息真实、完整、有效、客观，为教学团队和任课教师进一步完善课程思政教学提供信息支撑。

第二，对课程思政的薄弱环节与待改进之处及时进行反思。教学反思是任课教师开展课程思政教学活动的一个重要环节，对完善课程思政、提高课程思政建设质量具有重要意义。首先，基于多元化的教学评价进行教学反思。要对思政元素的挖掘与开发是否深刻、思政元素与专业知识的结合是否自然、思政元素与专业知识的融合是否顺畅、课程思政的教学方法是否科学、思想元素融入课堂教学的时机是否恰当、教学课堂管理与调控是否合理、教学语言是否专业等问题进行反思。其次，可以采用个别反思、同一专业课程教师的集体反思、备课组集体反思、邀请校内外专家进行评价等多种方式，合理确立反思时机，切实提高教学反思的针对性和系统性，以解决课程思政建设中的重点难点为核心，不断完善课程思政教学反思的实施机制和流程，将教学反思常态化、制度化与规范化。

第三，建立健全教学反思与教学整改的联动机制。以教学反思为切入点，结合课程思政建设中的常见问题，考虑当代大学生的认知习惯和学习方式，根据其专业、年级、个性等设计课程教学方案，因地制宜、因时制宜，因材施教、精准施教，使教学既遵循规律，又具有针对性。综合运用互联网技术、大众传媒手段，整合利用各类教育教学资源，使课程思政建设与现代信息技术高度融合、线下思政与线上思政合二为一（杨晓宏 等，2020）。充分发挥教师主导作用和学生主体作用，不断完善讨论式、情景式、分享式、案例式等教学方法的实施方式，加大学生的参与力度，构建课内外相结合、理论与实践相衔接的课程思政教学体系。

参考文献

［1］冯刚．改革开放以来高校思想政治教育质量评价的回顾与思考［J］．教学与研究，2018（3）：82-89.

［2］朱平．高校课程思政的动力激励与质量评价［J］．思想理论教育，2020（10）：23-27.

［3］谭红岩，郭源源，王娟娟．高校课程思政评估指标体系的构建与改进［J］．教师教育研究，2020，32（5）：11-15.

［4］杜震宇，张美玲，乔芳．理工科课程思政的教学评价原则、标准与操作策略［J］．思想理论教育，2020（7）：70–74.

［5］陈洪海．基于信息可替代性的评价指标筛选研究［J］．统计与信息论坛，2016，31（10）：17–22.

［6］迟国泰，陈洪海．基于信息敏感性的指标筛选与赋权方法研究［J］．科研管理，2016，37（1）：153–160，162.

［7］石定芳，廖婧茜．新时代高校课程思政建设的本真、阻碍与进路［J］．现代教育管理，2021（4）：38–44.

［8］陆道坤．课程思政评价的设计与实施［J］．思想理论教育，2021（3）：25–31.

［9］杨晓宏，郑新，梁丽．“互联网+”背景下高校课程思政的价值意蕴与实践路径研究［J］．电化教育研究，2020，41（12）：71–78.

经济学专业课程思政：理论初探与案例分析

第二部分 案例分析

第一章

政治经济

案例一　树立科学思维，正确认识货币价值

一、案例正文

翻开人类的货币发展史，货币的形态从来自大自然的贝壳、石头等，到经过人类加工铸造的金属铸币、机器制币、印刷纸币等，以及当下备受关注的电子货币，都可以用来标示商品的价格。无论何种形态的货币，必须具备“价值尺度”这一功能，这一点与常识的“标价”高度吻合。马克思指出，包括人类劳动在内的每种商品的使用价值及其价值的兑现必须借助货币，货币由此成为一个中心，客观地衡量一切对象，这种近乎自然法则的价值标准，使有些人在使用货币的过程中逐渐产生了错误的货币万能的观念。马克思当年对“货币拜物教”的分析与批判，可直指今日之“校园贷”。“校园贷”野蛮生长的原因很多，有校园管理因素、银行监管因素以及贷款者本身的问题，但根本原因在于使用“校园贷”的大学生在思想认识和价值观等方面出了问题。货币崇拜及其滋生土壤问题值得高校教育管理工作者警惕。

货币能够促进交换的顺利进行，因此从交换的角度看，货币政策的作用应为保持币值稳定。新冠疫情的突然袭击，给全球各国带来了巨大影响。在货币政策上，总体来看，疫情发生以来，我国坚持实施稳健的货币政策，搞好跨周期的政策设计，健全现代货币政策框架，完善货币供应调控机制，保持流动性合理充裕，并保持货币信贷、社会融资规模增长与经济发展基本匹配，以及宏观杠杆率基本稳定。2022 年 8 月 10 日，中国人民银行公布的《2022 年第二季度中国货币政策执行报告》指出，坚持以习近平新时代中国特色社会主义思想为指导，坚决贯彻党中央、国务院的决策部署，稳字当头、稳中求进，稳健的货币政策灵活适度，有效实施稳经济一揽子政策措施，坚决支持稳住经济大盘。近年来，面对复杂严峻的国际环境和艰巨繁重的国内改革发展稳定任务，在以习近平同志为核心的党中央坚强领导下，各级组织部门统筹疫情防控和经济社会发展工作，加大稳健货币政策实施力度，充分发挥货币政策工具的总量和结构双重功能，主动应对，

提振信心，搞好跨周期调节，兼顾短期和长期、经济增长和物价稳定、内部均衡和外部均衡，坚持不搞“大水漫灌”，不超发货币，为实体经济提供更有力、更高质量的支持。

二、思政元素

（一）尊重规律，把握规律

认识规律、把握规律是做好各项工作的前提，也是提高工作能力的必然要求。发挥人的主观能动性的前提是承认规律的客观性，人们只有认识和掌握客观规律，才能达到认识和改造世界的目的。

人类社会发展总是受客观规律支配，人们只能认识规律、尊重规律，不能改变规律。货币在履行流通手段职能以协助交换时，流通中所需要的货币量不是任意规定和发行的，而是有一定的规律性。流通中所需要的货币量由全部商品的价格总额和货币流通速度这两个因素共同决定。市场上所流通的商品数量越多，商品的价格总额越大，流通中所需要的货币量越多，反之，则越少。货币流通的速度越快，同量商品所需要的货币量越少，反之，则越多。在以货币为交易媒介的商品经济社会，需要投放多少货币必须以货币流通规律为依据，政府必须适时地对货币政策进行调整。

（二）一切从实际出发

一切从实际出发，要求我们在解决问题、处理事情时以客观存在的事实作为根本出发点，用客观存在的事实来决定我们的思想和行动。坚持一切从实际出发，是人们正确认识世界和改造世界的根本立足点。因此，应从中国经济发展的具体情况出发，分析我国货币政策的定位和目标需求，把握好货币政策的力度和节奏，处理好经济发展和风险防范之间的关系，使我国经济大局总体保持平稳。党对经济工作的领导要坚持一切从实际出发，实事求是，不断推进理论创新，使实践活动更加符合客观实际。

（三）要树立正确的货币观，反对拜金主义

从人们日常的生产生活到国家之间的经济往来，都离不开货币，人们因为不同的需求动机而持有货币。随着社会经济的不断发展，货币对人们的

影响越来越大。钱是物质财富的代表，拥有的钱多，意味着能换取的物质资料多。这就让有些人把获取金钱作为人生的目的和生活的意义，将拥有多少金钱作为衡量人生成败的标准，沦为金钱的奴隶。

前文案例中所提到的“货币拜物教”就过度沉迷货币，在金钱指挥棒下，他们更看重赤裸裸的利益关系，尊严、关爱、道德都被淹没在铜臭中。这种拜金主义观念影响了很多人。当今的大学生应当坚持适度消费、理性消费，不把拥有更多的金钱当成人生价值的全部，清醒地认识货币的本质。钱，不是万能的，它买不到健康和友谊，更买不到幸福、平安和快乐。钱，只是人们经济生活中的一种工具，人应该成为金钱的主人，而不是奴隶。青年学生在选择职业或确定人生目标时，不能把收入多寡作为唯一标准。

三、案例使用

（一）教学用途与教学目标

1. 教学用途

本案例适用于货币及货币政策的认知教学，如宏观经济学课程中货币需求、货币政策等内容的教学。

知识点：货币需求理论、货币政策。

2. 教学目标

（1）知识层面

理解概念：货币需求、货币政策工具。

掌握知识点：货币需求的影响因素、货币政策工具的类别。

（2）能力层面

逻辑判断能力：宏观经济环境变化对货币需求的影响，如利率的变动、国民经济水平的变动；什么样的政策会增加或减少货币供给。能够结合当下的社会经济环境，分析货币政策工具的选择与运用，以达到调节宏观经济的政策目标。

实践分析能力：根据案例材料，结合货币及货币政策相关基础理论的学习，设置三个由浅入深、由知识到能力的问题。对问题的解答，可帮助学生搭建一座“从理论到实践，再从实践到理论”的思维桥梁，进而提出初步的解决方案。

（3）素质层面

形成专业意识：货币在我们日常生活中必不可少，要正确认知其存在的意义与价值，自觉地把思政元素与西方经济学相关理论结合起来。

提高专业素养：在学习理论知识的同时形成思政素养，能够分析国内外经济发展的趋势，养成关注时事政治、宏观经济形势、热点问题及经济政策的习惯。

（二）案例讨论的准备工作

①学生预习《宏观经济学》教材中“货币需求”与“货币政策”相关知识点。

②学生提前搜集有关新闻资料，了解货币发展简史，并搜集疫情防控期间政府采取的各项政策，重点了解货币相关政策，为案例分析和课堂讨论做准备。

（三）案例分析要点

1. 启发思考题

①货币的职能有哪些？
②人们对货币的热爱主要来自哪些需求动机？
③货币政策工具有哪些？货币政策能实现哪些目标？

2. 分析思路

①货币的职能有哪些？
要点：货币的职能。
参考答案：

货币是充当一般等价物的特殊商品，在商品生产交换条件下，货币作为商品价值的代表，可以表现其他商品和服务的价值，并实现商品和服务的交换。货币共有五种职能：价值尺度、流通手段、贮藏手段、支付手段和世界货币。其中，前两种为其基本职能。从货币的功能来看，货币的积极作用主要是作为交换媒介。货币降低了价值衡量和比较的成本，为实现产品之间的交换提供了便利，从而降低了产品交换所需的成本，提高了商品交换效率。此外，货币作为最具流动性的价值贮藏形式，丰富了贮藏手段。在现代社会，人们所需的各类商品和服务都需要用货币去购买，货币已经成为推动经济社会发展和进步的重要力量，在整体经济社会运行中发挥着重要作用。

②人们对货币的热爱主要来自哪些需求动机？

要点：货币需求动机。

参考答案：

货币具有高度流动性，人们对货币流动性产生偏好具有三类不同的动机。一是交易动机。这是人们对货币需求的第一个动机，即人们为了日常商品与服务的交易而持有货币。出于交易目的的货币需求量取决于人们交易的数量和规模，而交易数量和规模又随着人们收入的变化而变化，进而货币的需求量会随着人们收入水平的变化而变化，是收入的函数。二是预防性动机。预防性动机是指人们为了预防意外的支出而持有一部分货币的动机。例如，为了应对各种突发事件或者可能支付的医疗费用而持有货币。不同的人对意外事件的看法不同，需求的货币数量也会不同，但从整个社会角度来说，因预防性动机而需要持有的货币量与收入密切相关，因此也可以把它视为收入的函数。三是投机动机。投机动机是指人们为了抓住有利的购买有价证券的机会而持有一部分货币的动机。

③货币政策工具有哪些？货币政策能实现哪些目标？

要点：货币政策工具与目标。

参考答案：

货币政策工具主要包括法定准备金率、再贴现率及公开市场业务等。货币供应量的调整一般有以下三种方法：一是改变法定准备金率；二是改变中央银行对商业银行的贴现再贴现政策；三是在公开市场上买卖政府债券（公开市场业务）。货币政策目标是指一国中央银行或货币当局采取货币政策所希望达到的经济增长、价格水平稳定、充分就业、国际收支平衡等最终目的。货币政策的各个目标之间常常会发生冲突，某项政策的制定可以实现一个目标，但有可能会使另一个目标变得更加难以实现，因而要根据形势关注最主要的目标。

（四）教学组织方式

结合案例，将思政元素融入宏观经济学课程相关内容的讲授当中。本案例讲授时间为 2 个课时（90 分钟），具体安排见表 1。

表 1　案例的教学组织

学习阶段	内容安排	时间安排	学习目标
课前	要求学生分组并预习相关知识点	提前两天	了解案例与相关知识点
课中	任课教师展示案例 PPT	10 分钟	熟悉案例
	任课教师对案例 PPT 进行讲解	20 分钟	理解案例涉及的知识点与思政元素
	学生分组讨论	30 分钟	培养学生分析问题的能力
	随机提问 3~4 组	20 分钟	培养学生总结归纳的能力
	任课教师进行总结	10 分钟	加深学生对重点知识点的理解
课后	请学生持续关注货币形态的变化		能分析货币政策的效果

（五）总结

货币是财富的代表，但人不应该成为金钱的奴隶。市场经济中货币的工具性特点更加鲜明，在尊重货币流通规律的基础上，能动地实施适时的货币政策有助于调节短期经济波动。货币政策短期内对经济有较强的干预作用，对投资、金融市场的影响较大。一国的经济运行速度不会一成不变，应根据经济发展状况，能动地发挥货币政策工具的作用。任课教师通过对案例中货币形态变化及价值定位的讲解，引导学生客观评价货币的功能，对财富进行理性探讨；帮助学生树立正确的消费观和财富观，摒弃拜金主义、唯利是图等不良思想。

参考文献

［1］新浪财经．人民银行发布《2022 年第二季度中国货币政策执行报告》：为实体经济提供更有力更高质量的支持［EB/OL］．（2022-08-11）．https：//finance.sina.com.cn/money/bank/bank_hydt/2022-08-11/doc-imizmscv5721944.shtml.

［2］何平．货币形态演进的中国经验与未来走向［J］．金融评论，2021，13（1）：41-53.

［3］周子衡．如何理解货币形态及其新变化［N］．金融时报，2021-04.

［4］卢东霖．校园贷风险的货币崇拜隐忧及其教育引导［J］．武汉职业技术学院学报，2018，17（3）：76–79.

［5］韦北村．财经类课程思政案例教学设计与运用［M］．北京：经济管理出版社，2019.

［6］西方经济学编写组．西方经济学：下册［M］．2 版．北京：高等教育出版社，2019.

案例二 《资本论》：散发着理性光辉的鸿篇巨制

一、案例正文

马克思的思想已经成为一种世界语言，指引着人类追寻理想社会。马克思终其一生都在研究资本的规律，《资本论》是一部政治经济学的不朽专著。在这部著作中，马克思运用他和恩格斯共同创立的历史唯物主义的科学原理，对资本主义经济形态进行了深入的剖析，揭示了资本主义经济的运行规律及其必然灭亡的历史趋势，阐明了资本主义被新的社会经济形态所取代的必然性，科学地预见了未来社会的某些基本特征，从而为无产阶级推翻资本主义、建设社会主义和共产主义的斗争指明了方向。

在历史上，很少有著作像《资本论》一样，对人类的命运，尤其是占人口绝大多数的劳动人民的命运，产生如此深刻而持久的影响，也很少有著作像《资本论》一样，学术意义远远超出其自身所属的专业范畴，对哲学社会科学的许多领域都发挥着方法论上的巨大指导作用。事实上，不仅经济学者，其他学科领域的不少学者也结合自己的学科来研读《资本论》，以便为自己的研究确定正确的方向和路线。

马克思《资本论》的写作，是一个充满艰辛的过程。如果从他转向政治经济学研究算起，到 1883 年逝世，这个过程历时 40 年。马克思在世时只出版了《资本论》第一卷，第二卷和第三卷是在马克思逝世之后由恩格斯根据其遗稿整理出版的。在撰写《资本论》的过程中，马克思还承担着指导国际共产主义运动的繁重工作，因而遭到欧洲各国资产阶级政府的迫害，过着颠沛流离的生活，常常衣食无着、债务缠身，还要忍受反复发作的病痛的折磨。《资本论》第一卷完稿后，马克思在写给友人的信中说："我为什么不给您回信呢？因为我一直在坟墓的边缘徘徊。因此，我不得不利用我还能工作的每时每刻来完成我的著作，为了它，我已经牺牲了我的健康、幸福和家庭……但是，如果我没有完成我的这部书（至少写成草稿）就死去的话，那我的确会认为自己是不实际的。"

《资本论》包含了马克思对资本主义特征和历史的深入思考，其最终目的是揭示现代社会的经济运动规律。《资本论》在世界范围内对政治和经济产生了深远的影响，至今依然具有重要的现实意义。马克思主义理论是由马克思主义哲学、马克思主义政治经济学和科学社会主义理论三个部分组成的理论体系，而《资本论》是集马克思主义哲学、马克思主义政治经济学和科学社会主义于一体的重要著作。《资本论》对人类发展的影响是巨大而深远的，正如习近平总书记在主持十八届中央政治局第四十三次集体学习时指出的，“在人类思想史上，就科学性、真理性、影响力、传播面而言，没有一种思想理论能达到马克思主义的高度”。这体现了马克思主义的巨大真理威力和强大生命力，表明马克思主义对人类认识世界、改造世界、推动社会进步具有不可取代的作用。

要想完整准确地理解《资本论》的科学真谛，掌握马克思主义的经济分析方法，除了逐字逐句地阅读和领会原著，没有其他任何捷径。研读《资本论》对于经济学及相关专业的学生来说，是一种需要付出很大努力但以后会受益无穷的学术训练。马克思在《资本论》法文版序言中曾提醒读者：“在科学上没有平坦的大道，只有不畏劳苦沿着陡峭山路攀登的人，才有希望达到光辉的顶点。”

二、思政元素

（一）《资本论》是世界观

马克思的整个世界观不是教义，而是方法。它提供的不是现成的教条，而是进一步研究的出发点和供这种研究使用的方法——历史唯物主义和辩证唯物主义。从人与世界的角度来看，要理解世界观或方法论的差异性，一方面要了解一个人认识世界的出发点和落脚点、认识的视角和方法，另一方面要了解他所认识的世界的结构、特征和内容。只有这样，我们才能理解世界观的多样性、局限性、可比较性、可借鉴性、可变化性和可发展性。这样的观点，既适用于“马克思与《资本论》”，也适用于我们每一个人。我们和马克思一样，是以资本为主导的世界的观察者和研究者，完全可以通过《资本论》来学习认识资本主义世界的方法。

在《资本论》中，马克思深入研究社会经济运动的客观规律，深刻分析资本主义生产方式及其内在矛盾，科学论证了社会主义必然代替资本主义的历史趋势，阐明了社会主义经济发展的一般规律。读《资本论》，旨在读懂马克思的世界观、方法论、剩余价值理论，学习他如何从绝大多数人的利益出发认识问题和处理问题。读懂《资本论》，便能洞悉当代国际社会充满复杂性的格局及其未来走向。读懂《资本论》，便能明白中国共产党领导14亿中国人民构建中国特色社会主义的伟大实践具有何等重大的历史意义和现实意义。中国共产党是马克思主义与中国革命实践相结合的伟大产物。中国共产党人在实践中不断总结社会主义革命、建设和改革的经验，创造性地运用和发展马克思主义政治经济学，形成了中国特色社会主义政治经济学，为科学认识纷繁复杂的经济现象提供了基本理论和方法，为建设中国特色社会主义提供了理论基础。

（二）《资本论》是科学方法

《资本论》集世界观、发展观、方法论于一身，阐述了世界的构成要素，包括各种要素及它们之间的关系和交互作用。《资本论》中蕴藏的方法论瑰宝，把辩证方法创造性地应用于政治经济学领域，并且把辩证法、认识论和逻辑学融于一体。马克思在经济研究和《资本论》的写作中，实现了方法论上的革命，在坚持辩证唯物主义和历史唯物主义的基础上，具体运用了唯物辩证法、科学抽象法、逻辑分析与历史分析相统一的方法及定性分析与定量分析相结合的方法。此外，在《资本论》的写作中，马克思还用到归纳与演绎、分析与综合、规范分析与实证分析等方法，这些构成了马克思经济研究的科学方法。

唯物辩证法是马克思进行政治经济学研究的根本方法。马克思曾指出，他研究《资本论》的方法“正是辩证法”，即唯物辩证法。运用唯物辩证法研究政治经济学，必须坚持从客观的经济事实和经济现象出发，剖析隐藏在经济现象背后的本质，并揭示其运动规律。是否运用和坚持唯物辩证法，是马克思主义政治经济学与其他政治经济学在方法论上的重要区别之一。唯物辩证法是关于事物的内在矛盾推动事物运动的一般规律的学说，它在自然和社会两个领域都适用。唯物辩证法包含的对人类社会发展一般规律的认识，被称为历史唯物主义。在《资本论》中，马克思将历史唯物主义运用于对资本主义经济形态的研究，发现了这种经济形态的特殊运动规律。这就是说，《资本论》的研究方法就是历史唯物主义。结合生产力与生产关系的矛盾来解释社会经济运动和发展，是历史唯物主义的灵魂，也是贯穿《资本论》的一条红线。

马克思在写作《资本论》的过程中，还探讨了抽象思维和理论研究的一般方法，以及历史和逻辑相统一的分析方法。此外，马克思对数学方法和定量分析也非常重视。这就要求我们在研究中不仅要把握社会经济现象的质的规定性和发展变化，而且要把握一些社会经济现象的量的规定性和发展变化，也就是说，要把定性分析与定量分析有机结合起来，这样才能更具体、更现实地揭示社会经济运行规律。

（三）《资本论》是研究精神

迄今为止，已知马克思一生所撰写的著述共 1974 部（篇），其中独著 1660 部（篇）、与人合著 314 部（篇），所写书信共 3099 封。马克思著作之丰，充分表现了他的勤奋和渊博学识。他同恩格斯合著的《马克思恩格斯全集》中文第一版共 50 卷，中文第二版共 60 多卷（在 2008 年前后出齐），而该全集国际版为 160 多卷。勤奋使马克思具有渊博的知识，而渊博的知识又是马克思治学的基础。我们要学习马克思孜孜不倦的学习精神，锲而不舍地追求真理的科学精神。马克思作为马克思主义的创始人，不仅以自己的毕生心血为人类留下了一座巨大的思想理论宝库，也在治学方面为我们树立了光辉榜样。

不畏艰辛，信念坚定：马克思一生四次被驱逐，最后定居伦敦（1849—1883 年）。他在伦敦最初的十年，度过了一生中生活最艰难的时期。然而马克思没有被苦难压倒。几乎每天大英博物馆一开门，马克思就准时到达，如饥似渴地进行学习和研究，直至晚上闭馆。

博览群书，刻苦钻研：马克思的知识领域包括哲学、经济学、法学、宗教学、逻辑学、美学、政治学、文学、史学、语言学、翻译、工商业实践，甚至触及数学、自然科学等。他能阅读欧洲许多国家的文字，能用德、法、英三种文字写作。

批判继承，勇于创新：马克思主义的三个组成部分，都是批判继承与理论创新相结合的典范。黑格尔、费尔巴哈、亚当·斯密、大卫·李嘉图、圣西门、傅立叶、欧文等都是思想理论界的权威，如果马克思迷信理论权威，没有“站在巨人的肩膀上”的勇气，没有敢于创新的意识，他就不可能创立马克思主义。

科学求证，一丝不苟：马克思总是以极其严谨的态度，反复推敲、修改自己的作品。拉法格（法国和国际工人运动活动家，马克思主义理论宣传家）曾回忆说：“马克思对待著作的责任心，并不下于他对待科学的严谨。他不仅从不引证一件他不十分确定的事实，而且在他尚未彻底研究好一个问题时，他决不谈论这个问题。他决不出版一本没有经过他仔细加工和认真琢磨的作品。他不能忍受把未完成的东西公之于众的做法。”

三、案例使用

（一）教学用途与教学目标

1. 教学用途

本案例为描述型案例，适用于政治经济学课程中“马克思主义政治经济学的性质、任务和研究方法”相关知识点的教学。

2. 教学目标

（1）知识层面

掌握概念：物质资料生产、生产力、生产方式、生产关系。

掌握知识点：马克思主义政治经济学的研究对象、性质、任务以及研究方法。

（2）能力层面

系统思维能力：通过对理论知识点的讲解，帮助学生理解马克思主义政治经济学的出发点，掌握马克思主义政治经济学的研究对象、性质、任务和研究方法，并全面了解马克思主义政治经济学的创立和发展历程。

判断实践能力：结合案例材料，让学生认识到马克思主义政治经济学是马克思主义的重要组成部分，也是坚持和发展马克思主义的必修课。

（3）素质层面

形成专业意识：认识到马克思主义政治经济学的重要地位，掌握马克思主义政治经济学的研究对象、研究内容与研究方法。

提高专业素养：通过案例分析，使学生掌握马克思主义政治经济学的基本原理、基本观点和基本方法；培养学生运用马克思主义立场、观点和方法分析问题和解决问题的能力，为后续专业课程学习打下扎实的理论基础；理解资本主义生产关系的实质和资本主义经济运行的基本问题，把握资本主义发展的一般趋势；认识现代经济社会发展的新变化和中国经济发展面临的新问题。

（二）案例讨论的准备工作

①学生预习政治经济学课程中“马克思主义政治经济学的性质、任务和研究方法”相关知识，对马克思主义政治经济学有一个初步的认识。

②任课教师准备视频，以便将马克思撰写《资本论》的背景和过程向学生进行直观的展示。

（三）案例分析要点

1. 启发思考题

①为什么说物质资料生产是政治经济学的研究起点？

②政治经济学的研究方法是什么？

③马克思主义政治经济学在中国有哪些发展？

2. 分析思路

①为什么说物质资料生产是政治经济学的研究起点？

要点：政治经济学的研究起点。

参考答案：

物质资料生产是人类社会存在的基础。如果撇开生产过程的社会形式，物质资料的生产过程只是生产产品的劳动过程。劳动过程有三个简单要素，即劳动者的劳动、劳动资料和劳动对象。在任何社会形态、任何社会发展阶段，劳动过程都必须具备这三个要素。生产过程，就是上述三要素结合在一起发生作用的过程，即劳动者通过有目的的活动，借助劳动资料，使劳动对象发生预定变化的过程。在这个过程中，劳动者是生产中的主观因素，起着主导作用；劳动资料和劳动对象是客观因素，是进行生产必备的物质条件。劳动资料和劳动对象共同构成生产资料，有劳动能力的人只有同生产资料相结合才能进行生产。

②政治经济学的研究方法是什么？

要点：政治经济学的方法论体系。

参考答案：

唯物辩证法是马克思主义政治经济学的基本方法。质量互变规律、对立统一规律、否定之否定规律，是唯物辩证法的规律。它们既是自然界事物发展规律在哲学上的反映，也是人类社会经济发展规律在哲学上的反映，被人们用来作为研究自然界事物和社会经济发展的基本方法。从客观实际出发，实事求是，具体情况具体分析，是唯物辩证法的基本要求。在具体方法上，要特别注意定性分析与定量分析相结合、规范分析和实证分析相结合等。

③马克思主义政治经济学在中国有哪些发展?

要点：马克思主义中国化的发展。

参考答案：

改革开放以来，中国共产党人把马克思主义基本原理同中国具体实际相结合，团结带领人民进行建设中国特色社会主义新的伟大实践，使中国大踏步赶上了时代，实现了中华民族从站起来、富起来到强起来的伟大飞跃。在这一过程中，形成了包括邓小平理论、“三个代表”重要思想、科学发展观、习近平新时代中国特色社会主义思想在内的中国特色社会主义理论体系。这一理论体系把马克思主义政治经济学基本原理同改革开放新的实践结合起来，不断探索中国特色社会主义建设规律，形成了关于改革开放和经济发展的一系列重大创新成果，特别是提出了在社会主义条件下发展市场经济，这是前无古人的伟大创举，是中国共产党人对马克思主义发展作出的历史性贡献。

党的十八大以来，习近平总书记高度重视马克思主义政治经济学，多次就坚持和发展马克思主义政治经济学作出重要论述，阐明了新的历史条件下坚持和发展马克思主义政治经济学的正确方向和基本原则，为中国马克思主义政治经济学的发展指明了方向、开辟了道路。习近平新时代中国特色社会主义经济思想是当代马克思主义政治经济学的集中体现，是中国特色社会主义政治经济学的最新成果，创造性地回答了新时代中国特色社会主义经济发展的一系列重大理论和实践问题，开拓了当代中国马克思主义政治经济学新境界，为马克思主义政治经济学的创新发展贡献了中国智慧。

（四）教学组织方式

结合案例，将思政元素融入政治经济学课程相关内容的讲授当中，尤其是“马克思主义政治经济学的性质、任务和研究方法”的教学中。本案例讲授时间为 2 个课时（90 分钟），具体安排见表 1。

表 1　案例的教学组织

学习阶段	内容安排	时间安排	学习目标
课前	要求学生分组并预习相关知识点，了解马克思主义政治经济学的相关材料	提前两天	了解案例与相关知识点
课中	任课教师展示《资本论》的史料视频	10 分钟	熟悉案例
	任课教师对案例 PPT 进行讲解	10 分钟	理解案例涉及的知识点与思政元素
	学生分组讨论	20 分钟	培养学生分析问题的能力
	随机提问 3~4 组	30 分钟	培养学生总结归纳的能力
	任课教师进行总结	20 分钟	强调重点，加深学生对知识点的理解
课后	请学生持续关注当代马克思主义政治经济学的最新成果		进一步理解和掌握中国特色社会主义政治经济学

（五）总结

马克思主义政治经济学是马克思主义的重要组成部分，也是坚持和发展马克思主义的必修课。马克思主义政治经济学作为一门科学，不是脱离人类文明发展道路偶然出现的，而是对前人先进思想成果的系统性总结、继承、发展和超越。马克思批判地继承了古典政治经济学的科学成分，克服了它的阶级局限性和历史局限性，完成了政治经济学发展史上的伟大革命。马克思主义政治经济学坚持以科学的态度探索、认识和反映经济社会发展的客观规律，同时坚持和代表无产阶级和广大劳动群众利益的鲜明立场，实现了科学性和阶级性的内在统一。改革开放以来，中国共产党人把马克思主义基本原理同中国具体实际相结合，不断丰富和发展马克思主义政治经济学、中国特色社会主义政治经济学，形成了习近平新时代中国特色社会主义经济思想，为马克思主义政治经济学的创新发展作出了重要贡献。

参考文献

[1]《资本论》导读（第二版）编写组.《资本论》导读［M］. 2 版. 北京：

高等教育出版社，020.

［2］《马克思主义政治经济学概论》编写组．马克思主义政治经济学概论［M］．2版．北京：人民出版社，2021.

［3］习近平．习近平谈治国理政：第二卷［M］．北京：外文出版社，2017.

［4］中共中央马克思恩格斯列宁斯大林著作编译局．马克思恩格斯文集：第十卷［M］．北京：人民出版社，2009.

［5］马克思．资本论：第一卷［M］．北京：人民出版社，1975.

［6］马克思．资本论：第二卷［M］．北京：人民出版社，1975.

［7］马克思．资本论：第三卷［M］．北京：人民出版社，1975.

案例三　党的十一届三中全会：伟大转折与伟大征程的起点

一、案例正文

在庆祝改革开放40周年大会上，习近平总书记强调："1978年12月18日，在中华民族历史上，在中国共产党历史上，在中华人民共和国历史上，都必将是载入史册的重要日子。这一天，我们党召开十一届三中全会，实现新中国成立以来党的历史上具有深远意义的伟大转折，开启了改革开放和社会主义现代化的伟大征程。"这次会议作出把党和国家工作重心转移到经济建设上来、实行改革开放的历史性决策，中华巨轮驶入历史新航道。

1978年12月18日，党的十一届三中全会在北京召开。18日晚上8点，在京西宾馆第一会议室举行了三中全会的开幕式。华国锋主持会议，讲了三中全会的三项任务，即讨论工作重点转移问题，审议通过农业农村问题的两个文件，讨论人事安排问题和选举成立中央纪律检查委员会。开幕式结束后，代表们按照安排，前两天看文件，后三天分组讨论，从18日到22日，一共5天，发言的主要内容是对中央的各项决定表态，继续提出历史遗留问题和揭发批判几位犯错误的同志，以及对中央工作提建议。22日晚举行了闭幕会，会议原则通过了关于农业农村问题的两个文件和1979年、1980年的经济安排，增选了政治局委员、常委和中央委员，选举了中央纪律检查委员会。这次全会虽然只有5天时间，但由于前期准备充分，指导思想明确，取得重大成果，成功实现了新中国成立以来党的历史的伟大转折。

第一，重新确立了解放思想、实事求是的思想路线。这条思想路线是中国特色社会主义理论的精髓，为开辟中国特色社会主义道路确定了根本的指导思想。正如邓小平所说："我们总结了我国革命和建设正反两个方面的经验，从一九七八年党的十一届三中全会开始，制定了一系列新的方针政策。这些方针政策，归根到底就是恢复和坚持毛泽东同志提出的实事求是的思想路线，根据这条思想路线探索中国怎样建设社会主义。"

第二，确定了党的政治路线。全会果断停止使用"以阶级斗争为纲"的口号，作出了“把全党工作的着重点和全国人民的注意力转移到社会主义现代化建设上来”的战略决策。这是一个根本的历史性转变，解决了中国共产党在20世纪50年代中期就开始转移而没有完成的历史性转变，表明中国共产党已经走出20年“左”倾错误的误区，不仅在理论上明确了社会主义建设的根本任务，而且在实践上明确了党的政治路线，并开始走上社会主义现代化建设的正确道路。

第三，重新确立了正确的组织路线。会议通过总结历史经验教训，坚决纠正“残酷斗争、无情打击”的口号，恢复党在解决党内问题上的优良传统；决定健全党的民主集中制和党规党法，并强调实行集体领导。会议还指出，一定要保障党员向上级领导直至中央常委提出批评性意见的权利，一切不符合党的民主集中制和集体领导原则的做法都应该坚决纠正。会议还要求多歌颂工农群众，多歌颂党和老一辈革命家，少宣传个人。以这次会议为标志，实际上形成了以邓小平为核心的中央领导集体，还恢复了一大批老同志的中央领导职务。十一届三中全会和随后召开的中央政治局会议关于组织问题的正确决定，表明中国共产党重新确立了正确的组织路线。

第四，提出进行改革开放的历史任务。会议公报指出：“实现四个现代化，要求大幅度地提高生产力，也就必然要求多方面地改变同生产力发展不相适应的生产关系和上层建筑，改变一切不适应的管理方式、活动方式和思想方式，因而（改革）是一场广泛、深刻的革命。”必须“对经济管理体制和经营管理方法着手认真地改革，在自力更生的基础上积极发展同世界各国平等互利的经济合作，努力采用世界先进技术和先进设备，并大力加强实现现代化所必需的科学和教育工作”。这是全党确立全面改革开放战略方针的开端，表明党对中国特色社会主义道路的探索进入了一个更广阔、更深刻的领域，开启了强国之路。

第五，提出要继续按照实事求是、有错必纠的原则进行平反冤假错案工作；科学对待毛泽东和毛泽东思想的问题，继承和发展毛泽东思想；研究了国际战略，确定了外交方针。

党的十一届三中全会，是新中国成立以来党的历史上具有深远意义的伟大转折，是改革开放和建设中国特色社会主义新道路的起点，是中国进入社会主义事业发展新时期的标志。全会提出实行改革开放的战略方针，果断地停止使用“以阶级斗争为纲”的口号，作出了把全党工作的着重点和全国人民的注意力转移到社会主义现代化建设上来的战略决策。全会召开后，中共中央、国务院在国民经济领域实施新的调整方针，革除经济失衡、过热的弊端，农村改革和对外开放迈出关键一步。

正如江泽民1998年在纪念中共十一届三中全会召开20周年大会上对全会的历史地位的评价那样：“十一届三中全会，是建国以来我党历史上具有深远意义的伟大转折。党在思想、政治组织等领域的全面拨乱反正，是从这次全会开始的。伟大的社会主义改革开放，是由这次全会揭开序幕的。建设有中国特色社会主义的新道路，是以这次全会为起点开辟的。当代中国的马克思主义——邓小平理论，是在这次全会前后逐步形成和发展起来的。十一届三中全会是一个光辉的标志，它表明中国从此进入了社会主义事业发展的新时期。”胡锦涛在2008年12月18日纪念党的十一届三中全会召开30周年大会上的讲话也指出：“党的十一届三中全会标志着我们党重新确立了马克思主义的思想路线、政治路线、组织路线，标志着中国共产党人在新的时代条件下的伟大觉醒，显示了我们党顺应时代潮流和人民愿望、勇敢开辟建设社会主义新路的坚强决心。”习近平总书记在2018年12月18日改革开放四十周年大会上也指出：“党的十一届三中全会是在党和国家面临何去何从的重大历史关头召开的。”

二、思政元素

（一）中国共产党是伟大的政党，是敢于面对现实、善于自我革新、勇于担当重任的政党

2019年6月，习近平总书记在中央政治局第十五次集体学习时强调：全党必须始终不忘初心、牢记使命，在新时代把党的自我革命推向深入。中国共产党之所以能够带领中国人民取得今天的成就，关键就在于中国共产党是一个一直有着自我革命精神、勇于进行自我革命的政党。党的十一届三中全会就是我党勇于开展批评与自我批评、勇于进行自我革命、勇于进行开拓创新的体现，是我们党的一次伟大觉醒，孕育了我们党从理论到实践的伟大创造。党的十一届三中全会的历史地位体现在国家治理的转型上，从此我们党治国理政的思路更加清晰、步伐更加坚定。

“党的十一届三中全会冲破长期‘左’的错误的严重束缚，批评‘两个凡是’的错误方针，充分肯定必须完整、准确地掌握毛泽东思想的科学体系，高度评价关于真理标准问题的讨论，果断结束‘以阶级斗争为纲’，重

新确立了马克思主义的思想路线、政治路线、组织路线。”[①]党的十一届三中全会把党的工作重心从以阶级斗争为纲转向以经济建设为中心，由封闭和半封闭转向开放和全方位的开放，由墨守成规到各方面的改革，是党的历史的伟大转折。

我们党以十一届三中全会为起点，坚定地依靠广大干部和群众的集体智慧，从各个方面深入总结历史经验，勇敢地走自己的路，在探索建设中国特色社会主义道路的实践中不断开创党的事业的新局面，不断开辟马克思主义中国化的新境界，并在这个过程中加强和改善了党的领导，使党赢得了人民群众的衷心拥护，成为中国特色社会主义事业的坚强领导核心。以十一届三中全会为起点开辟的中国特色社会主义道路，国际上将其称为“中国道路”。若想带领中国人民实现国家富强、民族振兴、人民幸福的中国梦，就必须继续坚持解放思想、坚持发扬民主、坚定不移走中国特色社会主义道路。

（二）党的十一届三中全会开启了改革开放历史新时期

党的十一届三中全会，在中华民族历史上，在中国共产党历史上，在中华人民共和国历史上，都是载入史册的重要转折，实现了新中国成立以来党的历史上具有深远意义的伟大转折，开启了改革开放历史新时期。党的十一届三中全会是在党和国家面临何去何从的重大历史关头召开的，显示了中国共产党顺应时代潮流和人民愿望、勇敢开辟中国特色社会主义道路的坚定决心。实践充分证明，改革开放是党和人民大踏步赶上时代的重要法宝，是坚持和发展中国特色社会主义的必由之路，是决定当代中国命运的关键一招，也是决定实现“两个一百年”奋斗目标、实现中华民族伟大复兴的关键一招。

改革开放以来积累的宝贵经验是党和人民弥足珍贵的精神财富，对新时代坚持和发展中国特色社会主义具有极为重要的指导意义。习近平总书记在庆祝改革开放40周年大会上的讲话中指出：“改革开放是我们党的一次伟大觉醒，正是这个伟大觉醒孕育了我们党从理论到实践的伟大创造。改革开放是中国人民和中华民族发展史上一次伟大革命，正是这个伟大革命推动了中国特色社会主义事业的伟大飞跃！”中国从此进入了改革开放和

① 习近平.在庆祝改革开放40周年大会上的讲话[EB/OL].(2018-12-18).http://www.xinhuanet.com/politics/leaders/2018-12/18/c_1123872025.htm.

社会主义现代化建设的新时期，中国人民的面貌、社会主义中国的面貌、中国共产党的面貌发生了历史性变化。人民群众的生活水平不断提升，改革开放的获得感不断增强，改革开放的成果更加公平地惠及全体人民。

（三）党的十一届三中全会开启了社会主义现代化的伟大征程

在中国社会主义建设的转折关头，党的十一届三中全会果断作出把“全党工作的着重点和全国人民的注意力转移到社会主义现代化建设上来”的英明决策。这次会议重新确立了社会主义现代化建设的宏伟目标，改变了中国的命运，指引着中国未来发展的方向，成为新时代中华民族复兴之路的坚实起点。社会主义现代化建设，把社会主义建立在先进生产力的理念之上，建立在以经济强盛为实力的民族尊严之上，也使中国走上了追赶世界现代化的新里程。

近代以来中国人的理想，是把一个落后的中国引向现代化的中国，走向民族复兴。党的十一届三中全会把理想变成中国人民正在实现的跨世纪工程，正是在转移到现代化建设道路之后，中国在面对时代潮流和形势变化时，才有从容的精神准备和一定的物质基础，并在中国特色社会主义道路上不断取得新的胜利。社会主义现代化在中国的光明前景，是对当代社会主义历史命运和中华民族复兴的最好回答。党的十一届三中全会改变了中国的命运，指引着中国发展的方向，创造了人类发展史上的伟大奇迹。

在我国社会主义现代化不断取得新的胜利时，我们对中国式现代化建设特点和规律的认识不断深化，对中国实现现代化的战略步骤更加明确，对在中国特色社会主义道路上实现现代化和中华民族伟大复兴充满信心。社会主义现代化建设，把中国人民的现代化理想与世界现代化进程结合起来，是完成民族现代化和实现中华民族复兴的伟大进军，也是全球化新形势下中国共产党人从理论上实践上对当代社会主义的历史命运问题交出的答卷。

三、案例使用

（一）教学用途与教学目标

1. 教学用途

本案例为描述型案例，适用于《社会主义市场经济理论》教材中“社会主义市场经济体制的确立”知识点的教学。

2. 教学目标

（1）知识层面

掌握概念：市场经济、计划经济、社会主义市场经济。

掌握知识点：经济体制改革的目标、计划与市场之间的关系、传统计划经济体制的弊端、我国选择社会主义市场经济体制的依据、我国建立社会主义市场经济体制的历程。

（2）能力层面

系统思维能力：教师通过对理论的讲解，帮助学生全面了解和掌握我国选择社会主义市场经济的依据，以及建立社会主义市场经济体制的过程。

判断实践能力：通过与学生的问答互动，帮助学生理解建立中国特色社会主义市场经济体制的重要性，社会主义市场经济体制的基本内涵和确立过程，从而为学生分析中国经济发展和改革开放实践提供理论支撑。

（3）素质层面

形成专业意识：理解社会主义市场经济的内涵及重要性。

提高专业素养：通过案例分析，阐释社会主义市场经济体制在中国社会主义现代化建设中的重要地位和重要意义，引导学生了解中国改革开放实践、中国经济发展和体制改革历史，以及中国共产党的发展和领导对现代化建设的重要影响，从而坚定道路自信、理论自信、制度自信和文化自信。

（二）案例讨论的准备工作

①学生预习《社会主义市场经济理论》教材中“社会主义市场经济体制的确立”相关知识点，初步了解我国经济体制改革历程。

②授课教师事先安排播放视频，使学生了解党的十一届三中全会前后的历史事件。

（三）案例分析要点

1. 启发思考题

①结合我国 1978 年以前的经济发展情况，分析计划经济体制的弊端主要表现在哪些方面。

②简述我国建立社会主义市场经济体制的历程。

③简述坚持党对经济工作的集中统一领导的重大意义。

2. 分析思路

①结合我国 1978 年以前的经济发展情况，分析计划经济体制的弊端主要表现在哪些方面。

要点：我国选择社会主义市场经济体制的依据。

参考答案：

我国的计划经济体制形成于 20 世纪 50 年代，这种体制适应了当时的客观条件，因而促进了新中国成立初期经济的恢复与发展。但是，随着我国工业体系的建立和经济结构的复杂化，计划经济体制逐渐丧失了它存在的基础，并出现了种种弊端，如决策权高度集中，政企不分，忽视商品生产、价值规律和市场的作用，条块分割，分配中存在严重的平均主义等。这些弊端成了经济进一步发展的桎梏，使社会主义经济丧失了应有的活力。传统计划经济体制已经完成了它的历史使命，要想把我国的经济发展推向一个新的阶段，就必须建立社会主义市场经济体制。我国进行了长期艰难的探索，不断寻求各种依据以实现社会主义与市场经济的有效融合。

②简述我国建立社会主义市场经济体制的历程。

要点：经济体制改革的目标。

参考答案：

20 世纪 50 年代末 60 年代初，实行计划经济体制的苏联和东欧各国的经济增长日趋缓慢，计划经济中运行动力不足、经济结构僵化、效率低下的弊端日益明显。在这种情况下，实行计划经济体制的国家都不同程度地对原有的高度集中的计划经济体制进行了一些改革，改革的主要举措是引入市场机制。改革对经济发展起到了积极作用，使传统的计划经济发生了明显的变化。

我国的经济体制改革始于十一届三中全会。经济体制改革确定什么样的目标模式，是关系整个社会主义现代化建设全局的一个重大问题，这个问题的核心，是正确认识和处理计划与市场的关系。传统观念认为，市场经济是资本主义特有的东西，计划经济才是社会主义经济的基本特征。党的十一届三中全会以来，随着改革的深入，我们逐步摆脱了这种观念，形成了新的认识，这对于推动改革和发展起到了重要作用。

我们对计划与市场关系的认识，经历了几个阶段：党的十二大提出，以计划经济为主、市场调节为辅；党的十二届三中全会指出，我国社会主义经济是公有制基础上的有计划的商品经济；党的十三大提出，社会主义有计划的商品经济的体制应该是计划与市场内在统一的体制；党的十三届四中全会后，提出建立适应有计划的商品经济发展的计划经济与市场调节相结合的经济体制和运行机制；党的十四大提出，我国经济体制改革的目标是建立社会主义市场经济体制，以利于进一步解放和发展生产力。将我国经济体制改革的目标确定为建立社会主义市场经济体制具有十分重大的历史意义，突破了市场经济和社会主义相对立的传统观念，解决了我国经济体制中的困惑，实现了改革开放新的历史性突破。

③简述坚持党对经济工作的集中统一领导的重大意义。

要点：社会主义市场经济的基本特征。

参考答案：

中国特色社会主义最本质的特征是中国共产党领导，中国特色社会主义制度的最大优势是中国共产党领导。党是总揽全局、协调各方的，经济工作是中心工作，党的领导当然要在中心工作中得到充分体现。改革开放以来，中国共产党人把马克思主义基本原理同中国改革开放的具体实际结合起来，团结带领人民进行建设中国特色社会主义新的伟大实践，使中国大踏步赶上了时代，实现了中华民族从站起来到富起来的伟大飞跃。正确认识党和人民事业所处的历史方位和发展阶段，是我们党明确阶段性中心任务、制定路线方针政策的根本依据，也是我们党领导革命、建设、改革不断取得胜利的重要经验。

党的十一届三中全会以后，中国共产党从实际出发，提出我国的社会主义还处在初级阶段的论断，明确了社会主义初级阶段的主要矛盾、根本任务、基本纲领、基本制度和发展战略等一系列重大问题，为坚持和发展中国特色社会主义提供了总依据。新中国成立以来，特别是改革开放以来，我国经济社会发展之所以能够取得世所罕见的巨大成就，我国人民生活水平之所以能够大幅度提升，同我们坚定不移地坚持党的领导、充分发挥各级党组织和全体党员的作用是分不开的。

在新的历史条件下，能不能驾驭好世界第二大经济体，能不能保持经济社会持续健康发展，从根本上来讲取决于党在经济社会发展中的领导核心作用发挥得好不好。新时代，我们党要带领全体人民实现全面建设社会主义现代化国家的宏伟目标、实现中华民族伟大复兴的中国梦，必须加强党对经济工作的集中统一领导，善于用政治眼光观察和分析经济社会问题，不断完善党领导经济工作的体制机制，提高党领导经济工作的能力和水平，为中国发展的巨轮定好向、掌好舵。

（四）教学组织方式

结合案例，将思政元素融入“社会主义市场经济体制的确立”相关知识点的讲授当中。本案例讲授时间为 2 个课时（90 分钟），具体安排见表 1。

表 1　案例的教学组织

学习阶段	内容安排	时间安排	学习目标
课前	要求学生分组并预习相关知识点，了解党的十一届三中全会的相关内容	提前两天	了解案例与相关知识点
课中	任课教师展示党的十一届三中全会的史料视频	10 分钟	熟悉案例背景
	任课教师对案例 PPT 进行讲解	10 分钟	理解案例涉及的知识点与思政元素
课中	学生分组讨论	20 分钟	培养学生分析问题的能力
	随机提问 3~4 组	30 分钟	培养学生总结归纳的能力
	任课教师进行总结	20 分钟	强调重点，加深学生对知识点的理解
课后	请学生持续关注中国特色社会主义经济建设的发展实践		能分析新的经济发展实践和国家政策

（五）总结

我国经济体制改革的目标是建立社会主义市场经济体制。社会主义市场经济，是人类历史上尚无成功先例的重大制度创新，也是马克思主义经济理论的重大创新。改革开放是坚持和发展中国特色社会主义的必由之路。中国特色社会主义经济建设的核心，就是在社会主义条件下发展市场经济，不断解放和发展生产力。改革开放以来，我国坚持公有制为主体、多种所有制经济共同发展；坚持按劳分配为主体、多种分配方式并存；坚持把社会主义制度和市场经济有机结合起来，极大解放和发展了社会生产力，增强了社会活力，提高了人民群众的生活水平，创造了经济长期快速发展的奇迹。

参考文献

［1］苏晓红．社会主义市场经济概论［M］．2版．北京：科学出版社，2011.

［2］马克思主义政治经济学概论编写组．马克思主义政治经济学概论［M］．北京：高等教育出版社，2021.

［3］柳建辉．风雨兼程：影响中国历史进程的中共历次党代会［M］．北京：新华出版社，2012.

［4］沈传亮，李庆刚．三中全会：中共重大改革决策实录［M］．北京：人民出版社，2014.

［5］邓小平．邓小平文选：第三卷［M］．北京：人民出版社，1993.

［6］陈锦华．论社会主义与市场经济兼容［M］．北京：人民出版社，2005.

［7］桑百川．中国市场经济理论研究［M］．2版．北京：对外经济贸易大学出版社，2005.

［8］王伟利，刘东升．市场经济概论［M］．北京：中国商务出版社，2003.

［9］仉建涛．政治经济学［M］．郑州：郑州大学出版社，2003.

［10］张绍焱．社会主义经济理论［M］．北京：中国经济出版社，2006.

［11］习近平．在庆祝改革开放40周年大会上的讲话[EB/OL].(2018-12-18). http://www.xinhuanet.com/politics/leaders/2018-12/18/c_1123872025.htm.

案例四　中国 GDP 的变迁：丈量中国发展奇迹的重要指标

一、案例正文

改革开放以来，我国经济持续快速增长，经济总量连上新台阶。1978 年我国 GDP 为 3678.7 亿元人民币，之后连续实现跨越。1986 年突破 1 万亿元，2000 年突破 10 万亿元大关，超过意大利成为世界第六大经济体，2010 年达到 412119.3 亿元，超过日本，并连年稳居世界第二。党的十八大以来，我国综合国力持续提升。2016 年、2017 年、2018 年连续 3 年，我国 GDP 相继跨越 70 万亿、80 万亿和 90 万亿元大关，2019 年达到 99 万亿元人民币，连续 10 年仅次于美国排在世界第二位，并且远远拉开了与第三名日本的距离，截至 2022 年已经是日本 GDP 的 4 倍多，成为全球经济发展的重要载体和动力源泉，见图 1 和图 2。

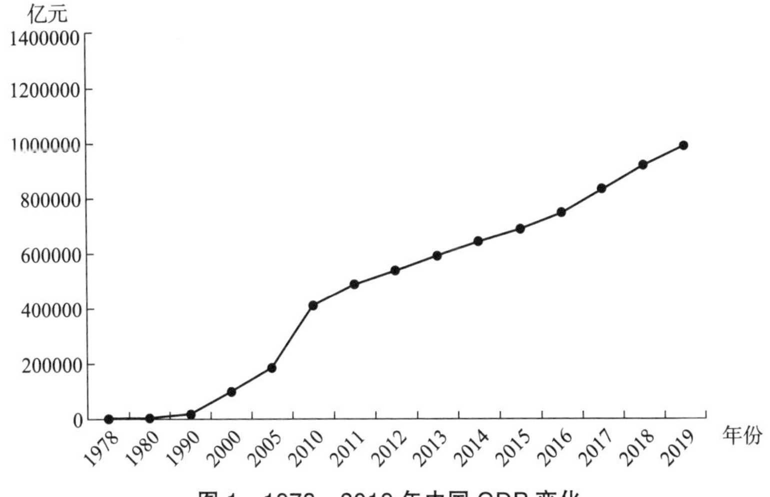

图 1　1978—2019 年中国 GDP 变化

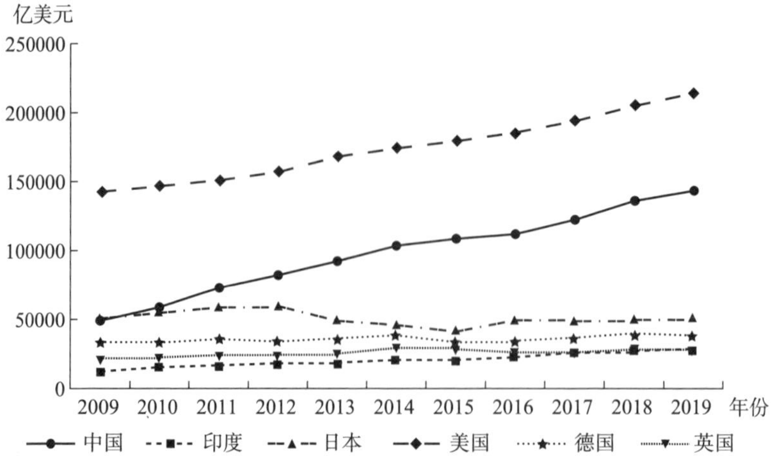

图 2　2009—2019 年 GDP 排名前六国家情况

改革开放以来，我国以经济建设为中心，GDP 增长受到地方政府的空前重视。需要注意的是，一些人简单地将“发展就是硬道理”理解为“GDP 增长就是硬道理”是不对的。此外，以 GDP 为主的领导干部政绩考核体系导致“数字出官”“官出数字”，对政绩的追求使政府官员狂热追求 GDP，甚至产生了 GDP 崇拜，导致经济数据造假。一些地方政府将耗费大量资源的亮点工程、政绩工程与半截子工程计入 GDP，但并未对当地民生的改善和生产力的发展产生显著作用。德国学者厄恩斯特和美国学者洛文斯在《四倍跃进》一书中对 GDP 在衡量经济增长中的作用更是提出了诘难。他们生动地写道：“乡间小路上，两辆汽车静静驶过，一切平安无事，它们对 GDP 的贡献几乎为零。但是，其中一个司机由于疏忽，突然将车开向路的另一侧，连同到达的第三辆汽车，造成了一起恶性交通事故。‘好极了。’GDP 说。因为，随之而来的是：救护车、医生、护士、意外事故服务中心、汽车修理或买新车、法律诉讼、亲属探视伤者、损失赔偿、保险代理、新闻报道等，所有这些都是正式的职业行为，都会产生费用。即使任何参与方都没有因此而提高生活水平，甚至有些还蒙受了巨大损失，但我们的‘财富’——所谓的 GDP 依然在增加。”

二、思政元素

（一）坚定中国特色社会主义道路自信

马克思曾经说过：“人们自己创造自己的历史，但是他们并不是随心所欲地创造，并不是在他们自己选定的条件下创造，而是在直接碰到的、既定的、从过去承继下来的条件下创造。”中国特色社会主义道路是伴随着改革开放伟大实践而开创的，是在一代又一代共产党人不忘初心、继续前进的接力探索和接续奋斗中坚持和发展的。中国特色社会主义道路是中国共产党对现阶段纲领的概括，是中国人民的历史选择，是实现中国梦的必由之路。党的十八大报告明确指出：“回首近代以来中国波澜壮阔的历史，展望中华民族充满希望的未来，我们得出一个坚定的结论：全面建成小康社会，加快推进社会主义现代化，实现中华民族伟大复兴，必须坚定不移走中国特色社会主义道路。”中国特色社会主义道路鲜明的优越性，是确保我们实现未来发展宏伟目标的根本保证。

案例通过对改革开放40多年的辉煌成就的介绍，以及中国在全球经济中的地位变化，向全世界昭示了坚持中国共产党领导下的中国特色社会主义道路的强大生命力。中国特色社会主义道路显示出强大的生命力，成为引领当代中国发展进步的光辉道路。中国经济的持续增长以及中国在全球经济发展中第二经济大国的地位都表明，今天的中国，社会生产力、综合国力大幅提升，国际地位显著提高。历史和实践已经充分证明，只有中国特色社会主义道路，能够引领中国进步、实现人民福祉。党的辉煌历史，坚定了我们走中国特色社会主义道路的信心。

（二）一切从实际出发，实事求是

一切从实际出发，实事求是，是辩证唯物主义的基本要求。一切从实际出发，就是我们想问题、办事情要把客观存在的实际作为根本出发点。这就要求我们根据客观存在的事实来决定自己的思想和行动。使主观符合客观是人们正确认识世界和改造世界的根本立足点。一切从实际出发和实事求是在本质上是一致的。习近平总书记指出：“实事求是，是马克思主义的根本观点，是中国共产党人认识世界、改造世界的根本要求，是我们党的基本思想方法、工作方法、领导方法。”[①] 实事求是的出发点就是“实事”，即客观实际，也就是要坚持从实际出发去探索客观事物的规律性；“实际”是客观存在的一切事物，是客观的，规律是客观事物本身所固有的在我们意识之外独立存在的，也是客观的，二者都强调了主观必须符合客观。我

① 习近平.习近平：在纪念毛泽东同志诞辰120周年座谈会上的讲话［EB/OL］.（2012-12-26）. http：//www.xinhuanet.com//politics/2013-12/26/c_118723453_2.htm

们想问题、作决策、办事情，都必须从不断变化的客观实际出发。任何超越现实、超越阶段而急于求成的做法都要努力避免。

（三）事物具有两面性，应辩证看待

事物的发展变化是由矛盾造成的。矛盾是指事物自身所包含的既相互排斥又相互依存、既对立又统一的关系。马克思主义认为，任何事物都是作为矛盾统一体而存在的，矛盾是事物发展的源泉和动力。简言之，矛盾就是对立统一。所谓对立，是指矛盾双方相互排斥、互相斗争。凡事都有两面性，即好的一面和坏的一面。案例中，一方面，GDP是衡量一个国家经济发展水平的重要指标，我们从不断增加的GDP数字中可以看出祖国的发展强大，认识到全国各族人民同心同德、艰苦奋斗取得了令世界刮目相看的伟大成就，中国巍然屹立于世界东方，没有任何力量能够撼动我们伟大祖国的地位，没有任何力量能够阻挡中国人民和中华民族的前进步伐。另一方面，我们也看到GDP指标的缺陷，一些增加国民福利的活动没有纳入GDP核算，而一些降低国民福利，如案例中汽车事故所引起的救护车、医生、护士、意外事故服务中心、汽车修理或买新车、法律诉讼、亲属探视伤者等方面的需要却计入了GDP。GDP是了解一个国家各产业经济发展状况的参考，但并不能完全代表居民的幸福水平，也不能片面地作为国家发展的唯一追求。创新国民经济核算体系，既能更好地全面衡量国民福利，也能减少政府为了追求数字的绝对增长而进行造假或大搞面子工程。在日常学习中，大学生应学会正确认识事物的两面性，辩证地看待问题，对待知识不能一味地接受，要有自己的想法，批判性地学习和理解。

三、案例使用

（一）教学用途与教学目标

1.教学用途

本案例适用于国家经济发展状况相关内容的教学，如《宏观经济学》教材第一章“宏观经济的基本指标”中“国内生产总值及其核算”等内容的教学。

2. 教学目标

（1）知识层面

掌握概念：国内生产总值。

理解知识点：国内生产总值核算方法及其优缺点。

（2）能力层面

系统分析能力：通过对 GDP 内涵及其优缺点的学习，初步了解国民经济核算体系。

逻辑判断能力：能够判断某项具体的经济活动是否应纳入 GDP，理解不同国民收入核算方式的逻辑思路。

（3）素质层面

形成专业意识：通过案例材料，分析体现综合国力的重要指标 GDP 改革开放以来的总规模变化、在世界排名的演变过程，激发学生对中国特色社会主义道路的认同感。

提高专业素养：通过对 GDP 指标两面性的讲解，培养学生全面看待问题，以及从不同角度分析问题的能力。

（二）案例讨论的准备工作

①学生预习《宏观经济学》教材中“国民经济核算”相关理论知识，了解 GDP 的内涵和三种核算方法。

②了解国民经济核算体系的相关知识及我国国民收入核算体系完善的过程。

（三）案例分析要点

1. 启发思考题

① GDP 的内涵是什么？

②国民经济是如何核算的？如何完善国民经济核算体系？

③如何改进和弥补 GDP 指标的局限性与不足？

2. 分析思路

① GDP 的内涵是什么？

要点：理解 GDP 的内涵。

参考答案：

本案例中，GDP 数字显示了中国的经济发展水平，那么它是由哪些活动构成和贡献的，哪些行为又会影响 GDP 数字的变化呢？这就需要具体理解 GDP 的内涵。GDP 是一定时期内（通常为一年）在一国（或地区）境内生产的所有最终产品与服务的市场价值总和。它是一个市场价值概念，一般用某种货币单位表示。我国一般用人民币表示 GDP，而国际上则用美元来衡量。它衡量的是最终产品和服务的价值，中间产品和服务价值不计入 GDP。GDP 强调国土地域性，而且是一定时期内的产品和服务的价值，不是某个具体时点。案例中的 GDP 是具体某一年内所生产的总价值，是个流量概念。

②国民经济是如何核算的？如何完善国民经济核算体系？

要点：国民经济核算及其优化。

参考答案：

国民经济核算体系也称“宏观经济核算体系”。国民经济核算是指在一定经济理论指导下，通过综合运用统计、会计和数学等方法，从数量上反映国民经济运行状况及社会再生产过程中生产、分配、交换、使用各个环节国民经济各部门之间的内在联系，为国民经济管理提供依据。它是宏观经济信息系统的核心部分，是进行宏观经济管理、调控和决策的基础。1992 年，国家统计局制定了《中国国民经济核算体系（试行方案）》；1999 年，我国对试行方案进行了修订；2002 年，我国颁布了《中国国民经济核算体系（2002）》。国民经济核算体系的完善，需要坚持加快转变经济发展方式的科学发展观。国家统计局在 2013 年宣布将研究开发支出计入 GDP，改进城镇居民自有住房服务价值核算方法，将土地承包经营权流转收入计入财产收入、将雇员股票期权计入劳动者报酬等。采用上述新标准的国民经济核算体系，有利于激励重视 GDP 增长的地方政府更加有力地推动企业投资研发和技术创新，有助于产品升级和企业转型，有利于中国经济转变发展方式。

③如何改进和弥补 GDP 指标的局限性与不足？

要点：GDP 指标的局限性与不足。

参考答案：

GDP 指标的改进要坚持以人为本的科学发展观。“要看 GDP，但不能唯 GDP”，2013 年中央组织部下发《关于改进地方党政领导班子和领导干部政绩工作的通知》，规定今后考核干部不能仅把地区生产总值及其增长率作为政绩评价的主要指标，不能搞生产总值增长率排名，要求各地根据本地情况设置各有侧重、特色的考核指标，把有质量、有效益、可持续的经济发展和民生改善、社会和谐进步、文化建设、生态文明建设、党的建设等作为考核的重要内容，更加重视科技创新、教育文化、劳动就业、居民收入、社会保障、人民健康状况等方面的考核。在操作层面，还需进一步创新评价指标体系，以国民福利的增加、人民的幸福程度为导向进行评价。

（四）教学组织方式

结合案例，将思政元素融入“国内生产总值及其衡量”相关知识点的讲授当中。该案例讲授时间为 2 个课时（90 分钟），具体安排见表 1。

表 1 案例的教学组织

学习阶段	内容安排	时间安排	学习目标
课前	要求学生分组并预习相关知识点	提前一周	了解案例与相关知识点
课中	任课教师展示案例 PPT	10 分钟	熟悉案例
	任课教师对案例相关 PPT 进行讲解	10 分钟	理解案例涉及的知识点与思政元素
	学生分组讨论	20 分钟	培养学生分析问题的能力
	随机提问 3~4 组	30 分钟	培养学生总结归纳的能力
	任课教师进行总结	20 分钟	加深学生对重点知识点的理解
课后	请学生持续关注我国国民经济发展及核算指标体系的改进		能分析我国经济发展趋势

（五）总结

通过本案例的学习，首先，让学生能够运用辩证唯物主义的立场和方法论去认识经济事物和经济现象，正确地揭示 GDP 的概念和与之相关理论的内在本质。其次，让学生深刻理解坚持科学发展观对推动建设现代化经济体系的重要性和迫切性，初步具备贯彻“创新、协调、绿色、开放、共享”的新发展理念的能力，认识到我们要加速发展，但不能低质量、破坏性、不可持续、不平衡、不和谐地盲目发展。最后，让学生树立美丽中国、人与自然和谐共生的基本理念，认识到实行最严格的环境保护政策、坚持绿色发展的必要性和重要性，以及加快生态文明体制改革对促进中国经济社会发展的重要意义。

参考文献

［1］孙楠楠．国内生产总值：互联网＋课程思政教学设计［J］．发明与创新（职业教育），2021（5）：119-120.

［2］王晓军，刘加林．课程思政融入宏观经济学课程教学的探索［J］．高教学刊，2021，7（20）：110-113.

［3］国家统计局．中国统计年鉴：2010—2020［EB/OL］．http://www.stats.gov.cn/sj/ndsj/.

［4］韦北村．财经类课程思政案例教学设计与运用［M］．北京：经济管理出版社，2019.

［5］西方经济学编写组．西方经济学：下册［M］．2版．北京：高等教育出版社，2019.

案例五 做大切好财富蛋糕，推进共同富裕

一、案例正文

（一）如何切分蛋糕

甲、乙、丙、丁、戊五人共有一块蛋糕，现拟分食之。如何分，应有根据或原则。

甲提出等分；

乙提出根据食量大小来分；

丙提出按做蛋糕时每人出力大小来分；

丁提出做蛋糕时大家都出钱买了原料，应按每人出资多少来分；

戊则提出应按地位的高低来分。

可以看出，甲的原则是平均分配，乙的原则是按需分配，丙的原则是按生产要素分配，丁的原则是按劳分配，戊的原则是按等级分配。五个人一致同意必须根据公平的原则来分配，但对于哪一个原则最公平，五个人则各持已见，争论不休。

这种原则之争的实质是利益之争，而且往往是不同利益集团之间的斗争。主张按出力大小分蛋糕的，可能是工人；主张按出要素多少分蛋糕的，可能是企业主；主张平均分配或按需分配的，可能是失业者或残疾人；主张按等级分配的，则可能是贵族。那么，究竟哪种分配原则或分配方式最公平？

如果蛋糕足够大，大到五个人怎么吃都吃不完，就可以按需分配。马克思一再强调，按需分配的共产主义必须以生产力高度发展、集体财物的源泉充分涌流为前提，否则就是空想主义。

如果蛋糕太小，不够五个人吃，就不可能按需分配，而必须采取别的分配原则；如果按要素分配，就会出现辛勤劳动的人和失业者没有蛋糕吃或者仅能维持生存的状况，形成两极分化，激发社会矛盾；如果采用平均分配的原则，就会出现干多干少一个样、出资不出资一个样的情况，这是

改革开放以前中国社会的一大弊病；如果仅实行按劳分配，则投资者无利可图便不投资，失业者、残疾人因没有从事劳动的机会或丧失劳动能力而无法生存，这在当今显然是不合理的。因此，在建立和发展社会主义市场经济的现阶段，必须实行按劳分配为主、多种分配形式并存的综合分配原则：既要从社会总收入中切出一块，根据按劳分配的原则，分配给劳动者；也要从社会总收入中切出一块作为利润，按资分配给各种类型的投资者；还要从社会总收入中切出一块，建立最低生活保障线，根据平均分配的原则，分配给失业者和丧失劳动能力者。

综合分配原则在当前是比较公平的，是由我国现阶段生产力有较大发展但还不发达因而多种所有制共存的经济状况决定的。在相当长的一段历史时期内，综合分配原则是公正、合理的，但其公正性与合理性是相对的，而不是永恒的。

（二）做大蛋糕，分好蛋糕

习近平总书记在《切实把思想统一到党的十八届三中全会精神上来》一文中提出："蛋糕"不断做大了，同时还要把"蛋糕"分好。[①]

习近平总书记非常形象地用"蛋糕"做比喻，一方面，强调把"蛋糕"做大，以利于全国人民都能分得一份较大的"蛋糕"；另一方面，强调要将已有的"蛋糕"公平合理地分配给每一个社会成员，让他们有更多的获得感。做大"蛋糕"和分好"蛋糕"是辩证统一、互为条件、相互促进的。做大"蛋糕"是分好"蛋糕"的前提，分好"蛋糕"是做大"蛋糕"的有效措施。

只有分好"蛋糕"，才能实现社会的公平正义。在领导社会主义现代化建设的过程中，我国非常重视效率和公平。党的十三大提出，在促进效率提高的前提下体现公平；党的十四大提出，兼顾效率与公平；党的十五大提出，初次分配注重效率，再分配注重公平；党的十七大提出，初次分配和再分配都要处理好效率和公平的关系，再分配更加注重公平；党的十八大提出，调整国民收入分配格局，着力解决收入分配差距较大的问题，使发展成果更多更公平地惠及全体人民，朝着共同富裕的方向稳步前进；党的十九大提出，完善按要素分配的体制机制，促进收入分配更合理、更有

---

① 习近平：切实把思想统一到党的十八届三中全会精神上来［EB/OL］.（2013-12-31）. http：//www.xinhuanet.com//politics/2013-12/31/c_118787463_2.htm.

序，提倡勤劳守法致富，扩大中等收入人群，增加低收入者收入，调节过高收入，取缔非法收入，把收入分配纳入法治轨道，拓宽财产性收入渠道，增加居民收入；党的十九届四中全会把“坚持按劳分配为主体、多种分配方式并存”上升为基本经济制度的组成部分，要求坚持多劳多得，着重保护劳动所得，增加劳动者特别是一线劳动者的劳动报酬，提高劳动报酬在初次分配中的比重；党的十九届五中全会进一步提出，探索通过土地、资本等要素使用权、收益权增加中低收入群体要素收入，多渠道增加城乡居民财产性收入，改善收入和财富分配格局。

（三）五方面措施深化收入分配制度改革

2018 年 6 月 15 日，国家发展改革委新闻发言人孟玮在新闻发布会上透露，我国城乡居民增收的基础还不够稳固，收入差距拉大的风险仍然存在。在建设体现效率、促进公平的收入分配体系的过程中，要更加注重保障和改善民生，在扩大中等收入群体、增加低收入者收入上持续发力。

孟玮在国家发展改革委当天举行的新闻发布会上说，深化收入分配制度改革，要重点抓好五方面工作：

一是抓重点群体。着力拓宽技能人才、科研人员、企业经营管理者、新型职业农民等多个群体增收渠道。包括建立技能人才职业资格、职业技能等级与相应职称比照认定制度；赋予创新团队和领军人才更大的人财物支配权和技术路线决策权；完善中央企业经营管理人员股权激励办法。

二是抓试点探索。深化城乡居民增收综合配套政策试点、专项激励计划和收入监测试点，开展土地经营权入股发展农业产业化经营试点、中央企业职业经理人薪酬制度改革试点，扩大公立医院薪酬制度改革试点范围，为收入分配体系建设积累可复制、可推广的经验做法。

三是抓再分配调节。重点是建立健全四项保障制度，即：建立企业职工基本养老保险基金中央调剂制度，完善失业保险关系转续制度，建立健全低保标准动态调整机制，研究规范医疗救助对象认定标准。

四是抓公共服务。制定基本公共服务标准体系指导意见，建立健全基本公共服务综合评估指标体系。在教育公平方面，为农村和边远贫困地区培养补充合格的幼儿园教师，加快推进贫困地区义务教育薄弱学校改造。在促进就业方面，切实做好高校毕业生、去产能职工等重点群体就业工作。

五是抓数据监测。加强中等收入群体及技能人才和新型职业农民等重点群体的收入监测。研究建立收入分配政策综合评估体系。汇总统计中央和省级政务部门信息资源，启动个人收入和财产信息系统建设。

（四）优化收入分配结构

2021 年 3 月 13 日公布的《中华人民共和国国民经济和社会发展第十四个五年规划和 2035 年远景目标纲要》的第十四篇“增进民生福祉，提升共建共治共享水平”指出，要优化收入分配结构，坚持居民收入增长和经济增长基本同步、劳动报酬提高和劳动生产率提高基本同步，持续提高低收入群体收入，扩大中等收入群体，更加积极有为地促进共同富裕。

第一，拓展居民收入增长渠道。坚持按劳分配为主体、多种分配方式并存，提高劳动报酬在初次分配中的比重。健全工资决定、合理增长和支付保障机制，完善最低工资标准和工资指导线形成机制，积极推行工资集体协商制度。完善按要素分配政策制度，健全各类生产要素由市场决定报酬的机制，探索通过土地、资本等要素使用权、收益权增加中低收入群体要素收入。完善国有企业市场化薪酬分配机制，普遍实行全员绩效管理。改革完善体现岗位绩效和分级分类管理的事业单位薪酬制度。规范劳务派遣用工行为，保障劳动者同工同酬。多渠道增加城乡居民财产性收入，提高农民土地增值收益分享比例，完善上市公司分红制度，创新更多适应家庭财富管理需求的金融产品。完善国有资本收益上缴公共财政制度，加大公共财政支出用于民生保障力度。

第二，扩大中等收入群体。实施扩大中等收入群体行动计划，以高校和职业院校毕业生、技能型劳动者、农民工等为重点，不断提高中等收入群体比重。提高高校、职业院校毕业生就业匹配度和劳动参与率。拓宽技术工人上升通道，畅通非公有制经济组织、社会组织、自由职业专业技术人员职称申报和技能等级认定渠道，提高技能型人才待遇水平和社会地位。实施高素质农民培育计划，运用农业农村资源和现代经营方式增加收入。完善小微创业者扶持政策，支持个体工商户、灵活就业人员等群体勤劳致富。

第三，完善再分配机制。加大税收、社会保障、转移支付等调节力度和精准性，发挥慈善等第三次分配作用，改善收入和财富分配格局。健全直接税体系，完善综合与分类相结合的个人所得税制度，加强对高收入者的税收调节和监管。增强社会保障待遇和服务的公平性可及性，完善兜底保障标准动态调整机制。规范收入分配秩序，保护合法收入，合理调节过高收入，取缔非法收入，遏制以垄断和不正当竞争行为获取收入。建立完善个人收入和财产信息系统。健全现代支付和收入监测体系。

二、思政元素

（一）正确处理效率和公平的关系，促进共同富裕

在收入分配中，要正确处理效率和公平的关系，应以发展的观点看待和分析问题。在经济发展初期，生产力发展水平较低，产品供给能力严重不足；劳动力供给充分，资本要素稀缺。这一阶段的主要任务是通过资本积累带动劳动就业，提高产品供给能力，在公平与效率的权衡上通常会更加重视效率。进入中等收入阶段以后，一方面产品供给能力大幅度提升；另一方面收入分配差距过大会制约消费需求的增长、影响社会稳定，无论保持经济持续健康增长还是促进社会和谐发展，在公平与效率的权衡上，都要求更加注重公平。

在不同的经济发展阶段，我国收入分配的着力点也有所变化。党的十三大提出，“在促进效率提高的前提下体现公平”。党的十四大提出，“兼顾效率与公平”。党的十五大提出，“初次分配注重效率，再分配注重公平”。党的十七大提出，“初次分配和再分配都要处理好效率和公平的关系，再分配更加注重公平”。党的十八大提出，“调整国民收入分配格局，着力解决收入分配差距较大的问题”。党的十九大提出，“坚持按劳分配原则，完善按要素分配的体制机制，促进收入分配更合理、更有序”。以上都表明，在收入分配领域，正在努力分好“蛋糕”，实现社会主义的公平正义。

首先，在我国社会主义市场经济条件下，社会主义公有制为主体的所有制结构决定了劳动者在生产资料占有关系上处于平等地位，构成社会成员经济权利平等的基本前提。其次，尽管社会主义市场经济的运行加大了收入水平的差距，但是适当地拉开收入差距，有利于调动各方面的积极性，促进生产力的快速发展。最后，作为社会主义国家，实现共同富裕是社会的本质，市场经济只是实现这一目标的途径，在实现公平上，我们会做得更好。提高效率主要通过发挥市场机制优化资源配置的决定性作用来实现，实现公平则主要依靠政府对收入分配的宏观调控来实现。

把提高效率同促进社会公平相结合，是正确处理效率和公平关系的基本原则。形象地说，就是既要把社会财富这个“蛋糕”做大，又要把这个“蛋糕”分好；而分好“蛋糕”，又关系到下一步做大“蛋糕”。可见，社会主义所要求的公平，不是那种普遍贫穷的、平均主义的“公平”，而是走向共同富裕的“公平”，这就要求大力发展生产力，不断提高生产效率，进而

创造更多的社会财富，在此基础上实现社会公平正义。反过来，只有通过公平分配，使大多数人共享经济发展的成果，才能广泛调动人们的积极性、创造性，促进生产力的发展和效率的提高。妥善处理分配领域效率和公平的问题，要把两者结合起来，既重视提高效率，又重视促进公平，让两者相互促进，而不是此消彼长、相互排斥。

（二）坚持按劳分配原则，完善按要素分配的体制机制

党的十九大报告指出，坚持按劳分配原则，完善按要素分配的体制机制，促进收入分配更合理、更有序。社会主义市场经济体制是社会主义基本制度与市场经济的结合，按劳分配是社会主义经济制度的分配原则，市场经济要求发挥各生产要素的作用，允许生产要素按贡献参与分配。

坚持按劳分配，有利于充分调动劳动者的积极性和创造性，激励劳动者努力学习技术、提高技能，促进社会生产力的发展。按劳分配体现了社会主义制度中劳动者共同劳动、平等分配的社会地位。

完善按要素分配的机制，不仅要做大“蛋糕”，更要分好“蛋糕”。这也符合“十四五”规划中所提到的，要优化收入分配结构，坚持居民收入增长和经济增长基本同步、劳动报酬提高和劳动生产率提高基本同步，持续提高低收入群体收入，扩大中等收入群体，更加积极有为地促进共同富裕。

（三）优化收入分配结构，缩小收入分配差距

收入分配始终是一个关系到最广大人民的根本利益，关系到广大干部群众积极性、主动性、创造性的充分发挥，关系到实现共同富裕、开创中国特色社会主义事业的全局的重大理论问题和实践问题。邓小平同志指出：“共同致富，我们从改革一开始就讲，将来总有一天要成为中心课题。社会主义不是少数人富起来、大多数人穷，不是那个样子。社会主义最大的优越性就是共同富裕，这是体现社会主义本质的一个东西。如果搞两极分化，情况就不同了，民族矛盾、区域矛盾、阶级矛盾都会出现，中央和地方也会出现矛盾，就可能出乱子。”事实上也是如此。我们看到一些国家进入工业化中期阶段和中等收入国家行列后，没有处理好经济增长和收入分配的关系，结果社会矛盾激化、现代化进程受阻，这方面的深刻教训值得汲取。当前我国地区之间、城乡之间、各社会阶层之间，乃至不同行业之间存在的不协调和不平衡问题，说到底还是分配收入带来的利益差异和

矛盾。

改革开放以来，我国人民生活水平不断提高和改善，总体上达到小康水平；但与此同时，城乡之间、地区之间、行业之间以及不同社会成员之间收入分配差距拉大趋势还未得到根本扭转。习近平总书记指出："我国经济发展的'蛋糕'不断做大，但分配不公问题比较突出，收入差距、城乡区域公共服务水平差距较大。在共享改革发展成果上，无论是实际情况还是制度设计，都还有不完善的地方。"[①]因此，应该贯彻共享发展理念，让广大人民群众共享改革发展成果，这是社会主义的本质要求，也是社会主义优越性的集中体现。

近年来，党中央、国务院高度重视改善民生，采取一系列政策措施，不断调整国民收入分配格局，加大收入分配调节力度，加快推进收入分配制度改革，在增加城乡居民收入、改善人民生活和促进社会和谐等方面取得显著成效。尽管收入分配状况开始出现积极变化，城乡居民收入差距有所缩小，但收入分配领域也出现了一些不均衡、不公平的问题，突出表现为收入分配差距较大，收入分配秩序不规范，隐性收入、非法收入问题比较突出，部分群众生活比较困难，等等。

深化收入分配制度改革，是加快转变经济发展方式的迫切需要，是维护社会公平正义与和谐稳定的根本举措，是完善社会主义市场经济体制的重要内容，也是体现社会主义本质的必然要求。如果收入差距继续扩大，必将成为影响经济发展和社会稳定的重大隐患。加快收入分配制度改革，逐步解决收入差距过大问题，普遍提高城乡居民收入水平，有利于刺激消费、扩大内需，促进经济平稳较快发展，也有利于平衡不同群体利益关系，化解社会矛盾，维护社会稳定和国家长治久安。这就要求我们，不仅要通过发展经济，把社会财富这个"蛋糕"做大，还要通过合理的收入分配制度把"蛋糕"分好，让全体人民能够共享改革发展成果。这是贯彻落实新发展理念的要求，也是促进社会公平正义、构建社会主义和谐社会的要求。

① 汪晓东，李翔，王洲.关系我国发展全局的一场深刻变革——习近平总书记关于完整准确全面贯彻新发展理念重要论述综述［EB/OL］.（2021-12-08）. https：//www.gov.cn/xinwen/2021-12/08/content_5659205.htm.

三、案例使用

（一）教学用途与教学目标

1. 教学用途

本案例为评述型案例，适用于《社会主义市场经济理论》教材中“社会主义市场经济的个人收入分配制度”相关知识点的教学。

2. 教学目标

（1）知识层面

理解概念：按劳分配、按生产要素分配、国民收入初次分配、国民收入再分配、第三次分配。

掌握知识点：社会主义初级阶段的个人收入分配制度、社会主义市场经济条件下的按劳分配和按生产要素分配、效率和公平的关系。

（2）能力层面

系统思维能力：教师通过对理论的讲解，帮助学生系统了解我国个人收入分配制度的变迁历程，正确认识按劳分配和按生产要素分配的依据和内容，合理把握公平和效率的关系，培养全面、系统、联系地分析问题、解决问题的思维能力。

判断实践能力：根据案例材料，设置三个由浅入深、由知识到能力的收入分配问题，教师通过解答问题，帮助学生搭建一座“从理论到实践，再从实践到理论”的思维桥梁，使学生在搜集收入分配制度相关资料之后，能够运用恰当的理论知识提出合理的解决方案。

（3）素质层面

形成专业意识：了解社会主义市场经济中个人收入分配制度的理论体系，理解新时代发展理念及其对收入分配的影响；养成关注时事政治、经济环境的学习习惯，了解政府的收入分配制度及政策措施。

提高专业素养：通过案例分析，引入“正确处理效率和公平的关系”“坚持按劳分配原则，完善按要素分配”“优化收入分配结构，缩小收入分配差距”等重要思政元素，拓宽学生视野，增强学生的社会责任感，使其形成正确的收入分配观。

（二）案例讨论的准备工作

①学生预习《社会主义市场经济理论》教材中“社会主义市场经济中的个人收入分配制度”相关知识点，初步了解收入分配制度。

②任课教师事先让学生搜集“收入分配制度改革”相关新闻和政策文件，为课堂讨论做准备。

（三）案例分析要点

1. 启发思考题

①简述收入分配的原则。

②结合案例材料，谈谈什么是收入分配中的公平，它具体表现在哪些方面。

③党的十九大提出，“要促进收入分配更合理、更有序”，那么形成收入差距的原因有哪些？

2. 分析思路

①简述收入分配的原则。

要点：收入分配的原则。

参考答案：

我国目前处在社会主义初级阶段，实行社会主义市场经济体制，社会主义基本制度与市场经济相结合，这要求在收入分配中：必须坚持按劳分配原则。坚持实行按劳分配，有利于充分调动劳动者的积极性和创造性，激励劳动者努力学习技术、提高技能，促进社会生产的发展。同时，这种分配方式体现了社会主义制度中劳动者共同劳动、平等分配的社会地位。在坚持按劳分配原则的同时，还要完善按要素分配机制。在收入分配的过程中，从“效率优先，兼顾公平”发展为“初次分配和再分配都要处理好效率和公平的关系，再分配更加注重公平”，党的十九大报告提出“坚持按劳分配原则，完善按要素分配的体制机制，促进收入分配更合理、更有序”。

②结合案例材料，谈谈什么是收入分配中的公平，它具体表现在哪些方面。

要点：收入分配中的公平。

参考答案：

公平正义是中国特色社会主义的内在要求，实现公平正义是我们党的一贯主张。新时代坚持和发展中国特色社会主义，必须在全体人民共同奋斗、经济社会发展的基础上，通过制度安排，合理解决收入分配中的效率和公平问题，不断促进社会公平正义。收入分配中的公平是指不同社会成员具有平等的分配权利和分配机会，并且分配规则对所有社会成员一视同仁。这种平等或公平主要表现在三个方面：一是权利公平，即所有社会成员都具有获取并保有合法收入的权利，在获取财产收入的过程中不存在任何特权；二是机会公平，即获取收入的机会均等，也就是社会成员具有平等投入生产要素（特别是平等就业）、平等使用社会资源、平等获取收入的机会；三是规则公平，即获取收入的方式和渠道公平公正、公开透明，各社会成员按照统一的规则参与竞争、分配财富，规则对所有成员一视同仁。

③党的十九大提出，“要促进收入分配更合理、更有序”，那么形成收入差距的原因有哪些？

要点：收入差距的成因。

参考答案：

形成收入差距的原因是多方面的。

第一，在市场经济条件下，市场竞争会造成一定程度的收入差距。个人能力差别、努力程度不同、决策准确与否，都会导致他们在市场竞争中获得的收入不同；同时，经济社会发展不平衡，特别是城乡之间发展水平差距较大，导致了收入差距的扩大。

第二，在逐步完善市场经济体制的过程中，市场机制不健全，体制、政策和法律不完善，不同地区、行业和领域改革的进度和力度不尽相同，在市场竞争中享有的机会和资源存在差异，也在客观上拉大了收入差距。

第三，分配制度仍有许多需要健全的地方，这也是收入差距持续拉大的重要原因。在初次分配中，劳动报酬正常增长机制有待完善；在再分配中，保障公平分配的税收制度有待完善；在第三次分配中，慈善捐赠的激励机制、管理机制和监督机制有待完善。

我们应当看到，在市场经济发展到一定阶段后，收入分配差距的出现有其必然性，也有其合理性，这体现了人们在生产要素占有和劳动能力方面客观存在的差距，有利于调动各方面的积极性，促进市场经济的发展。但是，我们也要看到，现阶段收入分配差距中包含着一些不合理的因素，是需要认真加以解决的。

改革开放以来，我国经济发展的“蛋糕”不断做大，但分配不公的问题也越来越突出，已经成为我国改革发展、社会和谐稳定、社会主义制度优越性发挥的一个突出瓶颈，必须采取切实有效的措施，花大力气加以解决。收入分配差距过大，不符合中国特色社会主义的本质要求，必须按照社会主义的分配原则，不断完善我国的收入分配制度，调节收入分配关系，缩小收入分配差距，逐步实现共同富裕。

（四）教学组织方式

结合案例，将思政元素融入“个人收入分配制度”相关知识点的讲授当中。该案例讲授时间为 2 个课时（90 分钟），具体安排见表 1。

表 1　案例的教学组织

学习阶段	内容安排	时间安排	学习目标
课前	要求学生分组并预习相关知识点，了解“收入分配制度”	提前两天	了解案例与相关知识点
课中	任课教师展示收入分配制度的史料视频	10 分钟	熟悉案例
	任课教师对相关内容进行讲解	10 分钟	理解案例涉及的知识点与思政元素
	学生分组讨论	20 分钟	培养学生分析问题的能力
课中	随机提问 3~4 组	30 分钟	培养学生总结归纳的能力
	任课教师进行总结	20 分钟	强调重点，加深学生对知识点的理解
课后	请学生持续关注中国收入分配制度改革		能分析新的经济发展实践和国家政策

（五）总结

收入分配问题不仅是一个非常重要的理论问题，还是一个重大的实践问题。在经济发展水平提高的同时，我国收入分配领域出现了一些新矛盾和新问题，收入分配制度改革势在必行。任课教师通过案例分析，使学生了解收入分配制度改革是经济体制改革的重要组成部分，是对我国不同阶层和群体经济利益的重大调整。随着小康社会的全面建成，我们应迈出促进全体人民共同富裕的稳健步伐，把促进全体人民共同富裕作为发展的重中之重。习近平总书记在中央财经委员会第十次会议上发表重要讲话并强调，共同富裕是社会主义的本质要求，是中国式现代化的重要特征，要坚持以人民为中心的发展思想，在高质量发展中促进共同富裕。坚持走共同富裕之路，必须健全体现效率、促进公平的收入分配制度，逐步消除影响共同富裕目标实现的各类障碍。

参考文献

[1] 汤秀莲. 政治经济学 [M]. 北京：清华大学出版社，2013.

[2] 苏晓红. 社会主义市场经济概论 [M]. 2版. 北京：科学出版社，2011.

[3] 马克思主义政治经济学概论编写组. 马克思主义政治经济学概论 [M]. 北京：高等教育出版社，2021.

[4] 柳建辉. 风雨兼程：影响中国历史进程的中共历次党代会 [M]. 北京：新华出版社，2012.

[5] 沈传亮，李庆刚. 三中全会：中共重大改革决策实录 [M]. 北京：人民出版社，2014.

[6] 邓小平. 邓小平文选：第3卷 [M]. 北京：人民出版社，1993.

[7] 陈锦华. 论社会主义与市场经济兼容 [M]. 北京：人民出版社，2005.

[8] 桑百川. 中国市场经济理论研究 [M]. 2版. 北京：对外经济贸易大学出版社，2005.

[9] 王伟利，刘东升. 市场经济概论 [M]. 北京：中国商务出版社，2003.

[10] 仉建涛. 政治经济学 [M]. 郑州：郑州大学出版社，2003.

[11] 张绍焱. 社会主义经济理论 [M]. 北京：中国经济出版社，2006.

[12] 杨干忠. 社会主义市场经济概论 [M]. 北京：中国人民大学出版社，2014.

[13] 习近平：切实把思想统一到党的十八届三中全会精神上来 [EB/OL]. (2013-12-31). http://www.xinhuanet.com//politics/2013-12/31/c_118787463_2.htm.

[14] 汪晓东，李翔，王洲. 关系我国发展全局的一场深刻变革——习近平总书记关于完整准确全面贯彻新发展理念重要论述综述 [EB/OL]. (2021-12-08). https://www.gov.cn/xinwen/2021-12/08/content_5659205.htm.

[15] 习近平主持召开中央财经委员会第十次会议 [EB/OL]. (2021-08-17). https://www.gov.cn/xinwen/2021-08/17/content_5631780.htm?platform=win.

案例六　坚持与时俱进，开创对外开放新局面

一、案例正文

中国的对外开放是一个与时俱进、不断赋予马克思主义新时代内涵的过程。新中国成立前，党的领导人就提出了许多具有前瞻性、建设性的对外交往宗旨和标准，开放思想的萌芽对中国共产党带领中国人民取得新民主主义革命的胜利影响颇深，也为新中国成立后对外开放的实践打下了思想基础。

中国的对外开放经历了五个阶段。

第一，对外开放的萌芽阶段（1949—1977 年）。这一阶段，中国共产党主要在三个方面进行实践并取得相应成就：一是恢复外贸活动，拓展贸易渠道。1949 年新中国成立之初，先后与苏联在内的 11 个社会主义国家以及部分西方国家建立了外交关系。1950 年，全国政治、经济等全方面社会建设恢复正轨，为我国的对外贸易提供了基础条件。1950 年朝鲜战争爆发后，中国受到了全面封锁，中国共产党领导下的中国人民用智慧和勇气开辟了一条新的道路，加强了与苏联和东欧国家的贸易往来，积极与亚非拉国家建立经贸关系，同时也不放弃从民间和官方等各种渠道努力恢复与西方国家的贸易活动。二是技术设备引进，服务工业化发展。技术设备引进以能源工业和原材料工业的成套设备为主，最大的成就之一是引进苏联 156 项工程，对促进国民经济恢复和建设、开启我国工业化征程起到了重要作用。三是适当调整外贸体制，激发企业积极性。随着国内外形势的变化，高度集中的外贸体制显现出一些弊端，为了更好地适应经济发展的客观需要，我国的外贸体制也在个别方面作出了调整，如下放部分企业的经营权，激发外贸企业的积极性，以扩大进出口业务规模。为了继续强化外贸对经济发展的作用，1975 年新增江苏、河北和广西为外贸口岸，授予河南、湖北等省份直接出口到港澳地区的权限，允许其他部门成立出口供应公司，负责对外业务。随着我国对经济的调整以及在外贸领域采取有力措施，1950—1978 年我国进出口总额年均增长率达到 11%，且出口商品结构

发生了重大变化，轻工业产品和重工业产品出口比重上升明显。

第二，对外开放的成长阶段（1978—1991 年）。1978 年 12 月，党的十一届三中全会第一次正式提出改革开放，标志着我国对外开放伟大征程由萌芽阶段的“一边倒”开放进入了全面开放的成长阶段。在改革开放的进程中，中国共产党对改革开放的内涵、性质、方式等有了全面的界定。党的十二届三中全会将对外开放确立为我国的基本国策。中共十三大第一次将改革开放作为一个完整的概念提出，并将改革开放纳入党的基本路线，强调“坚持改革开放一百年不动摇”的坚定决心。基本国策和基本路线的确立奠定了未来中国共产党领导下的中国特色社会主义道路的发展基调。这一阶段，中国共产党主要在三个方面进行实践并取得相应成就：一是推进改革开放试验区的探索。改革开放初期，我国的对外开放以政策性开放为主，从时间脉络而言，经历了经济特区、沿海开放城市和沿海经济开放区三个阶段。自 1979 年深圳、珠海、汕头、厦门四个经济特区设立，到 1984 年开放秦皇岛、大连、天津、烟台、青岛、连云港、南通、上海、宁波、温州、福州、广州、湛江、北海 14 个沿海城市，再到 1985 年珠江三角洲、闽南厦漳泉三角地区、辽东半岛和胶东半岛全部对外开放，对外开放呈现出点、线、面的空间逐步推进特征。为了吸收利用外资、引进先进技术，推进我国工业化进程和加速经济发展，中国政府做了大量探索，通过建立改革开放试验区，以区域开放为先导，持续扩大对外开放，使中国市场经济发展不断与国际市场接轨，传统体制不断受到外部市场经济体制的冲击。二是确立出口导向型的贸易基调。将扩大出口和追求贸易顺差作为目标，把加工贸易和外资优惠政策作为吸引外资的重点，积极实施“出口导向型”和吸引外资为主的对外开放战略。随着加工贸易的迅速发展，国家及时出台了一系列加工贸易政策，例如，对用于加工复出口的进口料件实行保税政策，进口时不征关税和进口环节税，出口后核销，并且加工贸易政策的实施不限于特殊经济区，任何地方的任何企业均可申请，这是中国的创新之处，也是对海关监管能力的重大考验。加工贸易是全球化背景下推进工业化的一条新道路。加工贸易的快速发展，成为中国出口创汇的主要方式，国家可以利用这些宝贵的外汇对外购买短缺的技术和资源，推进中国的工业化进程。在此期间，中国外汇储备由 1978 年的仅 1.67 亿美元飙升至 1991 年的 217.12 亿美元，增长约 130 倍，有效地缓解了当时中国缺乏外汇资金的困境。三是启动外贸体制改革，放开搞活外贸经济。1978 年，第一机械工业部成立中国机械设备出口公司，成为中国第一个工贸结合试点，自此，外贸经营权管制开始放松。1987 年 10 月，党的十三大提出："为了更好地扩大对外贸易，必须按照有利于促进外贸企业自负盈亏、放开经营、工贸结合、推行代理制的方向，坚决地有步骤地改革外贸体制。"1988 年 1 月，国务院发布《关于加快和深化对外贸易体制改革若干问题的规定》，全面推行外贸承包经营责任制，由各省份向国家承包经营。到 1993 年，允许从事对外贸易的企业约 9 万家，计划经济体制下外贸垄断经营的格局基本被打破。1979 年，日本输出入银行在中国设立代表处，拉开外资银行进入中国的序幕，标志着中国金融业开始向外国金融机构开放。1982 年，中国国际信托投资公司在日本东京发行 100 亿日元私募债券，这是中国首次在海外发行债券，开启了中国证券融资的国际化进程。1983 年，我国颁布和实施了《关于侨资、外资金融机构在中国设立常驻代表机构的管理办法》，从法律层面对外资金融机构给予保障和规范。

第三，对外开放的扩大阶段（1992—2001 年）。党的十四大的召开，正式确立了社会主义市场经济体制改革的目标，全面推进社会主义市场经济体制建设。中共十四届三中全会开始从经济体制模式角度来明确和界定对外开放，明确了与社会主义市场经济模式相适应的对外开放模式是"开放型经济"，由外向型经济向开放型经济的转变是我国对外开放思想的创新举措。这一阶段，中国共产党主要在四个方面进行实践并取得相应成就：一是丰富特殊经济区体系，打造全方位开放。1988 年开始设立国家级高新技术产业开发区，之后数量快速增加。1990 年 6 月，创办上海外高桥保税区，这也是中国的第一个保税区。自 1992 年以来，国务院陆续批准建设 17 个边境经济合作区。2000 年，国务院首批设立 15 个出口加工区。此后，保税区、边境经济合作区、出口加工区等相继成立。1992 年 10 月，上海浦东新区成立，标志着国家级新区作为承担国家重大发展和改革开放战略任务的综合功能区的问世。1994 年，国务院批准设立苏州工业园。特殊经济区体系不断丰富，对外开放由沿海地区快速向沿边、沿江和内陆中心城市推进，空间布局按照由点到线、由线到面的方式推进，着力打造全方位开放格局，充分发挥开放经济园区的辐射和带动作用。二是建立导向型的外商投资政策体系。1995 年 6 月，我国颁布《指导外商投资方向暂行规定》和《外商投资产业指导目录》。《外商投资产业指导目录》将外商投资项目分为鼓励类、允许类、限制类和禁止类，适用不同的准入程序和政策待遇，鼓励兴办出口型企业。自此，《外商投资产业指导目录》成为中国利用外资产业导向的重要政策工具，并按照国家发展战略重点的调整，多次进行修订。2000 年，为深入实施西部大开发战略，中国制定了《中西部地区外商投资优势产业目录》，为中西部地区的外商投资项目提供更加优惠的政策，引导投资向中西部地区倾斜。这一时期，中国吸收外资金额连年攀升。1992 年，中国吸收外商直接投资金额从前一年的 43.66 亿美元激增到 110.07 亿美元，增长了 152%；1993 年，中国吸收外商直接投资金额再次激增 150%，达到 275.10 亿美元。1993 年之后，中国成为世界上年度吸收外商直接投资最多的发展中国家。同时，出口导向型外商直接投资快速增长，这一时期来华的外商投资企业中，制造业占比高达 70%。三是持续推进外贸体制改革，巩固出口贸易成果。国家按照现代企业制度对国有对外经贸企业进行改组，赋予具备条件的生产和科技企业对外经营权，发展一批国际化、实业化、集团化的综合贸易公司。积极推进以质取胜战略，发挥进出口商会协调指导、咨询服务的作用。降低关税总水平，合理调整关税结构，严格征管，打击走私。对少数实行数量限制的进出口商品及配额许可证，按照效益、公正和公开的原则，实行配额招标、拍卖或规则化分配。主要运用汇率、税收和信贷等经济手段调节对外经济活动，取消指令性计划，减少行政干预。完善出口退税制度，对间接税实行出口退税政策。同时，加强对外贸易的法制化建设，在 1994 年和 1997 年分别实施《中华人民共和国对外贸易法》和《中华人民共和国反倾销和反补贴条例》，规范企业对外贸易行为。四是启动以汇率并轨为标志的外汇体制改革。1994 年 1 月 1 日，中国启动汇率并轨改革，同年 4 月 1 日，在上海成立了中国外汇交易中心并将其作为全国统一的银行间外汇市场，调剂市场的汇率由市场供需决定，外汇交易中心的成立在人民币汇率形成机制的市场化问题上取得了实质性的进展，为后来的改革打下了良好的基础。中国开始实行以市场供求为基础的、单一的、有管理的浮动汇率制度，对扩大出口和吸收出口导向型外商投资都具有积极作用。同时，进一步扩大外资金融机构在经营地域和业务范围上的开放程度。以人民币汇率与外汇体制改革为标志，中国金融业对外开放进入市场化、国际化阶段。

第四，对外开放的深化阶段（2002—2012 年）。党的十六届三中全会将改革和开放、国际和国内的关系定义为“统筹国内发展和对外开放，统筹国内国际两个大局，使对外开放更好地促进国内改革发展”。以开放促改革理念的提出，进一步深化了改革开放概念的内涵。党的十七大创造性地提出“完善内外联动、互利共赢、安全高效的开放型经济体系”，标志着我国对外开放的广度和深度进一步扩大和拓展，开放型经济进入体系构建的新阶段。这一阶段，中国共产党主要在四个方面进行实践并取得相应成就：一是对接国际经贸规则，打破贸易壁垒。中国按照“入世”承诺和世界贸易组织的相关规则，修订了2300多项法律法规，清理了数十万份政府文件，废止了不符合世界贸易组织规则的政府文件，构建了一个以公平、透明、法制清晰、规范为根本特征的开放型市场经济体制。加入世界贸易组织后，一系列改革开放重大举措的实施，使得国内体制逐步实现与国际通行规则的全面接轨，标志着中国由局部政策性开放向制度性对外开放转变，中国经济转向与国际全面接轨的“开放型经济”时代。这一时期的对外开放，由以试点、优惠政策为特征的政策主导下的开放转变为法律框架下的规则化开放，由单方面为主的自我开放转变为与世界贸易组织成员之间的相互开放，由有限范围和有限领域内的开放转变为与国际全面接轨的全方位的开放。二是货物贸易与服务贸易并重。货物贸易领域，主要涉及国民待遇、贸易政策修改与统一实施等多个方面，包括“入世”三年内取消贸易权的审批制，关税减让和取消七类农产品的关税配额，削减非关税措施等。中国的货物贸易迅猛发展，在全球贸易体系中的排名快速提升。2009年，中国货物出口额超越德国，成为世界第一制造业大国、商品出口大国。2013年，中国成为货物贸易进出口额第一大国。中国政府签署了《服务贸易总协定》(GATS)，承诺减少对商业存款、跨境交付、跨境消费模式下的服务贸易的限制，并在较短的时间内就完成了入世时的承诺，包括降低准入门槛、取消地域和数量限制、扩大业务范围等，使我国服务业发展取得了长足的进步，为我国步入“服务经济时代”夯实基础。2006年，商务部成立服务贸易司，负责服务贸易促进与协调工作。2009年，国务院办公厅下发《关于促进服务外包产业发展问题的复函》，批准20个城市成为中国服务外包示范城市，加快中国服务外包产业发展。2011年，商务部、国家发展改革委等六部门联合发布《关于促进加工贸易转型升级的指导意见》。2012年，中国服务贸易进出口总额位居世界第三。三是实施“走出去”战略，推动区域经济合作。2000年3月，全国人大九届三次会议把“走出去”战略提高到国家战略层面。2001年，对外投资等“走出去”战略的内容写入《中华人民共和国国民经济和社会发展第十个五年计划纲要》。2002年11月，中国和东盟10国签署了《中国与东盟全面经济合作框架协议》，决定到2010年建成中国－东盟自由贸易区。在多边贸易谈判停滞不前的形势下，与其他经济体签署贸易投资自由化、便利化程度更高的区域贸易安排协定，是我国扩大开放的内在需要，也是新一轮对外开放的重要内容。2007 年，党的十七大把自由贸易区建设上升为国家战略。在“走出去”战略的指导下，一些国内企业通过跨国并购方式获取国外核心技术，内化形成企业自身技术，提升创新能力，增强企业竞争力。2012 年，中国成为仅次于美国、日本的对外投资第三大来源地，对外投资遍及 200 多个国家和地区。2015 年，中国对外投资存量超过万亿美元。四是推进金融市场开放与合作。加入世界贸易组织后，中国履行了开放银行、证券、保险等金融服务业的一系列承诺，有计划、有步骤地加大了金融业的对外开放与合作。中国银行业在 2001 年全面放开外汇业务，2003 年 12 月将外资银行人民币业务的客户对象扩至中资企业。2005 年 10 月 27 日，中国建设银行股份有限公司在香港联合交易所挂牌上市，标志着中国国有商业银行开始走向国际资本市场。2011 年 8 月，国务院决定在全国允许跨境贸易以人民币结算。中国人民银行与多国央行签订了本币互换协议，与香港地区、伦敦等金融监管部门签署协定，支持建立人民币离岸交易中心。双向开放金融市场的各种举措，加上人民币汇率稳中有升，均有利于推进人民币国际化。利用金融开放提高金融风险抵抗力，也是全力防控金融系统风险的重要手段。

第五，对外开放的创新阶段（2013 年之后）。国内资本要素和生产技术不断积累，产业结构不断升级，比较优势发生动态变化，但在政策性开放产生的驱动力逐渐减弱的背景下，需要更高水平的制度型开放为我国发展注入新的动力。因此，全面深化改革，实现国内大循环和国内国际双循环良好运行的新格局，是一项亟须稳步推进的重大任务。在对外开放的创新阶段，中国共产党主要在四个方面进行实践并取得相应成就：一是“一带一路”倡议助力全球经济治理；二是自由贸易试验区探索开放新体制；三是加快培育外贸竞争新优势；四是扩大金融业开放，加速人民币国际化进程。

二、思政元素

（一）改革开放是强国之路

改革开放以来，中国政府与中国人民在发展中国特色社会主义道路上不断探索，在经济方面取得了举世瞩目的成就，中国与经济发展密切相关的各项制度不断完善。中国的经济增长方式和产业结构不断优化，经济增长效率不断提高。中国经济的高速增长，被称为“中国奇迹”。中国要实现“两个一百年”奋斗目标和创造更伟大的经济奇迹，需要对已经实现的经济成就进行总结。根据经济学家林毅夫的判断，中国经济发展具有极强的持续动力，除去年均通胀率 4.8% 外，国内生产总值年增长率达到 14.5%，年实际增长率仍达到 9.3%。林毅夫从经济结构的角度分析，中国的工业化进程正在加速，在 2017 年，中国三大产业占比分别为 7.9%、40.5% 和 51.6%，第三产业增速超过第一与第二产业，第三产业对中国经济增长有强大的驱动力。在改革开放新时期，中国经济的发展方式和结构更健康、更优化，进入了高增长、高质量发展阶段。与世界强国的经济发展历程相比，中国从一个贫穷落后的国家，经过短短几十年就走完了西方强国几百年的发展历程，成功由农业大国成长为工业大国、制造大国。

（二）改革开放是必由之路

经济发展需要理论，同时也产生了理论。改革开放以来中国经济发展的历程，是马克思主义理论与中国实际结合的体现。在新中国成立伊始，没有成型的工业体系，也没有成功的案例供我们学习，但是我们通过自己的探索与努力走出了具有中国特色的社会主义道路。在没有任何经济建设经验的情况下，我们只能学习当时的苏联，但是毛泽东同志发现苏联体制对经济的限制太多，不利于经济长期发展，并对中国的社会主义建设进行了初步探索与思考，这些探索与思考对指导新中国经济发展的伟大实践具有非常重要的意义。从必然性来看，改革创新是万物发展的必由之路，改革对社会发展起着至关重要的推动作用。根据马克思主义哲学理论中社会基本矛盾及其规律分析，新制度取代旧制度是社会的发展趋势，改革是促进社会发展的强大动力。改革要充分发挥调整社会矛盾的作用，促进社会平稳发展，维护政权的稳定性，还要在遵循基本制度的前提下对社会进行局部的完善。因此，要通过改革来改变生产关系与生产力、经济基础等不相适应的部分，才能使经济得到发展。中国的改革开放是在马克思主义指导和社会主义制度不断完善的基础上进行的经济改革，其主要目标是大力发展生产力，提高国民经济水平和人民生活水平。社会主义国家的对外开放不仅要发展经济，还要充分向世界展示社会主义制度的优越性。我们要尊重世界各国文明，并与各种文化平等交流，同时大胆借鉴资本主义国家符合现代生产规律的先进管理方法和经验，使中国灵活的市场经济体制取代传统的计划经济体制，适应经济全球化的浪潮，在更广阔的国际市场上展现中国身影，发出中国声音，体现中国经济的强大驱动力。

（三）解放思想是对外开放的行动指南

改革开放是中国共产党开放思想的伟大实践，是党的领导集体以巨大的革命勇气和严谨的求实精神，从思想和理论上进行的伟大创造。回顾改革开放的历程可以发现，我国改革开放的不断深化是与中国共产党开放思想不断发展创新的路径相契合的。改革开放初期是开放思想初步成熟付诸实践的时期，确立了改革开放的基本国策，明确了对外开放的目标、任务、范围、对象等；建立社会主义市场经济体制战略的提出，标志着我国的开放思想进入了创新和完善的新阶段，这一阶段的开放思想强调提高对外开放的水平和质量，即对内改革和对外开放联动衔接，实施“走出去”和“引进来”相结合的双向战略，利用加入世界贸易组织的机遇积极参与国际竞争；党的十八大以后面临新格局新形势，习近平总书记明确指出，“中国坚持改革开放不动摇，中国越发展，就越开放”，并进一步提出了许多富有时代特征、战略远见的新理念、新思想，把中国开放思想的内涵水平提高到了新的高度，把中国对外开放的发展进程推向了新的阶段，新时代对外开放思想的创新发展全面回答了新时期我国如何对外开放、发展开放型经济的重大问题，旨在实现更高水平的对外开放。进入新时代以来，以习近平同志为核心的党中央领导集体依然将对外开放思想作为治国理政新理念新思想新战略的重要组成部分。在以习近平同志为核心的党中央领导下，改革开放的范围不断扩大，从经济领域扩展到制度、政策、宏观调控等多领域，改革开放的实践形式从较低级的粗放型发展模式转变为创新发展、高质量发展的可持续发展模式，改革开放的着眼点从立足本国发展延伸至全人类的共同发展。包含了开放发展的思想、开放型经济强国的思想、人类命运共同体的思想、坚持总体国家安全观以及“一带一路”倡议等内容的新时代开放思想，是在对经济全球化历史进程的科学把握、对我国同世界关系的客观历程的深刻把握、对当前中国发展的外部环境的机遇和挑战的全面把握的基础上形成的，是对中国特色社会主义理论体系中对外开放思想的进一步丰富和发展。

三、案例使用

（一）教学用途与教学目标

1. 教学用途

本案例为描述型案例，适用于《宏观经济学》教材中“开放经济的宏观经济学”知识点的教学。

2. 教学目标

（1）知识层面

理解概念：国际收支、汇率、货币政策、财政政策。

掌握知识点：汇率制度、蒙代尔－弗明模型、财政政策和货币政策的影响。

（2）能力层面

系统思维能力：通过对理论的讲解，帮助学生系统地了解汇率和国际收支等方面的知识，形成全面、系统、联系地分析问题、解决问题的思维能力。

判断实践能力：结合案例，设置三个由浅入深、由知识到能力的问题，任课教师通过解答问题帮助学生搭建一座“理论到实践、实践到理论”的思维桥梁，使学生在搜集汇率和国际收支等方面信息与资料之后，能够运用适当的理论知识提出合理的解决方案。

（3）素质层面

形成专业意识：理解汇率和国际收支等，财政政策和货币政策的区别，紧缩的财政政策和货币政策对国民经济的影响，以及宽松的财政政策和货币政策对国民经济的影响；养成关注经济热点、财政政策和货币政策的学习习惯。

提高专业素养：通过案例分析，引入开放经济、人类命运共同体和其他重要思政元素，拓宽学生视野，让学生理解国家、区域经济和社会合作的重要性，增强社会责任感，形成正确的全球发展理念。

（二）案例讨论的准备工作

①学生预习《宏观经济学》教材中“开放经济”相关知识点，初步了解国际贸易、汇率、货币政策和财政政策等内容。

②任课教师事先了解学生对国际贸易、汇率、货币政策和财政政策的认识，分小组、分专题针对我国国际贸易政策、国际关系、汇率等内容进行总结汇报，使学生对我国的对外经济问题有较系统、全面的认识，激发学生对相关问题的关注热情和学习兴趣。

（三）案例分析要点

1. 启发思考题

①结合案例，分析“一带一路”倡议对中国及共建国家经济社会发展的积极影响。

②结合案例，分析汇率对进出口贸易的影响。

③结合案例，分析财政政策和货币政策对国民收入的影响。

2. 分析思路

①结合案例，分析“一带一路”倡议对中国及共建国家经济社会发展的积极影响。

要点：开放经济的特征。

参考答案：

引导学生结合中国“一带一路”倡议的举措，从经济、政治、文化等方面展开分析。一是对中国的影响。有效解决了我国产能过剩及产业结构调整的问题。提高了我国的国际影响力，促进了中国国际合作在深度和广度上的拓展，有利于改善中国与周边国家的边境安全问题，以及提高中国的国际话语权和竞争力。二是对共建国家的影响。有利于共建国家融入中国市场，发展优势产业；有利于促进共建国家的社会文化交流与合作，扩大国际合作范围；有利于促进共建国家的科技合作与创新，提高产品的市场竞争力。

②结合案例，分析汇率对进出口贸易的影响。

要点：汇率与国际收支。

参考答案：

引导学生通过分析和比较汇率的波动分析一国的国际收支变动。汇率波动会引起收入水平的变化，从而影响进出口贸易。当汇率变动引起本国货币升值时，进口商品的价格会下降，从而促进进口而抑制出口；当汇率变动引起本国货币贬值时，进口商品的价格会上升，本国商品价格则会下降，从而促进出口而抑制进口。

③结合案例，分析财政政策和货币政策对国民收入的影响。

要点：利用蒙代尔－弗莱明模型分析紧缩和扩张的货币政策和财政政策对国民收入的影响。

参考答案：

国际收支，是指一国居民与世界其他国家居民之间因各种经济往来而发生的收入与支付的对比关系。财政政策与货币政策对国民收入的影响分析：财政政策和货币政策是政府干预宏观经济最重要、使用最频繁的两大工具。在固定汇率制度和完全资本流动的假设下，如果在实施扩张性财政政策的同时增加货币供给，就会增强扩张性财政政策的效果，财政政策作用产生的增量等同于经济增量。不能完全依靠财政政策或者货币政策来解决国际收支的失衡问题。

（四）教学组织方式

结合案例，将思政元素融入“开放经济的宏观经济学”相关知识点的讲授当中。该案例讲授时间为 2 个课时（90 分钟），具体安排见表 1。

表 1　案例的教学组织

学习阶段	内容安排	时间安排	学习目标
课前	要求学生分组并预习相关知识点，了解“对外开放”相关信息	提前两天	了解案例与相关知识点
课中	任课教师展示中国对外开放的史料视频	10 分钟	熟悉案例
	任课教师对相关内容进行讲解	10 分钟	理解案例涉及的知识点与思政元素
	学生分组讨论	20 分钟	培养学生分析问题的能力
	随机提问 3~4 组	30 分钟	培养学生总结归纳的能力
	任课教师进行总结	20 分钟	强调重点，加深学生对知识点的理解
课后	请学生持续关注中国对外开放的新实践		能分析中国对外开放的内在逻辑与经济原理

（五）总结

经过 40 多年的改革开放，我国经济总量大幅度跃升，综合国力明显提升，人民生活显著改善，成功实现了从封闭、半封闭到全方位开放的伟大历史转折。我国对世界经济的影响力大大加强，在世界经济中的地位发生了历史性变化。我国实行的是以市场供求为基础、有管理的浮动汇率制度，汇率变化相对缓慢，完全运用货币政策不能真正解决国际收支问题。

参考文献

[1] 赵冰．“一带一路”倡议让中国机遇成为世界机遇［EB/OL］．(2017-05-13)．http：//www.xinhuanet.com/silkroad/2017-05/13/c_129603872.htm.

[2] 卞水祖．稳健中性货币政策没有改变［EB/OL］．(2019-04-09)．htps：//www.sohucom/u/306759287100122958.

[3] 本书编写组．西方经济学：下册［M］．北京：高等教育出版社，2011.

[4] 习近平．决胜全面建成小康社会 夺取新时代中国特色社会主义伟大胜利：在中国共产党第十九次全国代表大会上的报告［M］．北京：人民出版社，2017.

[5]《马克思主义基本原理概论》编写组．马克思主义基本原理概论［M］．北京：高等教育出版社，2018.

第二章

产业经济

案例一　观察产业结构，理解中国经济转型

一、案例正文

产业结构是社会经济结构最主要的组成部分，反映经济发展的水平、内在活力与增长潜力。1978 年 12 月，党的十一届三中全会作出了实行对内改革、对外开放的重大决策。受益于改革开放释放的人口红利、资源红利、制度红利等，尤其是在财政、货币、产业三大政策的支持引导下，我国三次产业充分发挥各自的禀赋优势，抓住全球技术大变革和新一轮国际产业分工的机遇，取得了长足发展，产业结构也发生了深刻变化，为构建支撑高质量发展的现代产业体系奠定了基础。改革开放以来，我国产业发展及结构调整成效显著（见表 1），大体表现在以下三个方面：

第一，产业规模逐渐壮大，产业体系不断完善。从产业规模看，1978 年，我国第一产业增加值为 1018.5 亿元，第二产业增加值为 1755.1 亿元，第三产业增加值为 905.1 亿元；到 2020 年，第一产业增加值提高至 77754.1 亿元，第二产业增加值提高至 384255.3 亿元，第三产业增加值提高至 553976.8 亿元。从增长速度看，1978—2020 年我国三次产业的年平均增长率分别为 10.87%、13.69%、16.51%，均保持两位数高速增长。从产业体系看，农林牧渔业稳步发展，现代化农业体系建设有序推进；工业经济快速发展，2019 年工业增加值为 317109 亿元，工业经济规模位居全球第一，已建成门类齐全、独立完整的现代工业体系；传统服务业与现代服务业繁荣活跃，较好地满足了人民群众日益多元化的消费需求。

表 1　1978—2020 年中国三次产业发展及结构变化

年份	增加值（亿元）			占 GDP 比重（%）		
	第一产业	第二产业	第三产业	第一产业	第二产业	第三产业
1978	1018.5	1755.1	905.1	27.7	47.7	24.6
1985	2541.7	3886.4	2670.8	27.9	42.7	29.4
1990	5017.2	7744.1	6111.6	26.6	41.0	32.4

续表

年份	增加值（亿元）			占 GDP 比重（%）		
	第一产业	第二产业	第三产业	第一产业	第二产业	第三产业
1995	12020.5	28676.7	20642.7	19.6	46.8	33.7
2000	14717.4	45663.7	39899.1	14.7	45.5	39.8
2005	21806.7	88082.2	77430.0	11.6	47.0	41.3
2010	38430.8	191626.5	182061.9	9.3	46.5	44.2
2015	57774.6	281338.9	349744.7	8.4	40.8	50.8
2020	77754.1	384255.3	553976.8	7.7	37.8	54.5

资料来源：根据《中国统计年鉴》（2021）整理。

第二，产业结构调整稳步推进，产业结构不断趋向合理化。改革开放以来，我国产业结构调整稳步推进，总体经历了由“二一三”结构向“二三一”结构，再到“三二一”结构的演变过程。从表 1 可以看出，1978 年我国三次产业结构比重为 27.7 ∶ 47.7 ∶ 24.6，1985 年三次产业结构比重变为 27.9 ∶ 42.7 ∶ 29.4，2020 年三次产业结构比重调整为 7.7 ∶ 37.8 ∶ 54.5，第一产业比重总体持续下降，到 2020 年仅为 7.7%，第二产业比重变化幅度最小，震荡区间为 37%~48%，第三产业比重持续上升，逐渐占据国民经济的半壁江山。

第三，服务业成为发展新引擎，产业结构不断趋向高级化。改革开放初期，我国服务业以餐饮住宿业、修理业、商业等传统服务业为主，服务业增加值不足 1000 亿元；到了 2020 年，我国服务业增加值已达到 553977 亿元，对经济增长的贡献率更是达 50% 以上，已成为经济发展新引擎。截至 2021 年上半年，我国服务业完成固定资产投资同比增长 10.7%，高技术服务业固定资产投资同比增长 12.0%；信息传输、软件和信息技术服务业，金融业和房地产业等现代服务业同比分别增长 20.3%、13.6% 和 4.7%，合计拉动服务业增加值增长 4.1 个百分点，有力支撑了经济恢复发展。随着新技术、新产业、新业态的不断涌现，我国产业结构正加速从以制造业为主的工业型经济转向制造业与服务业融合发展的服务型经济，服务业成为经济发展新引擎。此外，从图 1 可以看出：从 1978 年到 2019 年，我国的产业结构高级化指数呈现波动上升态势，这说明我国的产业结构不断趋向高级化。

总的来说，改革开放以来我国产业结构持续优化，产业体系不断完善，产业国际竞争力持续增强。然而，由于资源约束趋紧、发展方式粗放、科技创新投入与成果转化率偏低，以及全球经济低迷、贸易保护主义抬头等诸多负面因素影响叠加，我国仍处于全球产业链、价值链、创新链的中低端，产业高质量发展面临巨大挑战。在《中华人民共和国国民经济和社会发展第十四个五年规划和2035年远景目标纲要》中，我国政府提出“加快发展现代产业体系，推动经济体系优化升级”，并要求加快提升产业链、供应链现代化水平，发展战略性新兴产业，加快发展现代服务业，统筹推进基础设施建设，加快建设交通强国，推进能源革命，加快数字化发展。这为新时期更好推进产业结构优化升级指明了方向。

二、思政元素

（一）运用质量互变规律理解产业结构优化升级

质量互变规律认为，任何事物都是质和量的统一体。质量互变规律揭示了事物或现象发展过程中量变和质变的内在联系及其相互转化。所谓量变，是指事物数量层面的增加或减少以及组成要素排列次序的变动，是保持事物的质的相对稳定的不显著、非根本性的变化，体现了事物发展渐进过程的连续性。质变，是指事物性质发生根本性变化，事物从原来的质态转向新的质态的飞跃，体现了事物发展渐进过程和连续性的中断。量变是质变的必要准备，量变超过一定程度必然引起质变，在新的质的基础上，事物发展会出现新的量变，继而引起质变，如此循环往复，推动事物不断发展。

改革开放以来，我国产业经历了规模由小到大，体系由不完善到逐渐完善，结构逐渐朝合理化、高级化方向演进的过程，这些变化并非一蹴而就，而是在循环往复的质量互变中实现的。改革开放初期，我国产业规模小、体系不完整，亟须通过对内改革和对外开放调动一切有利因素发展产业。这一阶段更注重扩大产业规模，尤其是第二产业规模。随着改革开放的持续推进，以工业为代表的第二产业规模不断壮大，工业体系趋于完善。工业的发展又带动了农业和服务业的发展，推动我国产业快速增长和产业结构优化升级。进入新时代以来，我国三次产业转向了中高速增长阶段，且在多个领域保持世界第一。产业结构持续优化释放了强大动力，推动我国产业迈上全球价值链中高端，提升了国际竞争力。总的来说，每一时期的产业结构优化都为后一期的产业结构优化升级奠定了基础，如此循环往复，推动我国的产业结构由不合理朝着高级化、合理化方向发展。

（二）坚定不移扩大对外开放

党的十一届三中全会后，我国开始实行对内改革对外开放的政策。对内改革是在坚持社会主义制度不变的前提下，主动调整和改革生产力与生产关系不相适应的环节，推动社会主义生产力发展和各项事业全面进步。对外开放是我国的一项基本国策。坚持对外开放基本国策，独立自主融入经济全球化进程，统筹国内国际两个大局，充分利用国内国际两个市场和两种资源，是实现中华民族伟大复兴的必由之路。面对新的形势，党的十九届五中全会提出，“坚持实施更大范围、更宽领域、更深层次对外开放，依托我国大市场优势，促进国际合作，实现互利共赢”。这要求我国在新时期发展产业必须坚持扩大对外开放。

我国产业结构不断向合理化和高级化发展，很大程度上是由于坚持了对外开放基本国策。我国的对外开放从东部沿海地区开始，向西部内陆渐次推进，逐渐形成陆海内外联动、东西双向互济的新格局。从开放的领域来看，从制造业开始，向农业和服务业延伸；从开放的范围来看，持续放宽与规范市场准入，全面实施市场准入负面清单制度，对外开放范围越来越广。对外开放给我国的产业转型升级带来了积极影响：一方面，吸引境外资金、技术、人才等生产要素进入，缓解了我国产业发展面临的资金短缺、技术薄弱、发展方式粗放等问题；另一方面，通过扩大利用外资规模，引进先进技术和高素质人才，以及到境外投资办厂、对外承包工程等形式与世界各国开展经济技术合作，有机嵌入全球产业链、价值链和创新链，推动我国产业结构转型升级。

（三）推动有效市场和有为政府更好结合

市场是配置要素资源最有效的形式，建立有效市场，需要尊重经济运行规律，减少有形之手对微观经济活动的不必要干预，激发各类市场主体的活力，充分发挥市场机制的基础作用。然而，一旦经济系统出现由垄断、公共物品和外部性等引起的市场失灵，市场将无法最优化配置资源，此时就需要政府进行宏观调控。有为政府，就是政府在行政管理和宏观调控等活动中做到不越位、不缺位、不失位，积极发挥在产业规划、市场监管、人才培养、产权保护、环境治理、市场体系建设等方面的作用。推动有效市场和有为政府更好结合是推进产业转型升级和经济高质量发展的内在要求。

从中共十四大首次提出“经济体制改革的目标是建立社会主义市场经济体制”，到中共十九届五中全会提出“充分发挥市场在资源配置中的决定性作用，更好发挥政府作用，推动有效市场和有为政府更好结合”，我国对政府与市场关系的认识不断深化，不断调整政府与市场关系，优化产业发展环境，助推产业高质量发展。一方面，培育壮大市场主体，完善市场功能，推进高效规范、公平竞争的国内一体化市场体系建设，打造法治化国际化便利化营商环境，发挥市场配置资源基础作用，推动我国产业嵌入全球生产网络。另一方面，加强顶层设计，完善企业制度，聚焦“市场失灵”领域和重要产业“卡脖子”关键技术，解决产业发展与结构转型过程中的信息不对称及外部性问题。受益于有形之手和无形之手共同发力，我国产业发展与结构优化升级始终保持稳定发展态势。

三、案例使用

（一）教学用途与教学目标

1. 教学用途

本案例为分析型案例，适用于《产业经济学》教材第六章“产业结构演变”和第八章“产业结构优化”相关知识的教学。

2. 教学目标

（1）知识层面

理解概念：产业结构、产业结构合理化、高级化（高度化）、生态化。

掌握知识点：产业结构演变及其规律、产业结构优化理论。

（2）能力层面

系统思维能力：任课教师通过对理论的讲解，帮助学生系统了解产业结构演进及其规律、产业结构变化与经济增长的关系、产业结构高度化的机制、主导产业的选择、产业结构合理化的基准和调整、地区产业结构分析的经济指标，形成全面、系统、联系地分析问题、解决问题的思维能力。

判断实践能力：结合案例，设置三个由易到难、由知识到能力的问题，任课教师通过引导和解答问题，帮助学生搭建一座“从理论到实践，再从实践到理论”的思想桥梁，使学生在围绕产业结构优化升级问题搜集资料之后，能够运用适当的理论知识，提出解决问题的方案。

（3）素质层面

形成专业意识：理解产业结构演变及其规律，产业结构的高变换率对经济增长的影响，创新及主导产业的选择对产业结构高度化的影响，产业结构合理化评价基准及调整机制；养成关注经济热点、产业结构优化和产业高质量发展的学习习惯。

提高思想政治素养：把思政元素融入案例讲授，拓宽学生视野，让学生了解产业结构调整和转型升级对我国经济高质量发展的重要意义，引发学生对社会主义经济理论的运用和意义的思考，并在学习的过程中坚定“四个自信”，提高思想政治素养。

（二）案例讨论的准备工作

①学生预习《产业经济学》教材第六章“产业结构演变”和第八章“产业结构优化”的主要内容，初步了解产业结构演进及其规律、产业结构变动的影响因素、产业结构的高度化和合理化、地区产业结构优化相关知识。

②任课教师事先围绕“产业结构优化”这一主题搜集资料，了解我国产业结构调整与优化升级的相关政策，查阅我国历年国民经济和社会发展统计公报，并制作授课 PPT。

（三）案例分析要点

1. 启发思考题

①产业结构变动的影响因素有哪些？

②产业结构合理化是否意味着产业间比例保持绝对平衡？

③当前我国采取了哪些重要举措推进产业结构优化升级？

2. 分析思路

①产业结构变动的影响因素有哪些？

要点：产业结构变动的影响因素。

参考答案：

产业结构变动的影响因素有很多，包括供给因素、需求因素、政策因素、其他因素。

供给因素：第一，自然条件和资源禀赋。自然资源丰富的国家的产业结构一般具有资源开发型的特性，而受资源制约的国家可通过发展科技和对外贸易克服资源匮乏的缺点。第二，人口因素。保持适当的人口增长率，提高人口素质，对产业结构的高度化、合理化有重要影响。第三，技术进步。生产技术结构的变动会引起产业结构的相应变动。第四，资金供应状况。资金供应总量和资金供应结构变化是产业结构变化的直接原因。第五，商品供应状况。原料品、中间投入品、零部件等商品的结构变动会引起产业结构变化。

需求因素：第一，消费需求。消费需求总量增长、消费需求结构（个人消费结构、中间品的需求与最终需求的比例、消费和投资的比例）变化会引起产业结构变动。第二，投资需求。投资需求结构的变化会引起产业结构变动。第三，国外需求。国外需求增加，可能会促进出口国的产业结构升级，如果国外需求以低附加值产品为主，可能会使出口国陷入低端锁定。

政策因素：第一，产业政策。政府会制定产业发展战略和政策鼓励或限制某些产业的发展，从而导致产业结构发生变动。第二，人才政策。优化城市人口结构，推动产业结构升级。第三，自贸区政策。通过建设自贸区，带动区域产业结构升级。第四，环保政策。要求产业绿色发展。

其他因素：一个国家或地区的历史、政治、军事、文化、国际环境等因素也会影响该国的产业结构。例如，战乱频发的国家的产业通常很难发展起来。

②产业结构合理化是否意味着产业间比例保持绝对平衡？

要点：产业结构合理化的基准。

参考答案：

目前，我国理论界采用国际基准、需求结构基准、产业间比例平衡基准这三个标准判断产业结构是否合理。产业间比例平衡基准把产业间的比例是否平衡作为判断产业结构是否合理的标准，按照该标准，产业间比例平衡说明产业结构是合理的。这在一定程度是正确的，因为产业间比例平衡意味着各产业以相同增速增长（极端情况下增速为0），即实现各产业同步或协调发展，这是产业结构合理化的重要特征之一。然而，在经济非均衡增长情况下，各产业部门的增速是非均衡的，有的高速增长，有的低速增长，从而导致各产业间的比例发生变化，出现结构不平衡。一般情况下，这是正常的。例如，第三产业增速通常高于第一产业，随着时间推移，第三产业与第一产业间的比例会发生变化，出现一定程度的结构失衡（第三产业与第一产业的比值越来越大），而产业结构却在持续“失衡”过程中趋向合理化。只有那种超越了一定界限的结构失衡，才会导致经济不能正常运行，才是真正的产业结构不合理。综上所述，产业结构合理化并不意味着产业间比例保持绝对平衡。

③当前我国采取了哪些重要举措推进产业结构优化升级？

要点：产业结构优化升级的实现路径。

参考答案：

为了推进产业结构优化升级，我国采取了诸多举措：第一，深化供给侧结构性改革。一是破除无效和低端供给，推进结构性去产能、去库存、去杠杆，推动金融更好地服务实体经济。二是培育新动能，推进国家制造业创新体系建设，培育新能源、新材料等战略性新兴产业，推动新兴产业与传统产业融合发展。三是降低实体经济成本，包括生产要素成本、融资成本、物流成本、制度性交易成本。第二，实施创新驱动发展战略。一是提高自主创新能力，以战略性新兴产业需求为导向部署创新链，加大新技术新产品新工艺研发，强化技术集成和商业模式创新。二是优化创新环境，建设高标准市场体系，出台支持研发创新的政策，完善知识产权保护制度等。三是完善科技成果转化机制，建立科技成果转化信息交流平台，促进“产学研用”深度融合。四是扩大创新开放合作，吸引全球科技人才来华创新创业。第三，坚持“引进来”与“走出去”并重。放宽市场准入，全面实施市场准入负面清单制度，颁布外商投资法，设立自贸区，推进“一带一路”建设，集聚全球高端生产要素。简化对外投资审批程序，完善监督管理，出台财税金融政策扶持，鼓励国内企业“走出去”，充分利用国际国内两个市场、两种资源推动产业结构优化升级。第四，推动有效政府与有为市场结合。一是深化改革，推进要素市场化，建立健全市场体系基础制度。二是转变政府职能，深化“放管服”改革；以财政与货币政策为主要手段，就业、产业、投资、环保等政策紧密配合，推动产业结构优化升级。第五，构建现代产业体系。夯实现代产业体系的产业链基础、要素基础和制度基础，推动质量、效率和动力三大变革，提高产业核心竞争力。

（四）教学组织方式

结合案例，将思政元素融入“产业结构演变”“产业结构优化”相关知识点的讲授当中。该案例讲授时间为 2 个学时（90 分钟），具体安排见表 2。

表 2 案例的教学组织

学习阶段	内容安排	时间安排	学习目标
课前	要求学生分组，带着问题预习相关知识点、熟悉案例	提前两天	了解案例与相关知识点
课中	任课教师对案例 PPT 进行讲解	5 分钟	熟悉案例
	学生分组讨论	20 分钟	培养学生结合理论分析现实问题的能力
	随机提问 3~4 组	45 分钟	培养学生总结归纳的能力
	任课教师进行总结	20 分钟	强调重点，加深学生对知识点的理解
课后	请学生持续关注产业结构优化相关问题		巩固知识，运用理论指导实践

（五）总结

改革开放以来，我国产业结构发生了持续、全面、影响深远的变化，呈现出较高的变换率。产业结构的高变换率会带来较高的经济增长率，较高的经济增长率又会导致产业结构出现更高的变换率，从而进一步推动经济增长。推动产业结构转型升级是提升区域产业核心竞争力的内在要求，也是现代产业体系建设的主要内容。《中华人民共和国国民经济和社会发展第十四个五年规划和 2035 年远景目标纲要》提出“加快发展现代产业体系，推动经济体系优化升级”，为我国新时期推进产业转型升级指明了方向。任课教师通过讲授产业结构相关知识点，结合案例，帮助学生深入了解我国产业发展的成就、不足以及未来重点方向，认识产业结构转型升级对我国经济高质量发展的重要意义，深刻领会习近平新时代中国特色社会主义经济思想的实践伟力，增强学生理论联系实际的能力，厚植学生的专业精神和爱国情怀。

参考文献

［1］榆林市政策研究督查办公室 . 现代化产业体系构建：现状、困境与选择［EB/OL］.（2020–03–23）. http：//prs.yl.gov.cn/show–30–3896–1.html.

[2] 干春晖，郑若谷，余典范．中国产业结构变迁对经济增长和波动的影响［J］．经济研究，2011，46（5）：4–16，31.

[3] 杜希双．服务业经济延续稳定恢复向好态势［N］．中国信息报，2021-07-20（1）.

[4] 新华网．中国共产党第十九届中央委员会第五次全体会议公报［EB/OL］．（2020-10-29）．http：//www.xinhuanet.com/politics/2020-10/29/c_1126674147.htm.

[5] 苏东水，苏宗伟．产业经济学［M］．5版．北京：高等教育出版社，2021.

[6] 中国网．发展改革委就供给侧结构性改革有关工作情况举行新闻发布会［EB/OL］．（2018-08-16）．https：//www.gov.cn/xinwen/2018-08/16/content_5314265.htm#l.

案例二　中国高新技术产业实力演绎：基于“蛙跳”模型的观察

一、案例正文

（一）从京张铁路到雅万高铁，看中国实力派高铁技术演绎

京张铁路是我国著名工程师詹天佑主持修建的中国第一条铁路，全长200公里，连接北京丰台，途经八达岭、居庸关、沙城、宣化，至河北张家口。于1905年9月开工，1909年建成。自中国准备不使用外国资金和人员，完全自力更生修建京张铁路的消息传出后，外国人口出狂言，说修建这条铁路的中国工程师还未出世，所有人都在等着看中国人的笑话。这条铁路途经地区地势险要，工程复杂，难度系数极高。詹天佑克服重重困难，不畏艰险，亲力亲为，埋头苦干，创立了“中部凿井法”，设计了“人”字形铁轨。历时4年，京张铁路终于完工，这一壮举为近代中国争取到无限荣光。时至今日，中国第一条智能化高铁京张高铁和京张铁路并列而行，让我们深刻感受到中国铁路波澜壮阔的发展历程。京张高铁的修建也遇到不少困难，但随着我国科技实力的进步，基建技术的提高，京张高铁全程贯彻“精心、精细、精致、精品”的设计理念，树立了一根中国铁路的新标杆，是我国人民自强不息、艰苦奋斗的一个缩影。京张高铁作为我们国家铁路网“八纵八横”京兰通道的一个重要组成部分，不仅是一条智能铁路，更是一条人文铁路、一条绿色铁路。

雅万高铁是印尼首都雅加达和第四大城市万隆之间的桥梁，是印尼以及东南亚国家首条时速350公里的标准高速，全长142公里。作为中国高铁首次全系统、全要素和全产业链的海外落地工程，雅万高铁将大展宏图。作为发展中国家，印尼总人口超过2.7亿，位居世界第四，仅次于中国、印度和美国。首都雅加达是整个印尼乃至全世界交通最为拥堵、空气污染非常严重的一个城市。雅万高铁的兴建不仅可以解决印尼的交通难题，极大地缩短民众的出行时间，而且将大大改善当地的环境治理。俗话说得好，

要想富，先修路。雅万高铁全途经 9 个市县，建设 4 个车站。并且，雅万高铁进一步延伸至与万隆间隔 570 公里的第二大城市泗水，打通印尼时间、交通等方面的壁垒，将首都至万隆的时间从原来的 3 个多小时缩短到 40 分钟，极大地方便了周边民众的生活与工作，对促进地方经济发展具有不可估量的作用。目前，雅万高铁土建工程量已超过 91%，全线隧道、涵洞工程已经全部完成。雅万高铁，代表着中国的高铁技术更加成熟。随着中国高铁在世界其他国家的生根发芽，中国与其他国家的紧密合作将走上一个新台阶，新时代“一带一路”情谊将再创辉煌。

（二）中国卫星激光通信技术已达到世界领先水平

据国防科技局、国家航天局消息，2017 年我国进行了新一代高轨技术卫星对地高速激光双向通信实验，这是国际首次高轨卫星通信试验，试验实现了预期效果，获得圆满成功。这次成功标志着我国高速信息传输技术走在了世界前沿，为后续重大科技创新的跟进奠定了坚实基础，影响深远。高轨星地激光通信技术传输容量大、通信里程远、技术难度大、保密性好，是构建空间信息高速的必备手段，更是当前国际各国竞相开发的难点和热点。本次高轨试验是在哈尔滨工业大学卫星激光通信团队的带领下完成的。团队克服重重难题，取得了多项重大突破，引领国际空间卫星通信事业步入新时代。本次试验取得了四方面成功：第一，试验链路跟踪稳定。有效解决了高精度捕获瓶颈，成功克服了各种复杂因素的影响，如卫星运动、平台抖动和空间环境变化的多样性，确保了光束信号快准稳地锁定目标和稳定跟踪，达到 1 小时 100% 的跟踪稳定度。第二，信号传输速率高。国际首次实现高轨双向通信，达到 5Gbps 的最高速率。第三，通信质量高。国际首次实现 600Mbps、1.25Gbps、2.5Gbps、5Gbps 多种数据率的高轨星地激光通信。第四，自主创新多项先进技术，并展开了多项关键技术的验证工作，为未来通信技术的广泛应用奠定了基础。这次试验的成功，是我国军民融合发展和航天科学技术创新的结果。国防科工局始终坚持身体力行，引领技术前沿，为我国卫星通信技术的发展作出了巨大的贡献。

二、思政元素

（一）科学技术是第一生产力

马克思曾指出：“资本是以生产力的一定的现有的历史发展为前提

的——这些生产力中也包括科学。”他进一步论证：“科学是一种在历史上起推动作用的、革命的力量。”在马克思看来，自然科学并入生产过程，一定会大大提高生产效率。“二战”后，随着第三次科技革命的兴起，以信息技术、新能源、新材料、生物技术、空间等为代表的高新技术迅猛发展，使人类进入了知识大爆炸的时代。邓小平同志敏锐地意识到第三次科技浪潮将给中国带来巨大的机遇与挑战。1988 年 9 月 5 日，他在会见捷克斯洛伐克总统胡萨克时指出：马克思说过，科学技术是生产力，事实证明这话讲得很对。依我看，科学技术是第一生产力。1992 年南方谈话，邓小平同志再次强调，发展经济，必须依靠科学技术。之后，“科学技术是第一生产力”的观点在党和国家的各项方针政策中得到贯彻和落实。1995 年，中共中央提出了科教兴国战略；党的十六大报告进一步提出人才强国和可持续发展战略；党的十七大报告提出，要提高创新能力，建设创新型国家；党的十八大和十九大报告都指出，要实施创新驱动发展战略。在此过程中，一大批科研项目、重点工程先后投入运行，国家工业化、信息化水平得到极大提升。从重视科技进步的作用到“科学技术是第一生产力”，从“中国制造”到“中国创造”，我国科技水平逐步提升、快速飞跃。高铁技术、智能机器人、激光通信等所体现的科技之光，是一次“中国创造”的集中展示。2020 年，中国以 GDP 总量世界第二的新兴工业化国家形象登上世界舞台，参与到经济全球化竞争之中。未来中国经济增长的动能仍非常强劲，具有明显的后发赶超优势。

（二）坚定“四个自信”

从毛主席宣布新中国成立的“站起来”到邓小平同志带领我们“富起来”，再到新时代中国经济总量世界第二的“强起来”，这一伟大的历史征途印证了我们走的是一条正确的道路。道路决定前途。中国共产党自成立之日起，就把“立党为民、执政为公”作为自己的奋斗目标，孜孜不倦地践行到底。从新民主主义革命的胜利，到社会主义基本制度的确立，再到改革开放、解放思想的伟大实践，我国走出了一条中国特色社会主义道路。新时代、新征途，我们更要清楚地认识到中国特色社会主义道路是实现中华民族伟大复兴、屹立于世界民族之林的必由之路。我们要在马克思主义中国化的历史实践中加强理论自信。中国共产党始终坚持以马克思主义为指导，理论联系实际，与时俱进，不断创新。从新民主主义革命到不断推进的改革开放，马克思主义中国化实现了“三次飞跃”，先后形成了毛泽东思想、邓小平理论、“三个代表”重要思想、“科学发展观”和习近平新时代中国特色社会主义思想，为中国的经济发展提供了科学的理论武器。我们要继续努力，开辟当代马克思主义新境界。我们要在中国特色社会主义制度不断完善的历史进程中增强制度自信。实践证明，中国特色社会主义制度是适合中国国情的基本制度，随着改革开放的不断深化，制度改革进入深水区。党和国家领导人在吸收中外有益文明成果的基础上，突破既得利益的藩篱，不断加强党的建设和国家治理能力的现代化。我们要在弘扬民族优秀传统文化、吸收一切有益成果的过程中增强文化自信。中华文明源远流长，代表着中华民族独特精神的优秀文化基因始终流淌在中国人民的血脉中，澎湃在每个中国人的心中。从“先天下之忧而忧，后天下之乐而乐”到“国家兴亡、匹夫有责”，从“天行健，君子以自强不息”到“修身、齐家、治国、平天下”，一代代优秀的中华儿女忠贞不屈、英勇顽强、不怕牺牲，矢志不渝地为天下百姓谋幸福、为中华民族谋兴旺，谱写了中华文化可歌可泣的伟大篇章。中国共产党在继承优秀传统文化的同时，不断推陈出新，弘扬社会主义先进文化，努力建设社会主义文化强国。

（三）坚持创新驱动，全面塑造发展新优势

创新在一个国家的发展中起着举足轻重的作用，是一个国家繁荣昌盛的不竭动力。一个国家是否能够屹立于民族之林，不仅取决于它的资源状况、人力资本、国土面积，更取决于它的创新能力。党的十八大以来，创新驱动发展战略日益深入人心。党的十八大报告明确提出要“实施创新驱动发展战略”，党的十八届五中全会把“创新”作为五大发展理念的首位提出来，党的十九大报告中重申“创新是引领发展的第一动力”，党的十九届五中全会公报再次指出要“坚持创新在我国现代化建设全局中的核心地位”。实施创新驱动发展战略，是新时代我国经济增长动力转型、形成国际竞争新优势的重要举措。改革开放 40 多年来，我国依靠劳动力、土地资源的低成本优势和其他各方面后发优势，实现了经济起飞，并进入中等收入国家行列。新时期新阶段，低成本优势正在逐渐消失，技术创新的乘数效应具有无可比拟的优势，我们应该持续推进要素驱动型战略向创新驱动型战略的转型，提高产业竞争力，改善生态环境，提高经济增长质量和效益，为建设美丽中国、绿色中国保驾护航。“十四五”规划为未来 5 年科技创新的发展和综合国力的提升描绘了很好的蓝图。“十四五”期间，我们要抓住科

技创新的机遇，坚持“两手抓”。一方面，努力打通科技创新转化的市场通道；另一方面，充分发挥政府的指导和监督作用，大力引进科研人才，加强知识产权保护，营造尊重知识、崇尚创新的社会环境，全面塑造发展新优势，实现我国经济的高质量发展。

三、案例使用

（一）教学用途与教学目标

1. 教学用途

本案例适用于《发展经济学》教材第四章“经济增长”和第十三章“技术进步与创新”等内容的教学。

2. 教学目标

（1）知识层面

理解概念：现代经济增长、经济增长阶段论、后发优势论。

掌握知识点：库兹涅茨的现代经济增长理论、现代经济的特征、罗斯托的“起飞”阶段理论及经济起飞需要具备的条件、格申克龙的后发优势命题、阿布拉莫维茨的“追赶假说”、布勒齐的“蛙跳”理论。

（2）能力层面

逻辑判断能力：在现代经济增长特征的基础上，能够结合我国改革开放以来的经济增长实践，理解后发优势理论的实际表现。

实践分析能力：结合案例，运用“蛙跳”模型分析我国在哪些技术领域表现出超越发达国家的领先趋势，并结合我国现阶段的创新发展战略，分析我国如何在未来抢占更多的经济发展制高点，实现跨越式发展。

（3）素质层面

提高思想政治修养：对发展中国家来说，现代经济增长理论和后发优势理论具有很强的指导作用。根据现代经济增长理论，我们不仅要在劳动、资本、土地等传统要素领域进行投资，更要利用后发劳动优势、资本优势、技术优势、制度优势等加快经济增长步伐，提高人力资本素质，推进高新技术创新，实现第二个百年奋斗目标，进一步引导学生增强道路自信与制度自信，提高自身素质，做社会主义事业合格的接班人。

（二）案例讨论的准备工作

①学生预习《发展经济学》教材中第四章和第十三章的内容，了解经济增长的关键变量和新型变量等相关知识。

②通知学生搜集有关时政资料，了解我国改革开放以来的经济增长历程和经济增长特点，以及我国当前科技发展的领先领域和投资重点，为案例分析和课堂讨论做准备。

（三）案例分析要点

1. 启发思考题

①结合案例，谈谈应该如何理解“蛙跳”模型。世界上哪些国家表现出“蛙跳”模型的后发优势？

②结合后发优势理论，谈谈我国经济增长的主要动因是什么。

2. 分析思路

①结合案例，谈谈应该如何理解“蛙跳”模型。世界上哪些国家表现出“蛙跳”模型的后发优势？

要点：理解后发优势的本质和实现条件。

参考答案：

后发优势理论的核心观点是，相对的经济落后具有积极作用，即经济上的相对落后有助于一个国家或地区实现爆发性的经济增长。1993 年，一些经济学家如埃莉斯·布勒齐等通过总结发展中国家的成功经验，提出基于后发优势的技术发展“蛙跳”模型。“蛙跳”模型的内涵是，当某一发展中国家的技术发展到一定程度，该国已具有一定技术创新能力时，先进国家可能由于惯性或者其他因素，技术更新速度有所减慢，此时后发国家可以直接采用某些尚未处于技术生命周期成熟阶段的技术，以高新技术为起点，在某些领域、某些产业实现技术赶超。“蛙跳”模型指出，后进发展中国家的后发优势不仅体现在简单的技术模仿与创新上，而且体现在条件比较齐备的情况下可以直接选择进入新的科技领域，占领经济发展的制高点，实现经济的跨越式发展。

《1991 年世界发展报告》中提到，现代化趋势总体表现为后来居上。英国从 1780 年开始，耗费 58 年时间使人均产出增加一倍；美国从 1839 年开始，用了 47 年时间使人均产出增长一倍；日本从 19 世纪 80 年代开始这一进程，时间缩短为34年；土耳其从1957年开始，用了20年；巴西从1961年开始，用了18年；韩国从1966年开始，用了11年；中国从1978年开始，用了10年。由此可见，后进国家在经济增长方面能够实现赶超，而且这种赶超的进程越来越快，后发优势理论得到验证。

②结合后发优势理论，谈谈我国经济增长的主要动因是什么。

要点：理解后发优势理论对我国的作用及表现。

参考答案：

根据后发优势理论，中国经济高速增长的主要动因有以下几个：

第一，资本后发优势。根据经济增长趋同假说，发展中国家劳动力资源丰富，而资本要素稀缺，发达国家则正好相反，劳动力要素相对稀缺，资本要素比较丰富。因此，发达国家的资本要素收益率一般低于发展中国家，在资本自由流动的假设下，资本总会追逐高利润，即发达国家的资本将会流向发展中国家，资本要素的流入将会加速发展中国家的经济增长。我国外资流入规模连续25年处于发展中国家第一位、世界第二位。这从侧面说明中国资本投资收益率相对较高。多数学者认为，中国经济持续高速增长的一个重要原因是外资投入的贡献。这一点已经得到验证，这也是我国充分利用资本后发优势发展经济的结果。后发国家具有较高的资本积累率，这也是资本后发优势的重要体现。后发国家大多是农业国，工业化水平低，赶超先进国家的必由之路就是实现工业化。工业部门（主要指重工业部门）通常是资本密集型产业，投资规模巨大，资本积累率相对较高。在后发国家经济增长的过程中，资本投资是主要源泉。外资流入是外在的资本后发优势，则高资本积累可以看作内在的资本后发优势。改革开放40多年来，中国的资本积累率一直保持在很高的水平，投资占GDP的比例始终保持在30%~50%，最低为31%，最高时达到48%。全社会固定资产投资增长率在20世纪90年代达到10%以上，远高于我国经济增长率，2000年之后，达到20%以上，2009年更是高达30%。较高的投资率和资本积累率是中国经济高速增长和快速工业化的主要发动机。

第二，人力后发优势。人力后发优势应该从人力资源数量和质量两个方面理解。在数量方面，发展中国家劳动力资源丰富，劳动力成本较低，适合发展劳动密集型产业。在质量方面，发展中国家具有人力资本积累方面的后发优势。由于人力资本投资符合边际报酬递减规律，与发达国家相比，发展中国家人力资本存量低，因此教育投资收益率比发达国家的教育投资收益率要高。自从邓小平同志提出“百年大计、教育为本”，我国教育深受重视，多年来，教育投资大幅度提升，国民素质和人力资本水平也得到很大的提高。此外，中国积极开展国际交流合作，大量留学生学成归来，人力资本积累速度大大提高，与发达国家的差距逐渐缩小。中国经济的高速增长、生产率的提高和技术的迅速进步都得益于人力资本水平的提高，这些都是人力后发优势的结果。

第三：技术后发优势。技术后发优势是指在发达国家占领科技前沿的现实背景下，发展中国家可以省掉基础研发的资源和时间，重点关注技术引进和技术模仿，通过对引进技术进行改进来加速本国技术进步。经济增长的主要源泉之一就是技术进步，这样发展中国家就可以实现更快的经济增长。除了技术模仿之外，根据蛙跳模型，后进国家在某些特殊技术领域还可以实现技术跨越。我国这些年来的经济增长主要得益于技术引进和技术模仿与创新。

第四，结构后发优势。结构后发优势是指发展中国家和发达国家在三大产业之间以及城乡之间存在差距，显著的差距会在发展中国家从农业国向工业国前进的过程中促进产业结构优化组合、生产率整体提高。改革开放以来，中国的工业化和城市化进程大大加快，劳动力、资本等要素从第一产业不断流向第二产业和第三产业。第二产业和第三产业的生产率远高于第一产业，这种要素的优化组合和资源的优化配置带来了整个国民经济的增长。随着全面建成小康社会目标的实现，我国整体进入中高收入阶段，结构后发优势潜力递减，城乡差距凸显，不平衡不充分发展问题更加严重，经济进入高质量发展阶段。在这种时代背景下，我国经济增长方式必须转型，经济增长动力转换必须从利用后发优势向自主创新转变。

（四）教学组织方式

结合案例，将思政元素融入“发展经济学”相关知识点的讲授当中。该案例讲授时间为 2 个课时（90 分钟），具体安排见表 1。

表 1　案例的教学组织

学习阶段	内容安排	时间安排	学习目标
课前	要求学生分组并预习相关知识点	提前两天	了解案例与相关知识点
课中	任课教师展示案例 PPT	10 分钟	熟悉案例
	任课教师对案例 PPT 进行讲解	10 分钟	理解案例涉及的知识点与思政元素

续表

学习阶段	内容安排	时间安排	学习目标
课中	学生分组讨论	20 分钟	培养学生分析问题的能力
	随机提问 3~4 组	30 分钟	培养学生总结归纳的能力
	任课教师进行总结	20 分钟	强调重点，加深学生对知识点的理解
课后	请学生持续关注后发优势理论的表现及结果		能结合资本、劳动、制度等方面的后发优势分析我国经济持续增长动力及新时期动力转型问题

（五）总结

改革开放以来，我国经济的高速增长一定程度上受益于后发优势作用的充分发挥。资本、人力、技术、结构四种后发优势凝聚出巨大的合力，共同造就了我国经济连续多年 9% 的高速增长，创造了中国奇迹，被一些经济学家称为“中国模式”。现阶段，随着经济总量的提升，我国经济由高速度增长转向高质量发展的新阶段，后发优势的效能下降，新型发展动能尚未稳固发挥作用，应当深入推进经济发展动力机制和动力结构的转型升级，以实现创新驱动发展和引领高质量发展。

参考文献

［1］高铁网．雅万高铁建设让中国加速腾飞［EB/OL］．（2022-08-08）．http：//3g.gaotie.cn/Show.php?ID=618104.

［2］人民网．我国卫星激光通信技术已达到世界领先水平［EB/OL］．（2018-01-23）．http：//scitech.people.com.cn/n1/2018/0123/c1007-29782297.html.

［3］谭崇台．发展经济学概论［M］．武汉：武汉大学出版社，2003.

［4］张培刚．新发展经济学［M］．郑州：河南人民出版社，2001.

［5］张培刚．发展经济学［M］．北京：北京大学出版社，2009.

［6］郭熙保．发展经济学［M］．北京：高等教育出版社，2019.

案例三　加强集体协作，助力中国产业进步

一、案例正文

（一）马尔萨斯人口论违背“边际递减规律”吗？

1798 年，英国人口学家马尔萨斯在其创作的《人口原理》一书中指出，食物是维持人类生存之必需。在人口增长和食物增长之间存在两个级数原理，即人口增长呈几何级数，其增长力是无限的；食物增长只能呈算术级数。假设基期人口数量是 1，则未来各期的人口数量分别是 2、4、8、16、32、64、128、256 等，同期，食物的数量分别是 1、2、3、4、5、6、7、8、9。因此，两个世纪以后，人口数量与食物数量之比将是256 ∶ 9。可见，人口数量的增长远远大于食物的增长，人口的增长最终将受限于食物增长而带来贫穷和饥荒，甚至引起无穷的灾难。马尔萨斯人口论无疑是悲观的，历史发展到今天，食物的增长并没有像马尔萨斯预测的那样出现边际报酬递减，反而在产量方面展现出惊人的成绩，人口的增长和生活资料的增长之间出现比较均衡的结果，这能否说明“边际报酬递减规律”失效了呢？

新华社长沙 2020 年 11 月 2 日电，在湖南省衡阳市衡南县青竹村，“杂交水稻之父”袁隆平带领他的团队研发的杂交水稻双季亩产突破 1500 公斤大关。在新冠疫情和灾情等多重压力下，这样的结果具有很高的含金量。中国科学院院士谢华安说，看到这么一大片水稻，如此整齐，如此诱人，所有人都为袁隆平团队感到骄傲。专家们一致认为，这一代杂交水稻基因强大，兼有高产、抗病、抗寒、抗倒的优点。未来，袁隆平计划还要完成两个目标。第一个是计划 5 年内实现杂交水稻亩产突破 1800 公斤。第二个目标是继续推广“海水稻”的种植。“海水稻”是耐盐碱水稻。袁隆平计算过，全国有将近 2 亿亩盐碱地可以种水稻，如果在全国推广种植 1 亿亩，预计可以年产粮食 500 亿公斤。袁隆平曾经做过一个梦，在他的梦中，水稻像高粱一样高，稻穗像扫把一样长，谷粒像花生米一样大，人们可以坐在稻穗下纳凉。目前，我国已经诞生出高达 2 米的巨型稻，袁隆平表示，这

意味着我们离“禾下乘凉梦”更近了一些。

（二）从民间俗语“三个和尚没水喝”到群体活动中的“责任分散”

民间有一句俗语：“一个和尚挑水喝，两个和尚抬水喝，三个和尚没水喝。”这是为什么呢？其实这是一个普遍的心理现象，一个人时，无所依赖，只好自己动手，丰衣足食。随着人数的增加，人们开始互相推诿、互相扯皮，反而会使效率下降。这是一种社会懈怠现象，也可称之为社会惰化、社会干扰、社会逍遥、社会致弱等，是指“群体人数越多，干活越不出力”的社会现象。这也体现了“责任分散”心理，即随着某些事情责任人的增多，责任人的责任感会下降，在他看来，反正又不是我一个人在负责，大不了咱们一起承担。这样的心理最终将导致整体效率的大打折扣，有时候甚至会造成严重的后果。

二、思政元素

（一）实践是检验真理的唯一标准

实践是检验真理的唯一标准，放之四海而皆准。早在 1845 年，马克思就提出了何为检验真理的标准，他说，我们的思维是否具有客观的真理性，这是一个实践问题，人只能在实践中证明自己思维的现实性和正确性，除此之外的一切争论，都是纯粹的无谓的活动。马克思的论述非常明确地告诉我们：实践才是检验真理的标准。这是马克思认识论的一个基本原理。毛泽东也说过，真理只有一个，那就是客观的实践。在革命实践中，马克思主义者坚决执行这一标准。马克思主义政党在制定任何政策时，都本着从现实的阶级关系和阶级斗争情况出发的原则，同样，制定的路线方针是否正确，也必须由现实的革命实践去检验。毛泽东思想是马克思主义基本原理与中国革命实践相结合的成果。在长期的革命斗争中，一切“左”倾、右倾的路线都是错误的，人民群众的社会实践会给出正确的方向。邓小平理论是马克思主义同当代中国实践和时代特征相结合的产物。改革开放以来，我国在经济建设、社会建设、政治建设各方面取得的成就都是在坚持正确的真理检验标准下实现的。马克思主义、毛泽东思想、邓小平理论之所以有力量，是因为它们都经受住了实践的检验，都来源于实践，上升为理论并用于对实践的指导，不断反复，最终形成了正确的指导我们取得胜利的理论武器。新时代新征程，我们应该坚持这一标准，不断探索、勇于创新、与时俱进，取得更多更辉煌的胜利。

（二）尊重客观规律，更好地发挥主观能动性

主观能动性和客观规律性是矛盾的两个方面，两者对立又统一。主观能动性是对人们通过社会实践活动能动地认识世界并改造世界的能力的概括。能动地认识世界，是指人们透过现象观察本质、认识本质的过程。能动地改造世界，是指人们在正确地客观地认识事物的基础上，按照自己的尺度通过社会实践去安排进而改变原来的世界。主观能动性是人所特有的积极性主动性的一面，对于我们认识世界和改造世界是很有帮助和必需的。客观规律性反映客观事物内部固有的、本源的、稳定的某种联系，它的存在和作用不随人的意志而转移。它是我们认识世界和改造世界的规律性的东西，规范和约束着我们的行为。主观能动性和客观规律性是辩证统一的。一方面，正确地发挥人的主观能动性必须以遵循客观规律为前提。为了成功实现我们正确地认识世界和改造世界的目标，我们的一切活动都要遵循客观规律；否则，一定会遭遇挫折与失败。另一方面，在遵循客观规律的同时，必须正确地发挥人的主观能动性。只有发挥人的主观能动性，才能更好更有效地认识世界并改造世界。一言以蔽之，尊重客观规律是正确发挥主观能动性的前提，充分发挥主观能动性是认识和利用客观规律的必要条件，两者是辩证统一的关系。

（三）树立大局意识，加强团队合作

大局意识、团队合作是新时代接班人的基本素养。从大的方面看，大局意识是服从党和国家的领导，维护党和国家的利益。从小的方面看，团队合作是加强自我修养，个人服从集体，集体服务个人。我们应该牢固树立大局意识，加强团队合作，拧成一股绳，形成最大合力，建设社会主义现代化国家。首先，我们要正确认识大局，坚持马克思主义思想路线，坚定道路自信、理论自信、制度自信和文化自信。党的历史告诉我们，要治理好我们的党、我们的国，必须保证我们党的团结合作。我们在日常的工作和生活中，要自觉向党看齐，自觉遵守党的基本路线和理论。其次，我们要自觉服从大局，处理好局部与整体、个人与集体、眼前与长远利益的关系，以党为中心，对党忠诚，始终把为人民服务放在首位，一切为了人民，为了人民的一切。我们要瞄准方向、找准定位，把以人为本的思想贯彻在

日常行动中。最后，我们要坚决维护大局，坚决不能损人利己、徇私枉法、因私废公。始终坚持党内民主集中制，科学决策、依法决策、正确决策，无论做什么事情，都要服从大局需要，立场坚定，不在任何困难面前低头，不在任何压力下损害党和人民的根本利益。

三、案例使用

（一）教学用途与教学目标

1. 教学用途

本案例适用于《微观经济学》教材第三章“企业的生产和成本”第三小节“短期生产函数”部分的教学。

2. 教学目标

（1）知识层面

掌握概念：短期生产函数、边际产量、边际报酬递减规律。

理解知识点：短期生产函数包括哪些、边际产量和总产量的关系、边际报酬递减规律成立的条件和内容。

（2）能力层面

逻辑判断能力：能够通过边际报酬递减规律分析一种生产要素生产的合理区间，并结合劳动、资本的价格分析合理生产的起点和终点。

实践分析能力：能够运用边际报酬递减规律分析经济现象，并通过实际案例给出合理的生产和投入区间。

（3）素质层面

形成专业意识：边际报酬递减规律是经济学中的普遍现象，这一规律的存在提醒我们，在进行生产时，要尊重客观规律，遵循要素搭配的最佳比例，在饱和点之前，有效地实现各种要素的最优化配置。引导学生注重对生产过程投入比例的研究，通过生产者均衡理论，推导产量既定条件下的成本最小化和成本既定条件下的产量最大化要素最优配置公式。

（二）案例讨论的准备工作

①学生预习《微观经济学》教材第三章“企业的生产和成本”，了解企业的目标及企业长期和短期目标的划分等内容。

②事先通知学生搜集企业的产量变动和要素投入比例变化相关案例，了解企业的生产过程和盈利情况。

（三）案例分析要点

1. 启发思考题

①案例反映了短期生产中的什么规律？袁隆平提高水稻产量的行为是否打破了边际报酬递减规律？马尔萨斯人口论是否说明边际报酬递减规律失效了？

②根据农业投入的劳动力现状，利用边际报酬递减规律回答以下问题：农业投入的资本劳动比是由什么因素决定的？是如何决定的？

2. 分析思路

①案例反映了短期生产中的什么规律？袁隆平提高水稻产量的行为是否打破了边际报酬递减规律？马尔萨斯人口论是否说明边际报酬递减规律失效了？

要点：理解边际报酬递减规律成立的条件与本质。

参考答案：

案例反映了边际报酬递减规律。边际报酬递减规律，是指在技术水平不变的前提下，如果连续等量地把一种可变生产要素增加到其他一种或几种数量不变的生产要素上去，在这种可变生产要素的投入量小于某一特定值时，增加这种生产要素的投入能够带来边际产量的递增，在这种可变要素投入连续等量增加到超过这一特定值时，增加这种要素投入将会带来边际产量的递减。边际报酬递减规律之所以成立，主要在于对任何一种产品的短期生产来说，在可变要素投入和固定要素投入之间都会存在一个最佳数量比例，随着可变要素投入数量的逐渐增加，生产要素投入比例逐渐接近最佳数量组合，则这种可变要素的边际产量递增。当生产要素投入比例等于最佳组合比例时，这种可变要素的边际产量达到最大值。当生产要素的组合比例超过这一点后，生产要素的投入量逐渐偏离最佳数量组合，这种可变要素的边际产量递减。

边际报酬递减规律需要满足一定的条件，即生产技术水平不变、其他生产要素投入数量保持不变、可变要素投入数量增加到一定数量。袁隆平提高水稻产量的行为打破了边际报酬递减规律成立的条件之一——技术水平保持不变，随着技术水平的提高，水稻边际产量和总产量都会大大提高。

由于技术水平提高，生产资料和生活资料增长的比例满足了人口增长的比例，因此，马尔萨斯的人口陷阱没有出现。但实际上，边际报酬递减规律并没有失效，如果没有技术的进步，随着可变要素如化肥等投入的增加超过可变要素投入和固定要素投入之间的最佳数量组合，粮食的边际产量还是会递减的。

②根据农业投入的劳动力现状，利用边际报酬递减规律回答以下问题：农业投入的资本劳动比是由什么因素决定的？是如何决定的？

要点：理解要素最优化配置。

参考答案：

农业投入的资本劳动比是由资本和劳动各自的价格同各自的边际生产力决定的。在各自的边际生产力不变的条件下，如果劳动力成本增加，劳动投入就会减少，资本投入数量就会增加；在资本的边际生产力提高的条件下，农业投入也会作出同样的选择。不妨考虑化肥和农药的采用。确切地说，这个条件是要素的边际技术替代率与要素价格之比相等。要素的使用应该做到边际产量与价格相匹配的程度，即做到要素上的每一元投入带来的边际产出相等。我国农业投入的现状是资本投入不足，应该降低资本价格，加大资本对农业的贡献，促进我国农业走向现代化。

（四）教学组织方式

结合案例，将思政元素融入“企业的生产和成本”相关知识点的讲授当中，尤其是“短期生产函数”的内容。该案例讲授时间为 2 个课时（90 分钟），具体安排见表 1。

表 1　案例的教学组织

学习阶段	内容安排	时间安排	学习目标
课前	要求学生分组并预习相关知识点	提前两天	了解案例与相关知识点
课中	任课教师展示案例 PPT	10 分钟	熟悉案例
	任课教师对案例 PPT 进行讲解	10 分钟	理解案例涉及的知识点与思政元素
	学生分组讨论	20 分钟	培养学生分析问题的能力
	随机提问 3~4 组	30 分钟	培养学生总结归纳的能力
	任课教师进行总结	20 分钟	强调重点，加深学生对知识点的理解

续表

学习阶段	内容安排	时间安排	学习目标
课后	请学生留心身边企业和农业生产中的要素比例最优配置问题		能结合企业的生产和成本相关知识分析企业的利润最大化问题，以及我国农业的投入问题

（五）总结

企业的利润取决于企业的生产和成本。企业的生产取决于企业的技术水平，在技术水平既定的条件下，企业的生产状况与时间周期有关。在短期生产中，企业投入的要素可以分为不变要素和可变要素，边际递减规律反映的就是企业在一种或几种生产要素数量不变的情况下，在连续不断地投入某种可变要素的过程中，边际产量一开始递增，当可变要素的投入比例超过最佳要素组合比例时，边际产量会出现下降。本案例就是由于改变了边际报酬递减规律的技术水平不变的前提条件，才有了水稻产量的持续增加，生产资料和生活资料增长的比例满足了人口增长的比例，故而马尔萨斯的人口陷阱理论被打破，但实际上，边际报酬递减规律并没有失效。

参考文献

［1］中国青年网．“禾下乘凉梦”：多图回顾袁隆平的水稻人生［EB/OL］．（2021-05-22）．https：//www.toutiao.com/article/6965015349850800647/ ？traffic_source&source=m_redirect&wid=1679379287294.

［2］《西方经济学》编写组．西方经济学：上册［M］．2 版．北京：高等教育出版社，2019.

［3］文建东．西方经济学精要与案例解析［M］．北京：高等教育出版社，2013.

［4］郭熙保．发展经济学［M］．北京：高度教育出版社，2019.

案例四　积极打造新兴产业集群，助推河南经济高质量发展

一、案例正文

产业集群是产业现代化发展的主要形态。新兴产业集群是指在特定区域内，具有竞合关系的若干同类新兴产业企业、为这些企业配套的上下游企业以及相关的服务业高密度地聚集在一起，形成组团式发展。培育发展新兴产业集群是提升区域经济竞争力的内在要求，也是现代产业体系建设的主要内容。河南省地处沿海开放地区与中西部地区的接合部，是促进中部崛起、辐射带动中西部地区发展的重要增长极，近年来依托产业集聚区、服务业集聚区和特色专业园区，重点打造了一批千亿、万亿级新兴产业集群，培育高质量发展新动能。

2017 年 4 月，河南省人民政府办公厅颁布了《关于加快培育发展新兴产业集群的实施意见》（以下简称《意见》），围绕建设经济强省的要求，立足产业基础和比较优势，着眼战略需求和前沿先机，提出重点培育发展新一代智能终端、电子核心基础部件、智能制造装备、新能源汽车及智能汽车、智能电力及新能源装备、生物医药、尼龙及化工新材料、高端合金材料、智能传感器及物联网、节能环保 10 个新兴制造业产业集群，以及航空及冷链物流、新兴金融服务业、云计算大数据、服务外包、专业服务业、跨境电子商务及网络零售、基因技术应用及健康服务、数字创意 8 个新兴服务业产业集群。

2019 年 7 月，河南省人民政府办公厅颁布了《河南省推进产业集聚区高质量发展行动方案》（以下简称《方案》），提出开展产业集群转型升级行动。各地区中心城区产业集聚区要加快培育引进科技型高成长企业，限制发展并逐步退出“两高一低”的一般制造业，着力打造引领性强的高新产业集群或与城市功能相协调的都市型产业集群。县域二星级以上产业集聚区应聚焦有比较优势的细分产业领域或中高端环节，积极谋划实施扩链、补链、强链项目，着力打造特色鲜明的专精产业集群。县域其他产业集聚

区应重点完善产业配套，谋划实施现有企业转型升级项目和承接有技术含量的劳动密集型产业项目，促进主导产业集群量质齐升。

2020年8月，河南省颁布了《河南省推动制造业高质量发展实施方案》，提出做大新一代信息技术、高端装备、智能网联及新能源汽车、新能源、生物医药及高性能医疗器械和节能环保等新兴产业。同时，要求加快编制重点集群培育方案，开展稳链、补链、延链、强链行动。到2022年，形成20个左右千亿级产业集群；到2025年，形成4个万亿级、6个5000亿级产业集群和10个千亿级新兴产业集群。

河南省目前培育形成了郑州智能终端产业集群、河南伏牛山香菇产业集群、郑州市信息服务产业集群、驻马店食品产业集群、洛阳高新区轴承产业集群、平顶山新型功能材料产业集群、许昌节能环保产业集群等一批具有带动引领作用的产业集群。随着南阳防爆装备制造创新型产业集群、许昌智能电力装备制造产业集群、新乡高新区生物医药产业集群等相继入选国家创新型产业集群试点（培育）名单，河南省转型创新发展持续推进，新兴产业集群的规模持续壮大，为经济高质量发展提供了强有力的支撑（见表1）。

表1　河南省部分重点培育新兴产业集群

产业集群	领域或产品	空间布局
新一代智能终端	新型智能手机	重点壮大郑州智能手机产业集群，支持其他有条件的地方发展智能手机配套产业
	新型智能终端	推动郑州、信阳、南阳等新型智能终端产业集群发展
电子核心基础部件	新型显示面板	在郑州形成产业链条完整的新型显示面板生产基地
	光通信及光电器件	培育鹤壁、洛阳、南阳等光通信及光电器件产业集群
智能制造装备	先进机器人	重点培育洛阳、郑州、许昌等产业集群
	人工智能	重点培育郑州、洛阳等产业集群
	无人机	重点培育郑州、安阳等产业集群
新能源汽车及智能汽车	新能源汽车	加快建设郑州新能源汽车产业基地
	关键零部件（电池、电机）	重点培育新乡、洛阳、焦作、许昌等产业集群

续表

产业集群	领域或产品	空间布局
尼龙及化工新材料	尼龙深加工	发展壮大平顶山产业集群
	煤制乙二醇及深加工	重点培育安阳等聚酯工程塑料产业基地
高端合金材料	高端铝合金材料	加快培育巩义、洛阳等产业集群
	其他金属合金材料	培育形成鹤壁、洛阳等产业集群
节能环保	高效节能技术装备及产品	打造郑州、洛阳、新乡、许昌等产业集群
	先进环保技术装备及产品	加快形成郑州、鹤壁、平顶山等产业集群
	再生资源技术装备及产品	建设许昌、兰考、洛阳等一批国家级静脉产业园
航空及冷链物流	航空物流	依托郑州航空港经济综合实验区，以国际中转物流等为发展重点，集聚国内外航空货代企业
	冷链物流	培育形成郑州、漯河、许昌等全国性冷链物流产业集群
云计算大数据	云计算服务	建设郑州、洛阳绿色大型数据基地
服务外包	实施服务外包示范工程	积极培育郑州、洛阳、开封、许昌等服务外包产业集群
数字创意	动漫游戏	加快郑州动漫产业基地等园区建设
	创新设计	推动郑州成为国内具有重要影响力创新设计产业基地

资料来源：根据河南省人民政府办公厅《关于加快培育发展新兴产业集群的实施意见》整理。

二、思政元素

（一）整体和部分的辩证关系原理

唯物辩证法认为，整体和部分是辩证统一的。整体和部分不可分割，整体由部分构成，部分是整体中的部分，二者相互依赖、相互影响，在一定条件下可以相互转化。整体在事物发展过程中居于主导地位，统率着部分，部分在事物发展过程中处于被支配的地位，服从和服务于整体。整体的性能及其变化会影响部分的性能及其变化，部分也会制约整体，有时候关键部分的性能及其变化甚至会对整体的性能产生决定性作用。这就要求我们既要树立大局意识和全局观念，立足于整体，统筹全局，选择最佳方案，实现整体的最优目标，又要重视部分的作用，搞好局部，使整体性能得到最大限度发挥。

在案例中，为培育经济高质量发展新动能，推动经济高质量发展，河南省以整体观念、全局眼光高位谋划新兴产业发展，统筹规划全省各类新兴产业集群的空间布局，着力构建集群集聚发展、跨界深度融合、高端引领突破的新型产业集群发展体系，这体现了在整体和部分的关系中，整体处于统率的决定地位，即整体决定部分。河南省结合各地区产业基础和比较优势，将不同领域的新兴产业集群分别布局到具有相应比较优势的地区，依托各地区已有的产业集聚区、服务业集聚区或特色专业园区，重点培育百亿、千亿、万亿级新兴产业集群，将这些新兴产业集群打造成经济高质量发展新引擎，然后通过发展壮大这些分布于不同地区的新兴产业集群，推进河南全省产业转型升级和经济高质量发展，这体现了整体和部分辩证关系原理中的部分对整体的反作用。

（二）推动有效市场和有为政府更好结合

“充分发挥市场在资源配置中的决定性作用，更好发挥政府作用，推动有效市场和有为政府更好结合。”这是新发展阶段我国对市场与政府关系命题作出的深刻阐释。市场配置资源是最有效的形式，建立有效市场需要尊重经济运行规律，减少有形之手对微观经济活动的不必要干预，激发各类市场主体活力，充分发挥市场机制的基础作用。有为政府就是要求政府在行政管理和宏观调控等活动中不越位、不缺位，在产业规划、科技创新、产权保护、环境治理、市场体系、法治体系建设等具有重要牵引作用的领域发挥更大作用。推动有效市场和有为政府更好结合是经济高质量发展的内在要求。

产业的生命周期可划分为投入期、成长期、成熟期和衰退期四个阶段。新兴产业往往处于前三个阶段，尤其是投入期或成长期。但不管是处于投入期还是成长期，新兴产业规模通常较小，产业竞争力较弱，需要政府提供财税、人才、关税等方面的支持或保护，而市场是配置资源最有效的形式，这就要求培育新兴产业集群既要发挥政府的经济管理职能，又要发挥有效市场的作用。在本案例中，《意见》提出把“政府引导、市场培育”作为培育新兴产业集群的基本原则之一。培育新兴产业集群，要坚持市场在资源配置中的决定性作用，充分发挥省域市场空间等比较优势，建立健全市场化推动新兴产业集群发展的管理模式，完善政策保障体系，营造良好发展环境，激发企业等各类市场主体活力，促进社会资源向新兴产业集群集聚。这体现了河南省有机运用“有形之手”和“无形之手”培育发展新兴产业集群。

（三）贯彻新发展理念，构建现代产业体系

理念是行动的先导，发展实践是由发展理念来引领的。我国已进入新发展阶段，《中华人民共和国国民经济和社会发展第十四个五年规划和2035年远景目标纲要》提出，把“坚持新发展理念”作为“十四五”时期经济社会发展必须遵循的原则之一。立足新发展阶段，加快发展现代产业体系，推动经济体系优化升级，是我国经济高质量发展的内在要求。加快发展现代产业体系，必须把新发展理念贯穿现代产业体系建设全过程，从提升产业链供应链现代化水平、发展战略性新兴产业、加快发展现代服务业等方面发力，通过稳链补链强链延链培育发展新兴产业，打造一批具有引领带动作用的新兴产业集群，推进产业基础高级化、产业链现代化，助推经济高质量发展。

在本案例中，河南省坚持以“创新、协调、绿色、开放、共享”的新发展理念为指引，着眼战略需求和前沿先机，重点培育发展新一代智能终端、高端装备等新兴产业，打造一批具有重大引领带动作用的千亿、万亿级新兴产业集群，构建优势互补、协作紧密、联动发展的现代产业体系。具体来看，《意见》提出建设郑州、洛阳绿色大型数据基地，《方案》要求产业集聚区限制发展并逐步退出“两高一低”的一般制造业，体现了绿色发展理念。南阳防爆装备制造创新型产业集群、许昌智能电力装备制造产业集群、新乡高新区生物医药产业集群等相继入选国家创新型产业集群试点（培育）名单，体现了坚持创新驱动发展。《意见》提出依托郑州航空港经济综合实验区，集聚国内外航空货代企业，积极培育郑州、洛阳、开封和许昌等服务外包产业集群，体现了坚持开放发展理念。

三、案例使用

（一）教学用途与教学目标

1. 教学用途

本案例为描述型案例，适用于《产业经济学》教材第九章“布局”和第

十四章“产业发展理论”相关知识点的教学。

2. 教学目标

（1）知识层面

理解概念：产业布局、产业发展、产业集群化。

掌握知识点：产业布局理论、产业发展理论。

（2）能力层面

系统思维能力：任课教师通过对理论的讲解，帮助学生系统了解产业布局决定因素、产业布局机制、产业发展理论，进而形成全面、系统、联系地分析问题、解决问题的思维能力。

判断实践能力：结合案例，设置三个由易到难、由知识到能力的问题。任课教师通过引导和解答问题，帮助学生搭建一座“从理论到实践，再从实践到理论”的思想桥梁，使学生在搜集“新兴产业集群发展”相关资料之后，能够运用适当的理论知识，提出解决问题的方案。

（3）素质层面

形成专业意识：理解产业布局的决定因素、产业发展和经济发展的关系、产业发展的新趋势，以及产业集群和现代产业体系的关系，养成关注经济热点、产业发展和经济高质量发展的学习习惯。

提高思想政治素养：把思政元素融入案例分析，让学生认识到有效市场需匹配有为政府，以新发展理念引领新阶段高质量发展，引发学生对社会主义经济理论运用和意义的思考，坚持和运用马克思主义世界观和方法论，在专业学习过程中提高思想政治素养。

（二）案例讨论的准备工作

①学生预习《产业经济学》教材第九章“布局”和第十四章“产业发展理论”，初步了解产业布局决定因素、产业布局机制、产业发展、产业集群化等内容。

②任课教师事先搜集新兴产业集群发展相关资料，重点阅读《意见》，了解河南省新兴产业集群空间布局，并将资料整理好，制作完成案例 PPT。

（三）案例分析要点

1. 启发思考题

①产业布局的决定因素有哪些？

②结合案例，谈谈对产业布局计划机制的理解。

③结合案例，分析产业集群、县域经济与区域创新之间的关系。

2. 分析思路

①产业布局的决定因素有哪些?

要点：产业布局的决定因素。

参考答案：

产业布局的决定因素包括：一是地理位置。第一产业受光、热、水、土等条件制约，所处的地理位置决定了该地区第一产业的发展方向。第二、第三产业布局在能源、矿产和原料丰富，地理位置优越，交通便利的地方。二是自然资源。自然资源分布的地区，也就是第一产业分布的地区。第二产业通常分布在工业自然资源或农业自然资源较丰富的地区。自然因素对第三产业的影响，突出表现在对旅游业的作用上。三是人口素质。人作为生产者，会对产业布局产生影响。人口的数量、质量、素质对产业布局有重大影响。人作为消费者，会对产业布局产生影响。人口数量、民族构成、消费水平差异，要求产业布局与人口的消费特点、消费数量相适应。四是社会经济因素。历史基础、市场条件、国家政策、法律和宏观调控、国内及国际政治环境、价格与税收条件等都会影响产业布局。五是科学技术因素。技术进步有助于更好地利用自然资源，从而拓展产业布局的地域范围。技术进步能够不断改变产业结构，促进新的产业部门产生，这些部门具有不同的产业布局的指向性，这就必然对产业布局产生影响。

②结合案例，谈谈对产业布局计划机制的理解。

要点：产业布局机制。

参考答案：

产业布局机制是指各种影响和决定产业空间分布和组合的因素之间相互制约和作用的内在机理，包括产业布局的市场机制和产业布局的计划机制两大类型。产业布局的计划机制有以下三个特点：第一，产业布局的主体是政府。第二，产业布局的目标是国家或区域整体利益，包括经济公平、社会稳定等。在经济不发达阶段，强调产业布局的非均衡性，国家通过重点发展某些地区带动整个区域发展；在经济相对发达阶段，政府不倾向于通过重点扶持某一地区经济带动区域经济发展。第三，产业布局的手段主要是政府规划和行政命令。例如，政府制定产业布局战略，建立产业开发区，以政府直接投资方式支持重点地区产业发展。在本案例中，河南省政府围绕建设经济强省的要求，着眼战略需求和前沿先机，制定和出台了培育发展新兴产业集群的意见、行动方案，依托各地区已有的产业集聚区、服务业集聚区和特色专业园区，重点培育发展了一批具有重大引领带动作用的百亿、千亿、万亿级新兴产业集群，利用这些新兴产业集群的发展推动河南省经济高质量发展。这体现了将产业布局计划机制应用于实践。

③结合案例，分析产业集群、县域经济与区域创新之间的关系。

要点：产业集群。

参考答案：

县域内的产业集群是区域创新体系的重要载体，从某种意义上说，它们又构成了县域的创新体系，是规模较小的区域创新体系；县域内的产业集群是区域创新体系建设的基础，区域创新体系如果没有本地化的产业体系为依托，就会失去发展动力。按照区域创新体系的理论，产业与区域创新环境的整合度越高，越有利于产业和区域的发展。因此，区域创新体系和县域经济互动发展的关键是促成产业集群形成和发展的制度条件。在本案例中，河南省要求县域二星级以上产业集聚区聚焦有比较优势的细分产业领域或中高端环节，打造特色鲜明的专精产业集群，县域其他产业集聚区谋划实施现有企业转型升级和承接有技术含量的劳动密集型产业项目，促进主导产业集群量质齐升，目的就是通过培育产业集群这一增长极，提升县域创新能力，进而推动县域经济高质量发展。

（四）教学组织方式

结合案例，将思政元素融入“布局”“产业发展理论”相关知识点的讲授当中。该案例讲授时间为 2 个课时（90 分钟），具体安排见表 2。

表 2　案例的教学组织

学习阶段	内容安排	时间安排	学习目标
课前	要求学生分组并提前阅读案例材料	提前两天	熟悉案例
课中	任课教师运用学习通等网络教学平台展示案例材料，并进行简要说明	5 分钟	理解案例涉及的知识点与思政元素
	学生分组讨论	20 分钟	培养学生分析问题的能力
	随机提问 3~4 组	45 分钟	培养学生总结归纳的能力

续表

学习阶段	内容安排	时间安排	学习目标
课中	任课教师进行总结	20 分钟	强调重点，加深学生对知识点的理解
课后	请学生继续关注我国产业集群发展		巩固知识，运用理论指导实践

（五）总结

新兴产业代表着新一轮科技革命和产业变革方向，是培育高质量发展新动能、获取未来竞争新优势的关键领域。新兴产业集群是新兴产业集聚发展呈现出来的新趋势，培育发展新兴产业集群是提升区域经济竞争力的内在要求，也是建设现代产业体系的主要内容。随着我国进入新发展阶段，培育发展新兴产业集群，需要坚持新发展理念，加强顶层设计，科学合理规划新兴产业布局，建设高标准市场体系，完善市场功能，推动有效市场和有为政府更好结合。任课教师结合案例讲授产业布局相关知识点，可以让学生认识到培育发展新兴产业集群的重要性及着力点，深刻领会党的十八大以来关于产业转型升级等方面的重大战略和决策部署，增强学生立足中国产业发展实践分析问题的能力。

参考文献

［1］河南省人民政府办公厅．关于加快培育发展新兴产业集群的实施意见［EB/OL］．（2017-03-14）．https：//www.henan.gov.cn/2017/04-01/248869.html.

［2］河南省人民政府办公厅．河南省推进产业集聚区高质量发展行动方案［EB/OL］．（2019-08-20）．https：//fgw.henan.gov.cn/2019/08-20/942175.html.

［3］河南日报．河南省推动制造业高质量发展实施方案［EB/OL］．（2020-08-16）．http：//www.henan.gov.cn/2020/08-16/1755588.html.

［4］河南日报．河南省新增2个国家创新型产业集群试点［EB/OL］．（2017-04-06）．https：//www.henan.gov.cn/2021/08-20/2296973.html.

［5］苏东水，苏宗伟．产业经济学［M］．5版．北京：高等教育出版社，2021.

案例五　构建产业支持政策，推动我国集成电路产业发展

一、案例正文

集成电路，俗称“芯片”，被广泛应用于通信、信息、航天、医疗、教育、水利、电力和军事等领域或基础设施。集成电路产业是信息技术产业的基础与核心，是支撑国民经济和社会发展以及保障国家安全的战略性、基础性和先导性产业，是引领新一轮科技革命和产业变革的关键力量。加快推进集成电路产业的发展，对转变经济发展方式、推动产业结构转型升级、保障国家安全、提升综合国力具有重大战略意义。

我国高度重视和大力支持集成电路产业发展，在不同时期出台了一系列鼓励支持政策。2000 年，国务院印发了《鼓励软件产业和集成电路产业发展的若干政策》(国发〔2000〕18 号)，提出从税收、进出口、知识产权保护等方面支持集成电路产业发展。2011 年，国务院发布《进一步鼓励软件产业和集成电路产业发展的若干政策》(国发〔2011〕4 号)，要求进一步完善财税、投融资、研究开发、进出口等方面政策。2014 年，经国务院同意，工信部正式公布《国家集成电路产业发展推进纲要》，提出设立国家集成电路产业投资基金，加大金融支持力度。随着我国进入新时代，国务院于 2020 年发布了《新时期促进集成电路产业和软件产业高质量发展若干政策的通知》(国发〔2020〕8 号)，要求在保持前期优惠政策的基础上，进一步完善财税、投融资、进出口、人才、知识产权、国际合作等八个方面政策措施。财政部、海关总署、税务总局等部门迅速围绕 8 号文件出台了相应细则。各时期国家层面支持集成电路产业发展的指导性文件及主要内容见表 1。

表 1　我国集成电路产业发展的指导性文件及主要内容

时间	文件名称	主要内容
2000 年 6 月	《鼓励软件产业和集成电路产业发展的若干政策》(国发〔2000〕18 号)	销售自产集成电路产品，2010 年前按 17% 征收增值税，对实际税负超过 6% 的部分即征即退。集成电路设计产品受知识产权方面的法律保护

续表

时间	文件名称	主要内容
2002年11月	《关于部分集成电路生产企业进口净化室专用建筑材料等物资税收政策问题的通知》（财税〔2002〕152号）	对特定集成电路生产企业进口目录中净化室专用建筑材料、配套系统和集成电路生产设备零、配件，免征关税和进口环节增值税
2011年1月	《进一步鼓励软件产业和集成电路产业发展的若干政策》（国发〔2011〕4号）	在国发〔2000〕18号文件基础上，进一步完善财税、投融资、研究开发、进出口、人才等方面政策体系
2012年2月	《集成电路产业"十二五"发展规划》	目标：到2015年，销售收入达3300亿元，年均增长18%。政策措施：进一步完善集成电路发展法律制度；通过设立引导资金、直接注资、贷款贴息等方式，培育具有国际竞争力的大企业
2014年6月	《国家集成电路产业发展推进纲要》	在18号、4号文件基础上，提出新措施：成立国家集成电路产业发展领导小组、设立国家集成电路产业投资基金、加大金融支持力度等
2015年11月	《集成电路产业"十三五"发展规划》	到2020年，集成电路产业与国际先进水平差距逐步缩小，全行业销售收入年均复合增长率为20%
2016年5月	《关于软件和集成电路产业企业所得税优惠政策有关问题的通知》（财税〔2016〕49号）	明确集成电路企业所得税优惠政策的各项问题
2016年8月	《"十三五"国家信息化规划》（国发〔2016〕73号）	推动32/28nm、16/14nm工艺生产线建设，加快10/7nm工艺技术研发，大力发展芯片级封装、圆片级封装、硅通孔等研发和产业化进程等
2020上8月	《新时期促进集成电路产业和软件产业高质量发展若干政策的通知》（国发〔2020〕8号）	进一步完善财税、投融资、人才、国际合作等八大方面政策措施。加强集成电路专业建设，加大集成电路知识产权侵权违法行为惩治力度。另规定，凡在中国境内设立的符合条件的集成电路企业，不分所有制性质，均可享受本政策
2020年12月	《关于设置"交叉学科"门类、"集成电路科学与工程"和"国家安全学"一级学科的通知》（学位〔2020〕30号）	设置"集成电路科学与工程"一级学科（学科代码1401）。加强"集成电路科学与工程"等学科建设
2021年3月	《关于支持集成电路产业和软件产业发展进口税收政策的通知》（财关税〔2021〕4号）	对五种情形免征进口关税。实施时间：2020年7月27日至2030年12月31日。对符合条件的已征的应免关税税款准予退还

续表

时间	文件名称	主要内容
2021年3月	《关于发布集成电路工程技术人员等职业信息的通知》（人社厅发〔2021〕17号）	遴选确定了集成电路工程技术人员等18个新职业信息，调整变更了19个职业信息
2021年5月	《关于技术调查官参与专利、集成电路布图设计侵权纠纷行政裁决办案的若干规定（暂行）》（国知办发保字〔2021〕17号）	国家知识产权局和地方管理专利工作的部门处理专利、集成电路布图设计侵权纠纷案件，可以指派技术调查官参与行政裁决活动

我国各个时期颁布的指导性文件及支持政策，为集成电路及其专用设备制造行业的发展提供了财税、投融资、人才、进出口和国际合作等多方面的支持，有力地促进了我国集成电路及其专用设备制造行业的发展。这期间，我国集成电路产业发展成效显著、亮点纷呈。

一是产业规模不断扩大。从2000年到2021年，我国集成电路产业快速发展，产业规模不断扩大。从产量来看，2003年集成电路产量首次突破100亿块，2010年为652.6亿块，2015年提高至1087.2亿块，2020年进一步提高到2614.7亿块，2021年为3954.3亿块。从销售额来看，2006年销售额首次突破千亿元大关，2010年为1424亿元，2015年提高到3609.8亿元，2020年进一步提高到8848亿元，2021年为10458.3亿元。

二是产业结构趋于合理。从2010年到2021年，我国集成电路产业结构逐渐趋于合理。来自中国半导体行业协会的数据显示，2010年集成电路设计业、制造业、封装和测试业的销售额分别为383亿元、409亿元、632亿元，2020年提高至3778.4亿元、2560.1亿元和2509.5亿元，2021年为4519.0亿元、3176.3亿元和2763.0亿元。从占比来看，2010年设计业、制造业、封装和测试业占比分别为26.90%、28.72%和44.38%，2020年调整为42.70%、28.93%和28.36%，2021年进一步调整为43.21%、30.37%和26.42%，基本形成了4 ： 3 ： 3的产业发展格局。

三是产研创新取得新突破。“十三五”时期，在国家科技重大专项带动下，集成电路关键产品、设备、材料等方面的自主研发能力不断提高。国内大容量高密度NAND型存储器（3D NAND）、第四代双倍速率同步动态随机存储器（DDR4）实现零的突破。芯片制造关键装备品种覆盖率达到31%，新建生产线国产化率达到13%，先进封装关键装备国产化率达到

80%；8～12英寸晶圆制造材料由几乎全部依赖进口，到目前关键材料品种覆盖率达到25%，国产化率达到20%。以自主知识产权为基础进行研发，提出新架构X-Tacking，这是我国企业首次在存储器领域提出重要的新架构和技术路径。集成电路布图设计申请由2016年的0.24万件增长至2020年的1.44万件，年均增长率达57.1%。

四是产融结合稳步推进。大基金和科创板是政府通过有效的金融手段推动集成电路产融结合发展的最好实践。中国集成电路产业投资基金（CICIIF）俗称“大基金”，成立于2014年9月。大基金的股东既有国家部门、国有企业，也有民营企业。2017年，大基金累计有效决策投资67个项目，实际出资818亿元，地方产业基金规模超5000亿元，投资项目覆盖了集成电路设计、制造、封装测试、装备、材料等各环节，实现产业链完整布局。科创板的开板强有力地支持了集成电路等硬科技产业的发展。截至2020年12月，33家科创板已上市集成电路企业首发募集资金合计970.52亿元，占科创板上市企业总募资规模的35.34%。

总的来说，我国集成电路产业在过去20余年发展势头迅猛，但整体上还十分弱小，远不能支撑国民经济和社会发展、国家信息安全、国防安全建设的需要。由于发展起步晚、研发投入不足、人才培养体系不完善、科技成果转化率低，集成电路关键装备、材料严重依赖进口，以及主要发达国家技术封锁等负面因素的影响，我国集成电路产业高端化突破面临巨大挑战，未来仍需要政府因时制宜出台更大力度的支持政策。

二、思政元素

（一）坚持一切从实际出发，实事求是

一切从实际出发，就是我们做事情要尊重物质运动的客观规律，从客观存在的实际出发，经过深入调查研究，找出事物固有的而不是臆造的规律，以此作为实际行动的依据。一切从实际出发，关键要注重事实，无论是想问题还是办事情，都要把客观存在的事实作为根本出发点，这是辩证唯物主义世界观的根本要求，也是人们正确认识世界和改造世界的根本立足点。一旦脱离实际，做不到实事求是，必定会事倍功半，事与愿违。

在本案例中，从2000年18号文件提出给予财税、进出口、知识产权

保护等方面支持，到2011年4号文件提出完善财税、投融资、研究开发、进出口和人才等方面政策，再到2020年8号文件根据新时期集成电路产业的实际情况，进一步完善财税、投融资、研究开发、进出口等八大方面政策，我国政府从各个阶段的实际出发，出台了针对性支持政策，这些形成于不同时期的政策有力地推动了我国集成电路产业的发展。党中央结合我国实际情况，对集成电路产业“十二五”“十三五”等专项规划分别制定了重点任务和主要目标，从实施结果来看，如期完成了既定目标，这表明党中央对经济工作的领导坚持了一切从实际出发，实事求是，而不是脱离实际，盲目制定发展目标。

（二）更好发挥政府作用是社会主义市场经济的内在要求

社会主义市场经济不是自由放任，也不是垄断的市场经济，而是有政府宏观调控的现代市场经济。社会主义市场经济的正常发展，需要妥善处理政府与市场的关系，不能只讲市场规律而忽视政府的管理职能，也不能只讲政府宏观调控而违背市场规律，只有尊重市场规律，积极发挥政府作用，把政府与市场有机结合起来，才能更好地激发经济活力。党的十九届五中全会提出：“充分发挥市场在资源配置中的决定性作用，更好发挥政府作用，推动有效市场和有为政府更好结合。”新时期我国产业转型发展和经济高质量发展需要更好发挥政府作用。

在本案例中，我国政府为了支持集成电路产业的发展，出台了一系列鼓励支持政策，宏观调控手段灵活多变，既有经济手段、法律手段，也有行政手段，这反映出我国政府的宏观调控能力和科学管理水平不断提升。具体而言，从2000年18号文件，到2011年4号文件，再到2020年8号文件，不同时期的文件都提出从财政、税收、进出口等方面给予支持，都强调前期相关优惠政策不变，体现了政策的连续性和稳定性。此外，为了更好地激发集成电路企业的创新活力，政府不仅运用财政、税收、人才等手段为企业提供支持，还通过加强知识产权保护、打击知识产权侵权违法行为等法律或行政手段优化创新环境。发挥政府的宏观调控作用，可有效弥补市场在专利保护等方面的缺陷，维护公平竞争市场环境，促进我国集成电路产业发展。

（三）深入了解新发展阶段我国产业政策的新思路

“十四五”时期我国进入新发展阶段是党中央根据国内外环境的深刻变

化作出的重大判断。进入新发展阶段，我国产业发展的背景和环境都发生了巨大变化。从国际层面来看，经济全球化发展的趋势愈演愈烈，新一轮科技革命与产业变革正在发生，全球新技术供给活跃，机遇与挑战并存。从国内层面来看，产业结构调整持续推进，市场化、对外开放水平不断提升，关键技术面临被卡脖子风险，产业高端化发展面临巨大挑战。国内外环境的深刻变化对新发展阶段的产业政策提出了新的要求。

在本案例中，从《新时期促进集成电路产业和软件产业高质量发展若干政策的通知》等文件基本可以看出，新发展阶段我国产业政策调整思路为：从目标来看，以建设现代化经济体系、推进产业高质量发展、增强国际竞争力、促进资源配置效率和社会福利水平提升等为目标。从手段来看，以政府间接诱导和法律规制为主，以政府直接干预为辅，着力推进有效市场和有为政府更好结合。从所遵循原则来看，产业政策以“围绕国家发展战略，弥补市场缺陷，强化功能性政策，优化选择性政策，兼顾政策协调性，实现共赢国际化”等为原则。从决策来看，随着相关法律法规相继出台，产业政策决策程序更加规范、科学、合理。

三、案例使用

（一）教学用途与教学目标

1. 教学用途

本案例为分析型案例，适用于《产业经济学》教材第十章“产业政策”和第十一章“政策类型”相关知识点的教学。

2. 教学目标

（1）知识层面

理解概念：产业政策、市场失灵、宏观调控、产业政策评估。

掌握知识点：产业经济理论。

（2）能力层面

逻辑分析能力：任课教师通过讲授知识点及相关理论，使学生掌握产业政策的概念、作用、局限性、类型、目标、评估原则和体系，引导学生将相关知识点运用到案例中，学会运用相关知识点分析现实经济问题，提出解决问题的方案，提高逻辑分析能力。

判断实践能力：结合案例，设置三个由易到难、由知识到能力的问题，任课教师通过引导和解答问题，帮助学生搭建一座“从理论到实践，再从实践到理论”的思想桥梁，使学生在搜集相关信息和材料之后，能够运用适当的理论知识，提出解决问题的方案。

（3）素质层面

提高专业素养：任课教师通过知识讲解和案例分析，引导学生关注社会现象和国家宏观调控政策，理解产业政策的作用、局限性和类型，使学生意识到国家宏观调控政策中往往蕴含着经济学理论，养成关注经济热点及产业发展的学习习惯。

提高思想政治素养：把思政元素融入案例，让学生认识到更好发挥政府作用是社会主义市场经济的内在要求，了解政府进行宏观调控的必要性及意义，引发学生对社会主义经济理论运用和意义的思考，在专业学习过程中提高思想政治素养，坚定“四个自信”。

（二）案例讨论的准备工作

①学生预习《产业经济学》教材第十章“产业政策”和第十一章“政策类型”，了解产业政策的起源、作用、局限性、目标体系和评估体系等内容。

②任课教师围绕“集成电路产业发展及支持政策”搜集资料，了解我国集成电路产业发展政策，熟悉《新时期促进集成电路产业和软件产业高质量发展若干政策的通知》（国发〔2020〕8号），并将资料整理好，制作完成案例授课PPT。

（三）案例分析要点

1. 启发思考题

①简述产业政策的作用和局限性。

②分析案例中政府采用了哪些产业政策手段。

③运用所学理论，谈谈对产业政策时代性和民族性的理解。

2. 分析思路

①简述产业政策的作用和局限性。

要点：产业政策的作用和局限性。

参考答案：

产业政策的作用主要包括：第一，弥补市场失灵的缺陷。市场存在失灵，仅依靠市场机制无法实现资源最优配置。产业政策可以弥补市场失灵的缺陷。第二，实现超常规发展，缩短赶超时间。第三，促使产业结构合理化，实现产业资源优化配置。产业政策是政府行为，可以根据科学的预见性实现事前调节，避免资源浪费或闲置。第四，增强产业的国际竞争力。产业政策对增强企业创新能力和开拓国际市场具有重要作用。第五，在经济全球化过程中趋利避害，保障国家经济安全。

产业政策的局限性主要表现在以下四个方面：第一，产业政策并非对任何产业都具有同等的作用。第二，产业政策的实施需要付出一定的成本和代价，可能会加重本国或本地区的财政负担。第三，产业政策并非万能的魔杖，经济或产业方面的成功很可能不是产业政策的作用，而是其他因素的驱动。第四，产业政策作为政府行为，存在失败的可能性。产业政策执行不力、产业政策内容脱离实际等都可能造成产业政策失败。

②分析案例中政府采用了哪些产业政策手段。

要点：产业政策手段。

参考答案：

产业政策手段是指为了实现产业政策的目标而对经济活动主体采取的各种鼓励预先执行的措施。产业政策手段通常可以分为三大类，即直接干预、间接诱导和法律规制。其中，直接干预包括政府以配额制、审批制、政府直接投资经营等方式，直接干预某产业的资源分配，及时纠正产业活动与产业政策相抵触的各种行为，以实现预定的产业政策目标。间接诱导是指通过行政指导、信息服务、税收减免、融资支持、财政补贴、关税保护、出口退税等方式，诱导企业自主服从政府的产业政策目标。法律规制是以立法方式规范企业行为、政策执行机构的工作程序、政策目标与措施等，目的是实现预定的产业政策目标。

在本案例中，我国政府综合运用了直接干预、间接诱导和法律规制三大类手段支持集成电路产业发展。具体来看，18 号文件中的“集成电路设计产品受知识产权方面的法律保护”使用了法律规制手段；集成电路产业“十二五”发展规划中的“通过设立引导资金、直接注资、贷款贴息和减免相关费用等方式”使用了直接干预和间接诱导手段；《国家集成电路产业发展推进纲要》中的“加大金融支持力度”、8 号文件中的“进一步完善投融资等政策”使用了间接诱导的融资支持方式；财关税〔2021〕4号文件中的对五种情形免征进口关税使用了间接诱导的关税减免方式。

③运用所学理论，谈谈对产业政策时代性和民族性的理解。

要点：产业政策的一般特征。

参考答案：

产业政策的一般特征主要包括时代性、民族性、政治性、供给指向性和市场功能弥补性。

产业政策的时代性是指产业政策的内容、目标和手段符合时代特征，适应时代发展的需要，与各个时期产业发展的实际需要相适应。以我国为例，在计划经济时代，国家对集成电路的资金支持绝大部分来自政府，随着市场经济体制确立，近年来国家设立大基金来解决集成电路产业资金不足的问题，并以市场化方式运作。产业政策的资金支持由政府出资为主转变为政府引导社会资本参与。从政策侧重点来看，入世前我国集成电路产业规模较小，产业政策以壮大集成电路产业规模为主，随着我国进入新时代，产业政策以推动集成电路产业的结构合理化、高度化为主，目的是实现集成电路产业的高质量发展。

产业政策的民族性体现在两个方面。第一，一国的产业政策会旗帜鲜明地维护自身的民族利益。大量事实证明：产业政策是维护民族利益的工具，不存在与民族经济利益脱节的产业政策。例如，德国、日本等国家对幼小的民族工业普遍采用保护和扶持的政策。第二，产业政策必须同具体国情相适应：一是产业政策的目标和手段同本国的经济发展相适应。二是产业政策的内容受国情的制约。例如，产业结构政策要从本国的资源禀赋、经济发展阶段等出发，产业组织政策要考虑本国的市场发育程度等。三是决策者的偏好、利益集团的力量关系等因素会对产业政策的制定和执行产生影响，从而形成各国产业政策的独特性。

（四）教学组织方式

结合案例，将思政元素融入“产业政策”“政策类型”相关知识点的讲授当中。该案例讲授时间为2个学时（90分钟），具体安排见表2。

表 2 案例的教学组织

学习阶段	内容安排	时间安排	学习目标
课前	要求学生分组，提前阅读案例	提前两天	熟悉案例
课中	任课教师展示案例 PPT，并进行简要说明	5 分钟	熟悉案例
	学生分组讨论	20 分钟	结合知识点分析现实问题
	随机提问 3~4 组	45 分钟	结合知识点分析现实问题，提升学生的总结、归纳和表达能力
	任课教师进行总结	20 分钟	归纳案例分析用到的知识点，并对各组表现进行简单点评
课后	请学生继续关注我国的产业政策		巩固知识，运用理论指导实践

（五）总结

集成电路是信息技术产业的基础与核心，已广泛渗透到经济社会发展的各个领域，其技术发展水平和产业规模已成为衡量一个国家或地区产业竞争力和综合实力的主要标志之一。在过去的 20 余年，我国出台了一系列鼓励和支持集成电路产业发展的政策及文件，极大地推进了集成电路产业的发展。但是，由于受到各方面因素的制约，我国集成电路产业高端化发展面临着巨大挑战，未来仍需要政府因时制宜出台支持力度更大的政策。因此，产业政策必定是社会各界长期关注的焦点话题。任课教师结合案例讲授产业政策相关理论及知识点，可使学生了解我国各个时期支持集成电路产业发展的政策，深刻领会党的十八大以来产业发展方面的会议精神，激发学生的爱国情怀。

参考文献

[1] 新华社.国务院印发《国家集成电路产业发展推进纲要》[EB/OL].(2014-06-24)[2023-05-11]. http://www.gov.cn/xinwen/2014-06/24/content_2707281.htm.

[2] 半导体行业观察.叶甜春：中国集成电路现状及未来发展思考.[EB/OL].(2018-09-14)[2023-05-11]. http://www.semiinsights.com/s/electronic_components/23/34777.shtml.

［3］新华社．“十三五”时期我国集成电路布图设计申请年均增长 57.1%.［EB/OL］.（2021-01-25）［2023-05-11］. http：//www.gov.cn/xinwen/2021-01/25/content_5582420.htm.

［4］朱晶．“十三五”时期我国集成电路产业发展情况分析及对“十四五”展望［J］. 全球科技经济瞭望，2021，36（4）：28-33.

［5］证券时报．大基金已承诺投资 1188 亿元 实现产业链完整布局［EB/OL］.（2018-03-15）［2023-05-11］. https：//baijiahao.baidu.com/s?id=1594979914485187953&wfr=spider&for=pc.

［6］新华网．中国共产党第十九届中央委员会第五次全体会议公报［EB/OL］.（2020-10-29）［2023-05-11］. http：//www.xinhuanet.com/politics/2020-10/29/c_1126674147.htm.

［7］魏际刚．新时期中国产业政策调整思路［J］. 北京交通大学学报（社会科学版），2019，18（2）：1-9.

［8］苏东水，苏宗伟．产业经济学［M］. 5 版．北京：高等教育出版社，2021.

第三章

宏观经济

案例一　加强市场监管，保护公平竞争

一、案例正文

2020 年 12 月，国家市场监管总局按照《中华人民共和国反垄断法》（简称《反垄断法》）对阿里巴巴集团在中国境内网络零售平台服务市场滥用市场支配地位行为进行立案调查。经查，阿里巴巴集团在中国境内网络零售平台服务市场具有支配地位，自 2015 年以来，阿里巴巴集团滥用该市场支配地位，对平台内商家提出“二选一”要求，禁止平台内商家在其他竞争性平台开店或参加促销活动，并借助市场力量、平台规则和数据、算法等技术手段，采取多种奖惩措施保障“二选一”要求执行，维持、增强自身市场力量，获取不正当竞争优势。

何为“二选一”？“二选一”是指平台利用优势地位和商家对它的依赖性，采取不正当手段强迫经营者在平台间“二选一”。调查表明，阿里巴巴集团实施“二选一”行为排除、限制了中国境内网络零售平台服务市场的竞争，妨碍了商品服务和资源要素自由流通，影响了平台经济的创新发展，侵害了平台内商家的合法权益，损害了消费者利益，构成《反垄断法》第十七条第一款第（四）项禁止“没有正当理由，限定交易相对人只能与其进行交易”的滥用市场支配地位的行为。

2021 年 4 月 10 日，市场监管总局根据《反垄断法》第四十七条、第四十九条规定，对阿里巴巴集团在国内网络零售平台服务市场实施“二选一”的垄断行为作出了行政处罚，责令阿里巴巴集团停止违法行为，并处以其 2019 年中国境内销售额（4557.12 亿元）4% 的罚款，共 182.28 亿元。这是中国反垄断部门有史以来作出的最大额度的处罚。对于被处罚这件事，阿里巴巴集团表示诚恳接受、坚决服从，将强化依法经营，进一步加强合规体系建设，立足创新发展，更好履行社会责任。

二、思政元素

（一）深刻认识市场调节机制的局限性

市场是社会资源的主要配置者。市场调节是指由价值规律自发地调节经济的运行，即由供求变化引起价格涨落，调节社会劳动力和生产资料在各个部门的分配，调节生产和流通，使其符合商品经济的客观要求，能够比较合理地进行资源配置，使企业的生产经营与市场直接联系起来，促进竞争。但是，市场自发调节机制具有一定的盲目性，单纯地依靠市场调节机制往往难以实现国民经济的总量平衡，无法解决经济外部性问题，极易导致垄断，也很难对社会公共品进行分配。市场调节机制自身存在的局限性，使其不能保证经济社会的协调发展，因此，必须由政府对市场经济进行宏观调控。

习近平总书记在党的十九大报告中强调，“坚持社会主义市场经济改革方向”“加快完善社会主义市场经济体制”，并指出“经济体制改革必须以完善产权制度和要素市场化配置为重点，实现产权有效激励、要素自由流动、价格反应灵活、竞争公平有序、企业优胜劣汰”。这些重要论述，在党的十八届三中全会提出“使市场在资源配置中起决定性作用和更好发挥政府作用”的基础上，进一步深化了对社会主义市场经济规律的认识，坚定了社会主义市场经济改革的方向，明确了加快完善社会主义市场经济体制的重点任务，是习近平新时代中国特色社会主义思想在经济体制改革领域的具体体现。

案例中提及的阿里巴巴集团滥用市场支配地位对平台内商家提出“二选一”要求，限制了市场竞争，侵害了平台内商家的合法权益，阻碍了平台经济创新发展和生产要素自由流动，损害了消费者权益。单纯地依靠市场调节机制，平台经济就会失去创新发展的强大活力。因此，中央政府明确要求促进公平竞争、强化反垄断和防止资本无序扩张，得到社会的广泛支持。监管部门落实中央精神，坚持“两手抓”：一手完善规则，推动《反垄断法》加快修订，发布关于平台经济领域的反垄断指南；一手严格规范执法，查处多起互联网领域垄断案件，产生了良好效果。

（二）坚持全面依法治国基本方略

党的十五大报告提出，坚持全面依法治国是党领导人民治理国家的基本方略，是发展社会主义市场经济的客观需要，也是社会文明进步的显著标志。全面依法治国，建设社会主义法治国家，是人民当家作主的根本保证，是建设中国特色社会主义的必然要求和重要保障。从社会主义市场经济的本质来讲，其本身就属于法治经济，必须以保护产权、维护契约、统一市场、平等交换、公平竞争、有效监管为基本导向，使市场在资源配置中起决定性作用，同时更好地发挥政府的职能，完善社会主义法律制度。推进我国社会主义市场经济法治化建设，正确处理好政府与市场的关系，本质是要在尊重市场经济发展规律的基础上，建立科学高效的领导干部政绩考核机制和激励约束机制，从而科学规范和约束政府行为，推动政府职能的转变。我国实现全面发展的两个基本立足点是推进全面依法治国和完善社会主义市场经济，全面依法治国是我国治国理政的基本方略，发展社会主义市场经济是我国实现社会经济发展的基本途径，二者相互影响、共同发展。

案例中，市场监管总局按照《反垄断法》对阿里巴巴集团的行为依法进行处罚，体现了国家全面深化相关领域改革和全面推进依法治国的决心。完善相应的法规制度，加强法治建设，维护网络零售平台服务市场经济活动的良好有序运行，可以使市场中的相关企业都意识到违反国家法律将受到惩罚，公平竞争、遵纪守法才能获得国家和人民的支持。因此，社会主义市场经济是法治经济，全面推进依法治国、完善社会主义法治是社会主义市场经济建立与发展的基石，是发展社会主义市场经济的客观需求。

（三）切实增强企业的社会责任意识

国际上普遍认同的企业社会责任是指企业在创造利润、对股东利益负责的同时，还应承担对员工、社会、环境等的社会责任，包括遵守商业道德、生产安全、职业健康、保护劳动者合法权益、保护环境等。随着我国社会主义市场经济体制的不断完善以及经济社会的快速发展，企业社会责任受到广泛关注，在依法进行生产经营活动的同时，承担起更多的社会责任，已经成为企业发展及提高竞争力的必然途径。当前，我国已经进入经济平稳较快发展和社会矛盾凸显期，企业积极履行社会责任，对促进经济社会协调发展及社会文明进步具有重大作用。一方面，企业和企业家们积极履行社会责任，有利于促进社会管理和服务的创新。另一方面，企业和企业家们积极履行社会责任，有利于培育诚信、责任、奉献等积极向上的价值观，促进先进文化建设。履行社会责任并不是要求企业解决所有的社会问题，而是要关注与企业运营活动最为相关、对利益相关方具有重大或潜在影响的实质性议题，将履行社会责任与企业生产经营紧密结合起来。

案例中，阿里巴巴集团实施“二选一”行为限制了中国境内网络零售平台服务市场的竞争，妨碍了商品服务和资源要素的自由流通，影响了平台经济的创新发展，侵害了平台内商家的合法权益，同时损害了消费者的利益。阿里巴巴集团作为国内网络电商平台的龙头企业，对国内互联网经济高速发展起到了至关重要的作用，但企业的社会责任要求企业必须打破把利润作为唯一目标的传统理念。承担社会责任是中国市场经济主体应恪守的原则：一方面，相关企业等市场主体必须加强行业自律、强化自我监管；另一方面，企业家要承担好社会责任和公共担当，且市场经济秩序也是社会秩序的一部分，关系到社会长治久安。资本至上、利润至上、盲目竞争、违法违纪等行为必定受到政府的监督和依法干预。

三、案例使用

（一）教学用途与教学目标

1. 教学用途

本案例适用于《网络经济学》教材第三章“网络经济的新经济特性”和第六章“网络经济下的市场结构和效率”的教学。

2. 教学目标

（1）知识层面

掌握概念：正反馈、临界容量、双边市场、寡头垄断。

理解知识点：正反馈原理的内涵、网络经济中市场反均衡的形成过程、网络市场结构的概念及网络市场的运行定律。

（2）能力层面

理论解释能力：通过理论知识的学习和案例的讨论分析，学生能够掌握正反馈的动态经济过程和市场均衡特征，深刻理解网络经济下寡头垄断形成的原因，并对垄断效率的两种观点进行比较分析。

实践分析能力：通过案例分析，使学生明白网络经济下维护社会主义市场经济秩序的重要意义，同时理解政府采取相关措施对网络市场垄断行为进行干预的目的在于维护网络市场公平竞争环境、提高网络经济发展效率、保护消费者及社会公共利益、增强企业社会责任意识，对企业自身及社会整体发展都具有重要意义。

（3）素质层面

形成专业意识：将现实中的案例与网络经济学相关理论结合，帮助学生形成将理论知识与社会时事、相关政策措施相结合的思维，使学生意识到网络经济学就在日常生活之中，在提高学生学习兴趣的同时，培养其专业素养。

提高思想政治修养：通过案例分析，引导学生对我国社会主义市场经济体制下的网络经济学理论应用进行讨论，在此过程中，以党和国家最新的思想政治理论成果指导本专业课程的学习，提高学生的思想政治修养。

（二）案例讨论的准备工作

学生预习《网络经济学》教材第三章“网络经济的新经济特性”和第六章“网络经济下的市场结构和效率”。

（三）案例分析要点

1. 启发思考题

①正反馈机制的动态经济过程是怎样的？

②网络经济的特性对市场结构的影响为什么具有双重性？

③网络经济中的垄断是否会造成效率损失？

2. 分析思路

①正反馈机制的动态经济过程是怎样的？

知识点：理解正反馈机制的作用。

参考答案：

关于正反馈的概念。以马歇尔为代表的报酬递减经济学反映了均衡的经济世界，以报酬递增为基础的经济世界遵循着正反馈原理。正反馈是指“强者越强，弱者越弱”的“马太效应”，极端时，“赢者通吃，输家出局”。正反馈机制的产生主要有三个原因：第一，网络经济中存在边际收益递增效应；第二，转移成本的存在；第三，需求方的规模经济。

关于正反馈的动态经济过程。受到强烈的网络外部性影响的产品一般会有一个较长的引入期，越来越多的用户会使用该产品，当使用量达到临界状态后，开始领先的产品的市场份额会增加，落后的产品的市场份额会减少。无论是赢家还是输家，他们的正反馈过程都呈现出“S”形的动态模式，而市场的独占结果取决于规模经济和多样性，高规模经济和低多样性需求最有可能导致正反馈现象。

②网络经济的特性对市场结构的影响为什么具有双重性？

知识点：理解网络经济下的寡头垄断。

参考答案：

网络经济的特性对市场结构的影响具有双重性：一方面，极易形成寡头垄断。从理论上说，网络效应、正反馈将导致“赢者通吃、输家出局”，从而使网络经济的市场结构趋于垄断化。而实际上，消费者偏好的异质性、自协调因素和产品差异化在一定程度上限制了这种理想模式的单一垄断。同时，在政府公共政策等外部因素的作用下，网络经济中具有绝对意义的完全垄断较少。网络经济的市场结构更多呈现出绝对集中度高、参与厂商数量少、受在位厂商战略性行为影响的寡头垄断特征。另一方面，垄断和竞争因素并存。在网络经济下，在位厂商看似拥有稳固的地位，但并不必然拥有很强的操纵市场、操纵价格的市场势力。它们不仅要与市场上的竞争对手展开全方位的激烈竞争，还要时时应对潜在进入者的威胁与挑战。网络经济下的竞争形式层出不穷，除了价格竞争，还包含技术竞争、标准竞争等。厂商们为了在竞争中获胜，以便享受“赢家通吃”的收益，往往采取产品差异化策略，使市场结构在其动态运行过程中具有垄断竞争的性质。不难看出，网络经济的市场结构有别于传统市场，垄断和竞争因素同时存在，并不断加强。

③网络经济中的垄断是否会造成效率损失？

知识点：关于网络经济中垄断现象的两种观点。

参考答案：

观点一：网络经济中的垄断行为不会影响市场效率。第一，网络经济中的垄断行为属于自然垄断。关于自然垄断，一般认为，只有垄断才能实现产品供应或效率最大化。第二，网络经济下的垄断缺乏限产定价的动力。第三，网络经济下的垄断并未消除竞争。第四，网络经济下的垄断企业不缺乏进取和革新的动力。第五，垄断是市场竞争和消费者选择的结果。

观点二：网络经济垄断会造成社会效率损失。第一，如果说传统市场的垄断压抑了竞争，那么具有网络外部性的垄断对竞争压制的程度则可能更高。这是因为，新进入市场的产品不但要面对和传统市场一样的阻力，还要面对网络外部性造成的壁垒，网络经济的次优技术获胜就是典型的例子。第二，垄断会减少创新，一旦企业占据垄断地位，就具备了“作恶”的条件——为了追求自身利益最大化，企业会有意或者无意地对市场的效率和发展起到阻碍的作用。

（四）教学组织方式

结合案例，将思政元素融入“网络经济学”相关知识点的讲授当中，尤其是“网络经济下的市场结构和效率”的内容。该案例讲授时间为 2 个课时（90 分钟），具体安排见表 1。

表 1 案例的教学组织

学习阶段	内容安排	时间安排	学习目标
课前	要求学生分组并预习相关知识点	提前两天	了解案例与相关知识点
课中	任课教师展示案例 PPT	10 分钟	熟悉案例
	任课教师对案例 PPT 进行讲解	10 分钟	理解案例涉及的知识点与思政元素
	学生分组讨论	20 分钟	培养学生分析问题的能力
	随机提问 3~4 组	30 分钟	培养学生总结归纳的能力
	任课教师进行总结	20 分钟	强调重点，加深学生对知识点的理解
课后	学生总结自己的看法		加深学生对知识点和思政元素的认识

（五）总结

市场是由需求和供给双方共同推动、相互作用而形成的，现有和潜在的参与方在市场中所处的地位及对市场运行的影响程度决定了市场结构。网络经济的市场结构体现出“竞争性垄断”的特征：一是在正反馈等经济特性下极易形成垄断；二是网络经济下的垄断厂商面临着激烈的竞争。网络经济下的企业在参与市场竞争的同时，必须增强自身的社会责任意识，主动承担起维护我国网络经济健康有序发展的重任，避免资本至上、利润至上、盲目竞争、违法违纪的想法和做法，并主动接受政府的监督和依法干预。

新时代经管类专业学生，在学好相关理论知识的同时，还要掌握运用专业知识和思政元素去分析和解决实际问题的能力，要能从政治高度出发去认识、分析、总结经济运行中的一些现象和问题，树立正确的人生观和价值观。

参考文献

［1］吴秋余，林丽鹂．人民日报：推动平台经济规范健康持续发展［EB/OL］．（2020–04–10）．https：//wap.peopleapp.com/article/6174156/6077550.

［2］腾讯网．阿里巴巴集团被罚 182.28 亿元［EB/OL］．（2020–04–11）．https：//new.qq.com/omn/20210411/20210411A04PDG00.html.

［3］王晔，张铭洪．网络经济学［M］．3 版．北京：高等教育出版社，2019.

［4］张晓蒂．网络经济概论［M］．重庆：重庆大学出版社，2005.

［5］习近平．推进全面依法治国，发挥法治在国家治理体系和治理能力现代化中的积极作用［J］．求是，2020（22）：4.

［6］《西方经济学》编写组．西方经济学［M］．2 版．北京：高等教育出版社，2019.

案例二　依法依规处置风险，有效保障金融消费者权益

一、案例正文

包商银行股份有限公司（简称“包商银行”）前身是包头市商业银行，归属于城市商业银行序列。2019 年 5 月 24 日，包商银行因信用风险被建设银行接管。经过一年多的调查审理，2021 年 2 月 7 日，北京市第一中院正式裁定宣告包商银行破产。这家成立 22 年的商业银行，成为我国建立存款保险制度之后第一家破产的商业银行。

包商银行破产始末的标志性事件：

2019 年 5 月 24 日，因包商银行存在重大信用风险，银保监会宣布由中国建设银行接管其业务，为期 1 年，以观后效。

2020 年 5 月 23 日，银保监会宣布延长接管期 6 个月。

2020 年 8 月 6 日，“第二季度货币政策执行报告”发出信号，中国人民银行宣布包商银行将被申请破产清算。

2020 年 11 月 11 日，包商银行被认定为已发生“无法生存触发事件”，资不抵债 2055 亿元，存在严重信用风险。

2020 年 11 月 12 日，监管机构同意包商银行进入破产程序。

2021 年 2 月 7 日，包商银行正式被裁定破产。

作为存款保险制度实施以来首例商业银行破产事件，包商银行被接管之后就引起了学术界与监管部门的关注，核心问题就是存款保险制度能否有效保护存款人的合法权益。从包商银行的风险处置全过程来看，存款人权益（尤其是个人储户、中小微企业等的存款资金）得到了充分保障。包商银行能够顺利化解风险并平稳完成破产，主要原因在于 2015 年我国建立的存款保险制度。为应对包商银行破产，央行在《2020 年第二季度货币政策执行报告》中提出：为最大程度保障广大储户债权人合法权益，维护金融稳定和社会稳定，央行、银保监会决定由存款保险基金和央行提供资金，先行对个人存款和绝大多数机构债权予以全额保障。该报告向市场释放了包商银行被接管后恢复无望可能进入破产程序的信号，同时也向包商银行

的各类存款人释放了积极的信号，即存款保险制度能够保障储户的存款安全。包商银行破产的最终结果显示，居民储户的存款得到全额保障，企业的债权偿付率超过90%，实现了包商银行从被接管到破产的平稳过渡，未造成存款人的恐慌性挤提与系统性银行危机，说明我国初步建立的存款保险制度能够接受市场检验，发挥金融稳定效应。

二、思政元素

（一）用联系的观点解释银行破产的潜在危害

马克思主义唯物辩证法认为，一切事物都不是孤立存在的，而是和周围其他事物相互联系的，整个世界是一个普遍联系着的有机整体。联系，是指事物之间以及事物内部诸要素之间相互影响、相互制约和相互作用的关系。这种关系具有普遍性、客观性、多样性、条件性、可变性等特征。从联系的观点来看，包商银行破产不仅仅是一个金融机构退出市场的现象，还表明以商业银行为核心的资金链将市场上的各类主体联系起来。由于银行经营具有高杠杆特点，资金链上各主体间的联系以及整个金融体系均呈现极其敏感的脆弱性特征，如果包商银行的信用危机处理不当，则容易导致银行系统危机，进而引发系统性金融风险。

对商业银行而言，存款以短期为主，贷款以长期为主，这种传统的利差收益模式深化了资产负债表双方本就存在的流动性错配问题。因此，当一家商业银行出现信用危机时，存款人为保护其存款安全，会将所有存款（无论是否到期）集中提现，这种行为将加剧该商业银行的流动性紧缺。由于金融系统中各商业银行之间普遍存在资金联系，单个商业银行的储户发生挤兑会由于信息不对称而将这种恐慌情绪传递给其他商业银行的储户，即导致所有储户出现“非理性”提款的“羊群效应”。这种恐慌式挤兑一旦蔓延至其他商业银行，会导致其他经营正常的商业银行产生流动性危机，最后造成系统性银行挤兑现象。此外，在整个经济体系的运作中，商业银行作为货币扩张机制的核心，将居民消费部门与实体经济的生产部门联系起来。因此，如果因包商银行的信用危机处理不当而导致整个银行系统出现挤兑风波，这种影响还可能随着资金链传导至实体经济、居民与政府部门，导致整个经济体系爆发系统性风险。

（二）系统性风险防范与现代金融安全网的建设

党的十九大报告明确将系统性风险防范、精准脱贫与污染防治列为全面建成小康社会决胜期的三大攻坚战。2017 年召开的中央经济工作会议更是将防范化解重大风险列为未来三年的三大任务之首，提出在新时期要“守住不发生系统性金融风险的底线”。防范系统性金融风险与我国经济发展密切相关。当前，我国经济稳中向好，但前期积累的风险正在逐步显露。银行部门作为我国金融业的主体，面临危机后刺激政策进入消化期和国有企业、地方政府预算软约束等诸多现实。通过同业业务、理财业务等手段提高杠杆水平，会给金融体系带来巨大的潜在风险。因此，作为新时期经济攻坚战的“重中之重”，防止发生系统性金融风险，应当以维护系统性银行稳定为重心，完善现有金融监管体制，构筑现代金融安全网。

2015 年，我国正式实施存款保险制度，与审慎监管制度、央行最后贷款人等制度一道构成了现代金融安全网，为金融机构建起了从事前、事中到事后的全方位风险防范体系。其中，存款保险制度主要针对金融机构的事后危机防范，即金融机构确认退出市场后，通过存款保险机制保护债权人，维护市场信心，防范发生系统性信用危机。案例中的包商银行出现信用危机与流动性风险后，存款保险制度发挥了现代金融安全网的市场功能，通过存款保险基金以及破产机构的法定处理机制，为包商银行的各类债权人提供了应有的市场保护。由此，包商银行从爆发信用危机到正式破产，虽然最初有部分储户担心存款安全，但是在存款保险制度普及后没有发生恐慌式提款，而且没有将对包商银行的担忧蔓延至整个银行体系，不仅保障了包商银行从危机爆发到破产退出的平稳过渡，而且提升了公众的市场信心，维护了银行系统的稳健运行。

（三）依法保护金融消费者的合法权益

随着我国市场经济体制的持续完善与金融深化程度的不断加深，居民在市场交易活动中越来越多地涉及各类金融业务。在金融市场上，普通的居民消费者本身就属于信息劣势方，金融市场的“风险—收益”属性与金融创新的层出不穷，加剧了市场的信息不对称，如何保护金融消费者的合法权益，成为监管部门与学术界关注的重点问题。2015 年颁布的《存款保险条例》以法律形式确立了存款人的权益保护机制；2017 年，央行印发《中国人民银行金融消费者权益保护实施办法》，强调依法保护金融消费者的合法权益；随后，银保监会印发了《银行保险机构消费者权益保护监管评价办法》，正式在金融消费者权益保护领域构建制度框架。

包商银行发生信用危机之后，金融消费者的权益保护表现为储户的存款安全问题。在《存款保险条例》实施之前，储户的存款安全由政府信用提供隐性担保，由于政府隐性担保的存款额度与覆盖范围均不具有确定性，因而这种担保不具有法律意义上的稳定性与一致性；而在《存款保险条例》实施以后，各类存款人在商业银行的存款保护都具有了正式的法律依据。根据《存款保险条例》的相关规定，存款保险基金将为包商银行单笔存款 50 万元以下的居民存款提供完全保护，对企业存款则根据业务接管情况进行保护。包商银行出现信用危机之后，各类储户的存款安全有了政府承诺的法律保护，并在危机处理过程中兑现了《存款保险条例》中的保护条款，切实为金融消费者的合法权益提供了法律保护。这充分表明，新时期我国金融领域的法治化进程在逐步加快，只有依法保护金融消费者的合法权益，才能从根本上维护市场信心，为金融市场的稳健运行保驾护航。

三、案例使用

（一）教学用途与教学目标

1. 教学用途

本案例适用于《金融监管学》教材第六章“银行业监管”和《保险学》教材第五章“保险与经济”等内容的教学。

2. 教学目标

（1）知识层面

掌握概念：银行信用风险、银行挤兑、存款保险制度、现代金融安全网、金融法治化。

理解知识点：商业银行的信用风险与特征、银行脆弱性与银行挤兑理论、存款保险制度的市场功能，现代金融安全网的构成与管理机制，金融法治化与消费者权益保护。

（2）能力层面

逻辑判断能力：了解商业银行的经营特征，以及商业银行的信用风险与整个银行体系脆弱性的逻辑关系，在此基础上，理解银行挤兑和存款保险制度的市场功能。

实践分析能力：能够结合现实中某商业银行的破产，分析导致银行破产的原因，掌握我国当前金融监管体制与现代金融安全网的建设情况，并能分析金融监管部门对处于不同阶段商业银行所采取的各项处理措施及这些措施的预期效果。

（3）素质层面

形成专业意识：从商业银行出现信用危机后的存款人权益保护出发，比较分析政府提供的隐性担保与市场提供的显性保险在保护储户存款安全方面的优劣，引导学生结合新制度经济学的相关理论进行思考：为什么我国现代金融安全网建设中有关金融机构债权人保护的存款保险制度，需要从政府隐性担保过渡到以法律形式确立的显性市场保险机制？

提高专业素养：进一步要求学生用法学和经济学交叉学科知识综合分析问题，从法律在市场经济体系中的角色和功能出发，理解在金融消费者的权益保护方面，为什么金融法治化建设要优于政府提供的隐性担保。

（二）案例讨论的准备工作

①学生预习《金融监管学》教材第六章“银行业监管”和《保险学》教材第五章“保险与经济”相关内容。

②通知学生搜集有关资料，理解银行业在我国金融格局中的重要性及银行体系的脆弱性，了解存款保险制度在银行业监管中的地位，结合中国建立存款保险制度的论证历程与政策背景，从存款保险制度的功能出发，思考保险制度在防范系统性金融风险与维护经济稳健运行方面的意义。

（三）案例分析要点

1. 启发思考题

①商业银行的信用风险为何容易引发银行挤兑？

②在市场经济机制下，存款保险制度如何防范系统性银行挤兑？

③政府为何要通过立法保护商业银行各类金融消费者的合法权益？

2. 分析思路

①商业银行的信用风险为何容易引发银行挤兑？

要点：理解商业银行的经营特征。

参考答案：

商业银行的主营业务是向资金供给方吸纳存款（负债业务），同时向资金需求方发放贷款（资产业务）。在这种经营模式下，商业银行资产业务的资金主要来源于负债业务，并且商业银行的利差盈利方式决定了负债业务以短期为主、资产业务以长期为主，由此导致商业银行的期限错配问题。一旦商业银行的长期贷款业务出现严重的信用风险，银行将无法满足部分储户的短期存款提现，即出现流动性风险。当这一信息蔓延至市场，其他储户为保护存款安全，无论存款是否到期都会争相提现，这种储户不考虑商业银行的流动性问题是否可以缓解的恐慌式挤提就是银行挤兑。

②在市场经济机制下，存款保险制度如何防范系统性银行挤兑？

要点：理解存款保险制度的市场功能。

参考答案：

由于金融市场上商业银行之间资金业务联系密切，单个商业银行因信用危机导致的恐慌式挤提会随着市场情绪传染至其他商业银行，市场本身的信息不对称会加剧这种情绪的蔓延，导致其他正常经营的商业银行发生恐慌式挤提，即出现系统性银行挤兑。一旦出现系统性银行挤兑，储户将对银行体系失去信心，以商业银行为核心的金融体系将面临最为严峻的挑战。为应对可能出现的系统性银行挤兑，各国的现代金融安全网均将存款保险制度作为重要组成部分。在现实中，单个商业银行破产导致的恐慌式挤提蔓延，主要原因在于其他商业银行的储户担心自己的存款安全，当存款保险制度以法律形式为储户存款提供安全保障时，储户恐慌式挤提的情绪蔓延路径即被切断，也就是说，在单个商业银行出现信用问题时，存款保险制度保障了商业银行储户的存款安全，可以维护储户对整个银行体系的信心。

③政府为何要通过立法保护商业银行各类金融消费者的合法权益？

要点：理解金融法治化的重要性。

参考答案：

在金融实务中，政府的隐性担保与显性的存款保险机制是两类商业银行金融消费者权益保护的基本思路。理论上，二者均可为相关金融消费者的合法权益提供保护，但在现实中，政府的隐性担保不具备立法的确定性，即当商业银行出现信用风险并进入破产程序时，只有在政府认为该商业银行破产影响较大有必要进行干预的情况下，才会为存款人提供存款安全的兑付机制。相比而言，显性的存款保险制度为金融消费者提供的存款安全保护具有法律意义上的确定性，即无论该商业银行破产带来的影响如何，均可为存款人的存款安全提供保障。也就是说，以立法形式确立的存款保险制度是政府对消费者权益保护作出的正式承诺，能够为金融消费者提供一致性和确定性的市场预期。相比政府提供隐性担保的不确定性，金融消费者的合法权益在存款保险制度的框架内能得到依法保障，因而金融立法在维护金融消费者市场信心方面的效果更为显著。

（四）教学组织方式

结合案例，将思政元素融入“金融监管学”相关知识点的讲授当中，尤其是“银行业监管”的内容。该案例讲授时间为2个课时（90分钟），具体安排见表1。

表1 案例的教学组织

学习阶段	内容安排	时间安排	学习目标
课前	要求学生分组并预习相关知识点	提前两天	了解案例与相关知识点
课中	任课教师展示案例 PPT	10分钟	熟悉案例
	任课教师对案例 PPT 进行讲解	10分钟	理解案例涉及的知识点与思政元素
	学生分组讨论	20分钟	培养学生分析问题的能力
	随机提问3~4组	30分钟	培养学生总结归纳的能力
	任课教师进行总结	20分钟	强调重点，加深对知识点的理解
课后	请学生持续关注金融监管制度的完善与设计		使学生了解金融监管制度的变化

（五）总结

从我国现有的金融格局来看，系统性风险防范的重点在于商业银行领域各类风险的叠加与积累。对银行体系而言，存款人的信任和信心是整个银行体系稳健运行的基础，因而在金融市场化改革中，要为商业银行建立市场化的退出机制，并防范单个商业银行退出市场带来的恐慌性挤提情绪蔓延。包商银行是我国建立现代金融安全网之后首家进入破产程序的商业银行，通过监管制度设计保证包商银行从出现信用危机平稳过渡到破产，关键在于保护各类存款人的存款安全。只有包商银行各类储户的存款安全得到依法保护，才能阻止储户的恐慌式挤提情绪在整个银行体系的蔓延，从而维护存款人对整个银行体系的信心。在包商银行破产过程中，我国初步建立的现代金融安全网很好地发挥了市场功能，存款保险制度为包商银行各类储户的存款安全提供了市场化的保护机制，为维护银行系统的稳定性提供了制度保障。

参考文献

［1］任泽平，方思元，等．包商银行事件：成因、影响及展望［EB/OL］．（2019-06-17）．https：//www.sohu.com/a/321146284_467568.

［2］新浪财经．正式“退场”！包商银行被法院裁定破产［EB/OL］．（2021-03-09）．https：//baijiahao.baidu.com/s?id=1693750341171779872&wfr=spider&for=pc.

［3］周小川．中国如何防范系统性金融风险？［M］//《十九大报告辅导读本》编写组．党的十九大报告辅导读本．北京：人民出版社，2017.

［4］葛扬．新时代如何防范化解系统性金融风险［J］．人民论坛·学术前沿，2018（8）：36-43.

［5］叶蜀君．金融消费者保护监管分析：论我国存款保险制度的建立［J］．河南社会科学，2015，23（2）：103-107.

［6］魏加宁，孙彬，等．存款保险制度的现实意义及国外制度经验［J］．债券，2014（5）：11-16.

［7］马勇．金融监管学［M］．北京：中国人民大学出版社，2012.

案例三　坚持房住不炒，推动房地产市场健康有序运行

一、案例正文

2016 年的中央经济工作会议强调，要促进房地产市场平稳健康发展，坚持“房子是用来住的，不是用来炒的”的定位，综合运用金融、土地、财税、投资、立法等手段，加快研究建立符合国情、适应市场规律的基础性制度和长效机制，既抑制房地产泡沫，又防止出现大起大落。“这意味着决策层进一步明晰了我国房地产市场的定位，强调房地产发展的首要目标是实现‘住有所居’，让住房回归其居住属性。”中国社科院城市与竞争力研究中心主任倪鹏飞说，将房地产业定位为支撑经济社会发展的民生产业，有助于挤出泡沫，促进市场健康平稳发展。清华大学房地产研究所所长刘洪玉认为，中央经济工作会议明确的楼市发展方向，释放出新型城镇化背景下以长效机制引导市场稳预期的积极信号，对实现房地产市场的平稳健康发展具有重要意义。[①] 在此基础上，住建部提出“稳地价、稳房价、稳预期”目标，之后许多部门陆续出台了配套政策，涉及融资、土地、税金等各个方面。众所周知，国人购房不仅仅用作居住，商品房还是一项重要的固定资产，具有投资属性。“房住不炒”的本质是让房地产回归居住属性，减弱甚至去除其投资属性，关键在于削弱房价上涨预期。“房住不炒”定位的提出，形成了难能可贵的房价稳定预期，导致市场观望氛围形成。“买涨不买跌”的中国传统习俗，一定会加速放大这种预期。房地产作为不动产，是流动性最差、变现能力最弱的资产。在这种预期下，住房投资需求快速下降，这有利于稳定房价。

① 中国政府网．中央经济工作会议明确楼市发展方向：“房子是用来住的，不是用来炒的”［EB/OL］．（2016-12-16）［2023-05-12］．http：//www.gov.cn/zhengce/2016-12/16/content_5149066.htm.

二、思政元素

（一）以人民为中心的发展思想

“坚持房子是用来住的”就是坚持“以人民为中心”，让人民安居乐业；坚持房子“不是用来炒的”，让房屋回归居住属性，事关民生福祉。党的十八大以来，以习近平同志为核心的党中央把人民置于经济社会发展的中心环节，把以人民为中心的发展思想贯穿于“五位一体”总体布局和“四个全面”战略布局中，贯穿于治国理政的全部活动之中，彰显了人民至上的价值追求。

由于历史原因，我国住房供应体系长期存在着商品住房与保障性住房供给不平衡、住房销售与住房租赁发展不平衡的问题，保障性住房始终是住房供应的一个短板。2016年以来，政府在调控思路上逐渐向保障性住房、租赁住房倾斜，包括多渠道增加租赁住房供应，开展集体土地建设租赁住房试点等。据统计，目前我国房屋租赁市场规模已经超过2万亿元，10年后市场规模将超过4万亿元。

（二）房地产与实体经济均衡发展，实现经济高质量发展

促进房地产市场健康发展，事关经济社会发展大局。房地产行业存在巨大的分配效应，地方政府通过垄断土地供给，获得了一部分房价上涨的收益，用于各种公共支出和公共服务，实际上也是一种隐性的再分配，但是大量的人口特别是外地人口难以享受政府的这种再分配。坚持“房住不炒”的定位，有助于扭转地方政府对“土地财政”的过度依赖，降低高房价对居民消费及社会公平的负面效应。

房地产是比较特殊的行业，它既具有实体经济属性，也有较强的金融属性。多年来，房地产作为国民经济的支柱产业，承载着促进经济增长、增加地方财政收入和稳定金融市场等多项职能。然而，过去的10多年，持续上涨的房价不仅大量挤占了金融资源，挤压了实体经济的发展空间，还导致生活成本上涨，严重透支了中国老百姓消费升级的空间。更为紧迫的是，不断堆高的金融杠杆和逐渐积累的房地产泡沫，已经成为经济中最大的“灰犀牛”，时刻威胁着我国金融系统的安全。因此，调控房地产市场，有利于实现实体经济和房地产市场的均衡发展，实现经济高质量发展。

（三）理论与实践的辩证关系原理

理论源于实践，同时要指导实践，并且在指导实践的过程中不断完善。对房价进行调控的过程，就是不断将理论和实践相结合的过程。在住房商品化之后，房地产市场逐渐形成。受益于城镇化和经济增长，居民住房需求快速增加。房价在过去几十年的快速上涨，引起了政府和社会的广泛关注。供需理论告诉我们，在其他因素不变的前提下，需求降低或供给增加可以降低价格。政府多次采用限购、调控房贷利率等方式调控房价，但是房价并没有因为调控而停止上涨，这在一定程度上强化了人们对房价上涨的预期。但是，党的十九大报告对房地产市场定位和住房制度改革提出了明确要求，强调“坚持房子是用来住的、不是用来炒的定位，加快建立多主体供给、多渠道保障、租购并举的住房制度，让全体人民住有所居”。于是，市场预期出现了积极变化。一线城市和部分热点二线城市的房地产市场基本稳定，部分前期出现阶段性房价上涨的三四线城市市场趋稳，其他城市总体平稳。

三、案例使用

（一）教学用途与教学目标

1. 教学用途

本案例适用于宏观经济学课程中“通货膨胀”相关知识点的教学。

2. 教学目标

（1）知识层面

理解概念：通货膨胀、理性预期、适应性预期。

掌握知识点：通货膨胀的分类、成因及其对经济的影响。

（2）能力层面

逻辑分析能力：通货膨胀是宏观经济中的重要现象，任课教师通过分析案例，可以强化学生对现实问题的逻辑分析能力。

系统思维能力：通货膨胀与众多经济现象有密切关系，任课教师通过对通货膨胀和其他宏观经济变量的分析，可以帮助学生系统了解宏观经济现象并掌握相关知识点。

（3）素质层面

提高专业素养：宏观经济学与现实问题结合非常紧密，控制通货膨胀是宏观调控的一个重要目标。对通货膨胀相关理论和现实问题进行讨论，有助于提高学生的专业素养。

（二）案例讨论的准备工作

①学生预习“宏观经济学”课程中“通货膨胀”“菲利普斯曲线”等知识点，基本了解通货膨胀的度量和分类，独立思考通货膨胀产生的原因。

②我国改革开放之后发生过多轮物价上涨，请学生提前搜集几次有代表性的物价上涨现象，并对其成因进行总结。

（三）案例分析要点

1. 启发思考题

①简述预期在现代形式的菲利普斯曲线中的作用。

②通货膨胀的原因有哪些？

③治理通货膨胀的政策手段有哪些？

2. 分析思路

①简述预期在现代形式的菲利普斯曲线中的作用。

要点：预期与菲利普斯曲线的关系。

参考答案：

原始的菲利普斯曲线表达了失业率和通货膨胀率之间的反向关系，无法解释对雇主和工人来说实际工资才是重要的这样一个事实。工人关心工资的购买力而不是货币工资本身，雇主不关心名义工资而关心劳动的真实成本，这使人们开始质疑原始的菲利普斯曲线的真实性。1968 年，货币学派的代表弗里德曼指出，菲利普斯曲线忽略了影响工资变动的一个重要因素：工人对通胀的预期。对工人来说，实际工资才是真正重要的，所以名义工资变化率必须用通货膨胀率来纠正。工资变化率部分由预期通货膨胀率决定，部分由实际失业率决定；通货膨胀率等于工资变化率减去生产率增长率，即只有生产率的增长率才能使这条垂线移动。

现代菲利普斯曲线要从两个方面来看：短期的现代菲利普斯曲线就是预期通货膨胀率保持不变时，表示通货膨胀率与失业率之间关系的曲线；从长期来看，人们有充分的时间调整通货膨胀的预期，所以长期的菲利普斯曲线是从 u*（自然失业率）出发的一条垂直线，它表明在长期内，失业率与通货膨胀率不存在替代关系，从而可以解释滞胀。

②通货膨胀的原因有哪些？

要点：通货膨胀的原因。

参考答案：

根据现代菲利普斯曲线的表达形式，通货膨胀的原因有以下两个：第一，需求拉动型，即由于经济运行中总需求过度增加，超过既定价格水平下商品和劳务等方面的供给而引发通货膨胀，在菲利普斯曲线当中表现为周期性失业率与自然失业率之差。第二，供给推动型，即由于经济运行中总供给过度增加，超过既定价格水平下商品和劳务等方面的需求而引发通货膨胀，在菲利普斯曲线当中表现为供给冲击。引起通货膨胀持续的原因可以归结为通胀预期。在持续通货膨胀情况下，人们对未来通货膨胀的走势过于悲观会引发更严重的通货膨胀。

③治理通货膨胀的政策手段有哪些？

要点：治理通货膨胀的政策手段。

参考答案：

结合通货膨胀的原因，对其进行治理有以下三个政策手段：第一，需求管理政策。调控货币量，如提高市场利息率等，通过紧缩财政来减少总需求。第二，供给管理政策。主要是增加商品供给，如减少税收以提高劳动者的劳动生产率、鼓励企业技术创新、调整经济结构等。第三，通胀预期管理政策。具体包括两方面内容：一是制定通胀目标制度。西方发达国家均实行通胀目标制，因此央行政策以未来通胀为目标。二是央行沟通。过去几十年，中央银行沟通（广义上的沟通，包括单向的信息披露）已成为货币政策日益重要的一项内容，有效沟通有助于公众对货币政策的理解，强化央行信誉。透明度提高可增强公众对货币政策的可预见性和理解程度，引导金融市场参与主体的行为。

（四）教学组织方式

结合案例，将思政元素融入“通货膨胀”“菲利普斯曲线”相关知识点的讲授当中。该案例讲授时间为 2 个课时（90 分钟），具体安排见表 1。

表 1　案例的教学组织

学习阶段	内容安排	时间安排	学习目标
课前	要求学生分组并预习相关知识点	提前两天	了解案例与相关知识点
课中	任课教师展示案例 PPT	10 分钟	熟悉案例
	任课教师对案例 PPT 进行讲解	10 分钟	理解案例涉及的知识点与思政元素
	学生分组讨论	20 分钟	培养学生分析问题的能力
	随机提问 3~4 组	30 分钟	培养学生总结归纳的能力
	任课教师进行总结	20 分钟	强调重点，加深学生对知识点的理解
课后	请学生持续关注绿色发展相关政策		使学生理解政府治理通货膨胀的政策

（五）总结

在现代经济当中，治理通货膨胀是各国央行共同关心的话题。现实中的通货膨胀成因往往非常复杂，可能是多种因素综合作用的结果。这就要求治理手段更加丰富。除了传统的逆周期需求管理政策，自 2008 年国际金融危机爆发以来，发达经济体的量化宽松政策以及前瞻性指引较为成功地在宏观调控中融入预期管理，对摆脱危机起到了重要作用。预期管理的理论与实践均有了进一步的发展。我们需要充分考虑中国的现实经济形势，观察和思考经济发展中存在的各种问题，并通过学习相关知识提高分析问题和解决问题的能力。

参考文献

[1]《西方经济学》编写组 . 西方经济学：下册 [M] . 2 版 . 北京：高等教育出版社，2019.

[2] 冯明，赵佳涵 . 物价房价、预期与居民幸福感 [J] . 财贸经济，2022，43（7）：68-86.

[3] 田祖国，赵疆 . 习近平关于住房制度重要论述的科学内涵、理论渊源与时代意蕴 [J] . 湖南大学学报（社会科学版），2022，36（3）：1-8.

案例四　加强保险创新，助力经济复苏

一、案例正文

2020 年 2 月，海南省召开复工复产企业新冠疫情防控综合保险新闻发布会，首创推出了“海南省复工复产企业疫情防控综合保险”（简称“复工复产综合保险”），支持海南重点企业在做好新冠疫情防控工作前提下复工复产。平安产险、太保产险、人保财险等公司均为此次保险的主承保人，在现场与企业签署承保协议，支持海南重点企业复工复产。在疫情初步可控，同时存在各种未知不确定因素的情况下，复工复产综合保险明确了在复工复产过程中因新冠疫情导致企业延迟复工或员工隔离，并由此造成企业工资支出和隔离费用增加的情况，保险公司将按每人每天 200 元的标准，根据员工的隔离天数和人数，对参保企业进行赔付，最高赔偿限额为每人每月 6000 元，初步设计的保险期限为半年。该保险从走进市场到 2020 年 4 月底，保障了海南省内具备条件的 98 家重点企业和项目复工投入生产，助力 22000 多名工人复工。

2020 年 3 月，记者从北京金融监管局获悉，针对疫情防控期间企业复工复产面临的各类风险，北京将推出“复工复产企业疫情防控综合保险”（简称“复工综合险”）。根据北京金融监管局的介绍，复工综合险具有保额高、保费低、针对性强及线上操作等特点。具体来说，一是单一施工项目保单赔付限额最高为 300 万元。其中，企业员工在复工过程中，因感染新型冠状病毒导致死亡或残疾的，累计赔偿上限 150 万元；企业财产因自然灾害或意外事故导致直接物质损坏或灭失的保障额度为 100 万元；停工停产期间企业的营业利润损失、员工工资及隔离费用的保障额度为 50 万元。二是每个工程项目保费为 10 万元，保险期限为 3 个月，将由财政资金按照实际参保保费的 50% 进行补贴，参保企业仅需自行承担 50% 的保费。三是该保险方案主要面向北京市复工复产重点建设工程项目的参建单位，保障覆盖企业在生产经营过程中发生法定传染病（包括新冠）疫情或因自然灾害和意外事故所导致的员工死亡伤残补偿、企业财产损失、营业利润损失、员工工资及隔离费用。四是该保险全过程均实现线上投保理赔。为响应疫情防控要求，保险公司将采用线上投保及理赔模式，面向企业统一投保入口界面，简化投保手续及理赔流程，同时开展线上疫情防控培训，降低复工复产风险，帮助企业有序复工。

二、思政元素

（一）用否定之否定的辩证思想理解保险业务创新

马克思哲学唯物辩证法强调事物发展的三大规律，分别是对立统一规律、量变质变规律与否定之否定规律。其中，否定之否定规律揭示了创新活动的内在逻辑，认为任何事物的发展变化都是新事物对旧事物的否定，是事物内部的肯定和否定两方面矛盾斗争的结果，是事物自我发展的过程，但否定并不是全盘抛弃，而是“扬弃”，是克服和保留的统一。也就是说，各种创新活动的出现并不是凭空想象出来的，而是对旧事物的继承与发展，是一个不断自我修正、不断扬弃的过程。

案例中提及的“复工复产综合保险”“复工综合险”业务，是海南与北京等地方政府为恢复新冠疫情常态防控下的国民经济而推出的创新性举措，也是保险业务在自身基础上的否定之否定。这两项保险业务的创新性主要体现在保险标的属于常规保险业务可保风险之外的新冠疫情风险，以及政府通过财政补贴的方式参与保险基金的运作，为保险机构的理赔能力提供信用担保等方面。这种创新性的否定之否定是对常规保险业务的调整，本质上，仍是保险机构经营运作的一种损失补偿机制，并没有完全脱离保险的范畴。但是，与一般意义上的保险业务不同，这两项保险业务在保险标的与保险基金的经营运作方面做了调整，从而将新冠疫情风险纳入保险范围，并在降低参保企业保费成本的同时保障了保险机构的理赔能力与经营的可持续性。因此，具有创新意义的“复工复产综合保险”“复工综合险”是在传统保险业务基础上做的一种扬弃，打破了传统保险有关可保风险的一些框架约束，并保留了传统保险业务的本质特征，体现了保险业务发展创新过程中的否定之否定规律。

（二）政府调控可以有效弥补市场失灵

马克思主义政治经济学理论强调有为政府与有效市场的结合。党的十九届五中全会明确提出，要充分发挥市场在资源配置中的决定性作用，更好发挥政府作用，推动有效市场和有为政府更好结合。有效市场和有为政府绝不是割裂开来、泾渭分明的两个概念，而是相辅相成、互为支撑的。有效市场在对社会资源进行配置的过程中，不能脱离合理适度的监管，而在尚未形成安定有序市场规则的新兴领域，又亟须有为政府大胆出手，安全兜底，保障整个经济安定有序运行。有为政府主要表现为政府高效合理的宏观调控，即通过经济政策、经济法规、规划引导和必要的行政干预，对市场经济的有效运作发挥调控作用。

案例中海南与北京创新推出的相关保险业务，就是政府有为的表现。在新冠疫情未得到完全控制的情况下推动复工复产，企业需要承担极大的疫情扩散风险，以及由此带来的各种财产损失和生命损失。保险机构为了经营收益，不会将这种风险纳入常规保险业务的可保范围，或者会对这种风险收取超高价的保险费。对于复工复产的企业而言，新冠疫情带来的冲击使其缺乏足够的资金投入生产，高价保费会进一步提高企业复工的经营成本。因此，如果由市场自发通过保险业务为复工复产企业提供损失补偿，就不存在为新冠疫情风险进行损失分担的问题了，或者保险业务的高保费会挤出有意愿复工复产的企业。因此，海南与北京等地方政府与保险机构合作设计出的新型保险业务，核心就是地方政府以财政补贴的方式分担复工复产企业的参保成本，并以地方财政为支撑为参保企业提供高额理赔。也就是说，案例中相关保险业务的保险基金不完全以市场机制运作，而由地方政府财政参与一定比例。这样一来，财政补贴可降低企业参保成本，鼓励企业积极参与复工复产，同时财政参与保险基金，能为保险机构的风险理赔能力和长期可持续经营提供信用保障。在此意义上，海南与北京等地方政府推出的相关保险业务体现了政府财政政策在金融领域的调控作用，有效弥补了参保企业与保险机构之间关于风险损失的市场空缺，很好地推动了疫情常态防控背景下的经济恢复。

（三）新时期必须以经济发展为第一要务

中国共产党执政兴国的历史经验告诉我们，发展才是硬道理。2018 年 12 月 18 日，在庆祝改革开放 40 周年大会上，习近平总书记在总结改革开放宝贵经验时，强调在新时期“必须坚持以发展为第一要务”。在新冠疫情防控常态化背景下，海南与北京等地方政府通过政策支持推动保险业务创新，为地方企业参与复工复产解决了后顾之忧，体现了地方政府在抓好疫情防控工作的同时，坚持将经济发展作为第一要务的工作方针。在新冠疫情的冲击下，全员隔离与全面停工停产的防疫战略造成了经济活动的暂时停滞与居民生活的诸多不便，如何快速恢复国民经济、使人民生活走上正轨，是新冠疫情常态防控背景下中央政府与各级地方政府经济工作的首要目标。

案例中，海南与北京等地方政府率先通过保险业务创新推进了区域内重点企业的复工复产，为新冠疫情常态防控条件下恢复经济发展作出了示范。在海南与北京相继推出相关保险业务之后，上海、四川等地方政府也积极借鉴，与区域内的保险机构探索设计符合各地发展特点的复工复产保险，推动区域内各行各业有序规范开工复工，做到在新冠疫情常态防控下分阶段实现全面复工复产，确保国民经济的稳步复苏，逐步提高居民的生活质量。案例中的地方政府，在经济全面停滞的情况下，摒弃“等靠要”思想，灵活运用金融保险的制度创新与政策工具，以财政补贴的方式创新保险业务，为复工复产企业提供风险损失补偿机制，从而推动地方经济的有序恢复，体现了地方政府在新冠疫情防控背景下将地方经济发展作为第一要务的责任与担当。

三、案例使用

（一）教学用途与教学目标

1. 教学用途

本案例适用于《保险学》教材第一章“危险与保险”和第九章“政策性保险”等内容的教学。

2. 教学目标

（1）知识层面

掌握概念：风险、保险、可保风险、政策性保险。

理解知识点：保险的损失补偿理论、可保风险与一般风险的区别、保险机构设计保险业务的主要原则、市场失灵理论与政策性保险的需求。

（2）能力层面

逻辑判断能力：在理解风险与保险的基础上，结合不同风险的特征判断某一类风险是否属于保险市场的可保风险，并且从保险机构的经营特征出发分析该保险为什么属于（或不属于）保险机构的可保风险。

实践分析能力：通过某一项具体政策性保险的基本内容与发生机制，认识到该保险业务的设计逻辑，在保险标的、保险对象、保费厘定或保险理赔等方面的创新之处，以及如何体现政策性意义、实施后能够达到何种效果。

（3）素质层面

提高专业素养：保险作为金融市场上一种有效的风险补偿机制，在理论上能够分散市场主体面临各种风险时的不确定性损失。但是在现实中，并不是所有的风险都可以纳入保险机构的业务范围，像案例中的新冠疫情风险，除了损失巨大之外，还有很大的可能性给保险对象带来损失，这类风险一般不属于可保风险，因为保险公司收缴的保费不足以支付理赔，这也是政策性保险介入市场的原因。任课教师应通过案例分析，结合可保风险的特征，引导学生思考为什么保险作为市场机制，还需要政策介入才能保证市场效率，提升学生分析保险市场的综合能力。

（二）案例讨论的准备工作

①学生预习《保险学》教材第一章“危险与保险”和第九章“政策性保险”的主要内容。

②事先通知学生搜集有关新闻资料，了解新冠疫情防控期间各地方政府为推动复工复产采取的各类政策，重点了解保险金融领域的相关政策，为案例分析和课堂讨论做准备。

（三）案例分析要点

1. 启发思考题

①在市场机制下，保险机构为什么不会对新冠疫情防控风险设计险种？

②政府应如何鼓励保险机构创新业务，为复工复产企业提供损失补偿？

2. 分析思路

①在市场机制下，保险机构为什么不会对新冠疫情防控风险设计险种？

要点：理解可保风险的特点。

参考答案：

现实中风险的普遍性与复杂性往往与保险经营的收益性存在冲突，因此保险机构作为市场主体，在设计险种的过程中需要考虑成本与收益问题，不会为所有类型的风险提供损失补偿机制。一般来说，保险机构会根据行业的大数法则将所有风险划分为可保风险和不可保风险，并针对可保风险设计险种。在保险实务中，可保风险需要满足以下五个条件：一是风险带来的损失巨大且可以用货币衡量；二是风险的发生具有偶然性；三是风险的发生必须是意外的；四是风险带来的损失具有普遍性；五是风险带来的损失不能同时发生。

只有当一种风险满足上述五个条件时，保险机构才会设计险种，为保险对象提供损失补偿。从新冠疫情常态防控下的风险特点来看，新冠疫情客观上存在意外扩散的可能性，带来的损失巨大并可用货币衡量，而且具有普遍性特征，即任何一个员工、企业或居民都可能因新冠疫情而受损。可见，新冠疫情常态化防控下的风险满足条件一、条件三与条件四，但不满足可保风险的条件二与条件五。原因在于，当时科学界对新冠疫情的病毒源头追溯和传染阻断还未研发出成果，也就是说，新冠疫情常态防控下出现本土个案或输入型个案后产生小范围扩散具有必然性，而非偶然性，而且病毒的强传染性会导致大量标的受损同时发生，即一旦企业复工复产过程中出现一例，有可能导致大面积的扩散，继而导致大规模保险标的同时受损，此时保险机构可能出现保险基金难以覆盖理赔支出的状况，最终导致保险机构破产倒闭。因此，保险机构受自身经营风险收益的理性约束，不会针对新冠疫情风险设计险种，也不会为复工复产企业提供该风险的损失补偿。

②政府应如何鼓励保险机构创新业务，为复工复产企业提供损失补偿？

要点：理解政策性保险。

参考答案：

在保险市场中，政府弥补市场失灵的方式并不是粗暴地使用调控工具直接干预，而体现为通过政策性倾斜鼓励保险机构设计政策性保险。政策性保险，是指政府为达到一定政策目标，运用政策支持或者财政补贴等方式，对该领域的险种设计给予保护或扶持的特殊保险业务。在案例中，新冠疫情常态防控下的风险不符合保险机构可保风险的基本条件，因而在市场条件下没有保险机构针对该风险设计险种，在缺乏风险损失补偿机制的情况下，政府鼓励企业参与复工复产的目标不可能实现。对此，海南和北京等地方政府与保险机构结合，创新性地设计了复工复产综合险，这种保险具有典型的政策性保险属性。

海南与北京推出的新型保险并不是市场常态约束下的保险业务，而是在新冠疫情初步可控时，为了恢复新冠疫情常态化防控下的国民经济所设计的特殊险种。该保险的设计初衷并不是保险机构为参保企业或个人提供风险损失补偿，本质上是地方政府为了实现新冠疫情防控下经济复苏的政策目标，而在保险金融领域推动的业务创新，是政府实现政策性目标的一种间接调控方式。

海南与北京地方政府在推出相关保险业务的过程中，均不可避免地使用了财政补贴的手段。由于新冠疫情常态防控背景下的风险不满足可保风险的条件，因而保险机构无法在确保理赔能力和经营可持续性的前提下，设计相应的险种为参保企业或个人提供损失补偿。因此，案例中的地方政府通过财政补贴的方式，为符合条件的企业缴纳一部分保险费，并用财政兜底的方式为保险机构的理赔能力背书，相当于用地方财政为保险机构的理赔能力做了分保，不仅解决了参保企业复工复产可能出现的损失补偿，同时保证了保险机构的可持续经营，客观上达到了使用财政政策弥补市场失灵的目标。

（四）教学组织方式

结合案例，将思政元素融入“危险与保险”“政策性保险”相关知识点的讲授当中。该案例讲授时间为 2 个课时（90 分钟），具体安排见表 1。

表 1　案例的教学组织

学习阶段	内容安排	时间安排	学习目标
课前	要求学生分组并预习相关知识点	提前两天	了解案例与相关知识点
课中	任课教师展示案例 PPT	10 分钟	熟悉案例
	任课教师对案例 PPT 进行讲解	10 分钟	理解案例涉及的知识点与思政元素
	学生分组讨论	20 分钟	培养学生分析问题的能力
	随机提问 3~4 组	30 分钟	培养学生总结归纳的能力
	任课教师进行总结	20 分钟	强调重点，加深学生对知识点的理解
课后	请学生持续关注保险领域相关政策变化		能分析新的保险政策

（五）总结

由于新冠疫情风险不属于保险机构的常规可保风险，因而保险机构不会为复工复产企业和居民提供市场化的损失补偿。也就是说，保险市场在新冠疫情风险问题上存在失灵现象，由此需要政府介入，以财政补贴的方式创新保险业务，针对新冠疫情风险设计政策性保险业务。案例中的“复工复产综合保险”“复工综合险”就是在传统保险业务基础上创新的政策性保险业务，它们不属于常规保险业务的可保风险，将其纳入保险领域，可以有效鼓励企业复工复产，从而推动国民经济的稳步复苏。

参考文献

［1］新浪财经.海南在全国率先推出复产复工综合险［EB/OL］.（2020-02-17）［2023-05-12］. https：//baijiahao.baidu.com/s?id=1658763225813392049&wfr=spider&for=pc.

［2］中国青年网.北京推出复工复产企业疫情防控综合保险［EB/OL］.（2020-03-18）. https：//baijiahao.baidu.com/s?id=1661459424663363161&wfr=spider&for=pc.

［3］张洪涛.保险学［M］.4版.北京：中国人民大学出版社，2014.

［4］马宜斐.保险原理与实务［M］.4版.北京：中国人民大学出版社，2019.

［5］黄庆华.十九届五中全会新论述：推动有效市场和有为政府更好结合［N］.光明日报，2020-11-20（4）.

［6］张雷声.马克思主义基本原理概论［M］.2版.北京：中国人民大学出版社，2018.

案例五　精准精细施策，提升财政政策效力

一、案例正文

北京时间2020年1月31日，世界卫生组织向全球宣布将新冠疫情列为“国际关注的突发公共卫生事件”，至今已有3年多时间。新冠疫情的扩散和蔓延对全球经济增长及经济治理造成剧烈冲击，也给我国经济发展的财政治理带来严峻挑战。2020年4月17日，中共中央政治局会议提出要在新冠疫情防控常态化前提下，做好“保居民就业、保基本民生、保市场主体、保粮食能源安全、保产业链供应链稳定、保基层运转”的“六保”政策，此政策为之后的财政治理指明了方向——我国财政治理的工作思路和基本要求是稳住经济基本盘、兜住民生底线。

随着新冠疫情的消退，我国财政治理的重心由新冠疫情防控逐步转变为“稳就业、保民生”。中小微企业受新冠疫情的冲击相对较大，而它们是我国经济发展不可忽视的主力军，也是社会就业的主要阵地。该阶段财政治理的政策核心，也向全面扶持中小微企业转移：对受新冠疫情严重影响的实体经济领域中小微企业给予更多财政支持，由中央财政向国家融资担保基金拨款以支持其贷款融资；延长中小微企业、个体工商户及农户的普惠金融服务税收优惠政策期限，最长至2023年底；调整受新冠疫情影响严重的行业企业2020年度亏损，最长结转年限为8年。此外，我国实行了一系列补贴政策保障患者治疗和管理。救助患者的财政补贴政策为“所有患者基本医保之外的费用各级财政共同全额负担”。以北京市财政局为代表的各级地方财政局和卫生健康、医院管理、药监、商务等部门积极对接，成立新冠疫情防控工作组，建立新冠疫情防控专项资金和财政经费拨付绿色通道，确保财政部门可根据卫生部门的工作需要，尽快实现资金拨付到位。同时，对新冠疫情防控临时性工作予以一定补助和奖励并实施税收免除政策。由财政部根据防控工作的风险等级制定清晰合理规范的补贴标准，以增强政策的可执行性。除了标准工作补助外，湖北、山东、四川等省份的地方政府还结合当地情况制定了灵活多样的补贴政策，如对参与新冠疫情

防控的社区工作者和志愿者发放一定金额的补贴，为基层医务人员办理专属保险，对医务人员给予一次性奖励等。

二、思政元素

（一）中国特色社会主义的制度优势

习近平同志指出："中国特色社会主义，是科学社会主义理论逻辑和中国社会发展历史逻辑的辩证统一，是根植于中国大地、反映中国人民意愿、适应中国和时代发展进步要求的科学社会主义。"① 中国特色社会主义制度的优势是有监督和协商的社会主义新型民主和党的领导。党的领导是中国特色社会主义制度的最大优势，它依赖于党确立的正确思想路线，始终坚持实践出真知，在实践中坚持和发展真理，不断研究新情况、总结新经验、解决新问题。新冠疫情暴发后，在党中央、国务院的正确领导下，重灾区武汉及全国各地采取有效措施在较短时间内控制了疫情，显示了中国特色社会主义制度的优势，为世界各国对抗新冠疫情提供了宝贵经验和防控范本。中国现行制度可以集聚全国力量应对主要矛盾，加快经济走出波动的步伐，缓解外部环境不确定性带来的风险。当经济形势发生变化时，中国现行制度也可以保证及时地对宏观经济政策进行纠偏和调整，更好地发挥财政政策调节短期经济波动、稳定经济运行的功能。

（二）因时而变，因势而新

中共中央政治局常委会会议明确提出，"要准确把握国内外疫情防控和经济形势的阶段性变化，因时因势调整工作着力点和应对举措"，"明者因时而变，知者随事而制"。只有因时而变、因势而新，统筹好局部和全局、当前和长远、重点和一般，在权衡利弊中趋利避害，在迎难而上中化危为机，才能切实把来之不易的新冠疫情防控形势巩固好，把经济社会运行秩序恢复好。案例显示，在新冠疫情的不同阶段，财政政策的重心会进行转移。中国经济发展中财政政策的施行也要从实际出发，要结合国内外的经济形势变化选择合适的政策工具。

---

① 北京市习近平新时代中国特色社会主义思想研究中心.人民要论：中国特色社会主义为什么"好"[EB/OL].（2019-05-10）. http://cpc.people.com.cn/nl/2019/0510/c64094-31076766.html.

（三）坚持以人民为中心的发展思想

人民性是马克思主义最鲜明的品格，让人民获得幸福是中国共产党的庄严承诺。我们要始终把人民立场作为根本立场，把为人民谋幸福作为根本使命，坚持全心全意为人民服务这一根本宗旨。2017 年 10 月 18 日，习近平总书记在党的十九大报告中指出："坚持以人民为中心。人民是历史的创造者，是决定党和国家前途命运的根本力量。必须坚持人民主体地位，坚持立党为公、执政为民，践行全心全意为人民服务的根本宗旨，把党的群众路线贯彻到治国理政全部活动中，把人民对美好生活的向往作为努力奋斗目标，依靠人民创造历史伟业。""坚持在发展中保障和改善民生。多谋民生之利、多解民生之忧，在发展中补齐民生短板，促进社会公平正义。""必须始终把人民利益摆在至高无上的地位，让改革发展成果更多更公平惠及全体人民，朝着实现全体人民共同富裕不断迈进。"

我国经济逐步从新冠疫情重创中恢复，我们从假期各地出游人数可以直观地感受到经济复苏的情况。这一现象的出现，与我国政府以人为本、不计成本控制新冠疫情，医护工作者奔波忙碌，各省人民团结互助、共渡难关是分不开的。由此，将国内经济的强劲复苏与中国特色社会主义制度的优势、坚持以人民为中心的发展思想，以及众志成城、顽强奋斗的民族精神相关联，引发学生共鸣。

三、案例使用

（一）教学用途与教学目标

1. 教学用途

本案例适用于财政政策理论学习与实践探索的认知教学，尤其是《宏观经济学》教材中"宏观经济政策"中财政政策部分的教学。

2. 教学目标

（1）知识层面

理解概念：财政政策。

掌握知识点：财政政策的工具、运用及效应。

（2）能力层面

理论联系实际的能力：学生很难在实际生活中直观地了解财政政策的实施和效果。任课教师通过案例分析，可以让学生更好地理解财政政策的含义及具体运用，将宏观经济理论与实际经济运行联系起来。

（3）素质层面

提升思想政治素养：在掌握财政政策理论知识的基础上，加强学生对中国特色社会主义制度在财政政策领域优越性的认知，提升民族自豪感、认同感和自信心。具体而言，一是强化学生对中国经济发展成就的自豪感和未来经济前景的自信心；二是认识中国特色社会主义制度在实施财政政策、稳定经济运行方面的优越性，提高学生对财政政策在经济领域作用的具体认知。

（二）案例讨论的准备工作

①学生预习《宏观经济学》教材中“财政政策”的相关知识，初步了解财政政策的几大工具及其具体运用、财政政策的效应。

②学生搜集有关新闻及文献资料，了解新冠疫情防控期间政府所采取的各类政策，重点了解与经济发展相关的财政政策，为案例分析和课堂讨论做准备。

（三）案例分析要点

1. 启发思考题

①财政政策的定位是什么？

②新冠疫情冲击下的财政政策有哪些类型？

③财政政策的作用体现在哪里？

2. 分析思路

①财政政策的定位是什么？

要点：财政政策的定位。

参考答案：

财政政策是指为了平抑经济波动、实现经济稳定增长而适时调整政府收支水平的宏观经济政策。财政政策作为应对经济社会冲击的有力政策工具，有着丰富的理论基础和广泛的实践应用。宏观干预的理论基础主要来自凯恩斯的宏观经济学理论。20 世纪 30 年代，凯恩斯主张政府采取需求管理政策，认为财政政策对消费和投资的影响最为直接有效。尽管20世纪70年代中期经济滞胀出现后，宏观干预理论受到了以新古典宏观经济学、现代货币主义等为代表的“新自由主义经济学”的批判，但争议促使其不断发展与完善。20世纪80年代，新凯恩斯主义重新肯定了政府干预的正当性，主张财政政策和货币政策从供需两端发力，政府需要适当进行干预以保持宏观经济平衡。从凯恩斯革命到今天，宏观政策理论经历了一系列演变，不可否认的是，财政政策始终是各国政府面对危机时干预经济的有力手段。例如，2008年国际金融危机爆发时，各国政府纷纷推出大规模经济刺激计划，其中以减税、增加政府投资、扩大政府支出、发债为代表的财政政策发挥了重要作用，财政政策应对危机的宏观调控职能已被广泛接受。

②新冠疫情冲击下的财政政策有哪些类型？

要点：财政政策的类型。

参考答案：

面对疫情引发的一系列经济社会问题，政府已出台多项财政政策，从应对方向来看，主要分为两类：一类是财政兜底政策，另一类是经济刺激政策。

财政兜底政策体现的是财政的社会保护作用，具体又分为新冠疫情防控兜底政策、经济恢复兜底政策和社会救助兜底政策三类。其中，新冠疫情防控兜底政策的目标是保障疫情防控及善后工作。各国一般将财政支出政策用于新冠疫情救助，如我国各级财政持续安排新冠疫情防控资金、中央财政对重点保供企业提供贴息支持等。新冠疫情得到有效控制后，财政善后工作必不可少，这就意味着政府还需开展财产征用补偿、政府采购收储、落实医务人员奖励资金等工作。经济恢复兜底政策主要体现在对困难企业的救济上，尤其是受冲击比较大的中小企业，以恢复生产、解决现金流问题为主要目标。社会救助兜底政策主要用于保障社会困难群体的基本生活与基本消费。

与财政兜底政策不同，经济刺激政策强调的是刺激而不是恢复，因此，在新冠疫情得到有效控制、经济基本复苏的情况下，要实现经济社会发展目标，财政刺激政策要到位，这主要体现财政的经济增长职能。经济刺激政策分为需求端刺激政策和供给端刺激政策两类。需求端刺激政策主要从消费和投资两方面发力。我国率先进入新冠疫情平稳阶段，是由于采取了刺激汽车消费、提前下达专项债限额等方式来扩大社会需求与投资，同时采取了供给端刺激政策，如启动新基建、扩大公共卫生领域支出等。

③财政政策的作用体现在哪里？

要点：财政政策效应。

参考答案：

案例中，我国经济形势受新冠疫情冲击，经济增长处于缓慢恢复中，在这种情况下，应采取更加积极的财政政策（扩张的财政政策）。在政府支出方面，应通过扩大基础设施投资补短板的举措增加政府购买，直接增加社会总需求。在政府收入方面，一方面，应通过减税的方式让利于民，增加个人可支配收入和企业的留存利润，从而促进民间的消费和投资；另一方面，应通过发行公债筹措政府资金，以增加政府支出。上述财政政策工具的组合运用，可在一定程度上对冲内外部环境中的不利因素，为中国经济的稳定发展保驾护航。中小企业亟须国家、企业、个人乃至全社会的帮助，减免房租、税费、返还失业保险费、延迟缴纳社会保险费等方面的政策支持，可以为中小企业送去"及时雨"，帮助它们尽快渡过难关。

（四）教学组织方式

结合案例，将思政元素融入"财政政策"相关知识点的讲授当中。本案例讲授时间为 1 个课时（45 分钟），具体安排见表 1。

表 1　案例的教学组织

学习阶段	内容安排	时间安排	学习目标
课前	要求学生分组并预习相关知识点	提前一周	了解案例与相关知识点
课中	任课教师展示案例 PPT	5 分钟	熟悉案例
	任课教师对案例 PPT 进行讲解	10 分钟	理解案例涉及的知识点与思政元素
	学生分组讨论	15 分钟	培养学生分析问题的能力
	随机提问 3~4 组	10 分钟	培养学生总结归纳的能力
	任课教师进行总结	5 分钟	加深学生对重点知识点的理解
课后	请学生持续关注我国财政政策	自由安排	能分析我国财政政策效果

（五）总结

面对新冠疫情冲击与国内经济增速放缓的新形势，我国政府通过财政政策干预实现"六稳""六保"。这充分体现了我国社会主义制度在维护社会稳定和促进经济发展方面的独特优势。通过案例分析，任课教师将财政政策部分理论教学内容融于实践，并引导学生增强制度自信、感受民族团结的力量。

参考文献

［1］詹清荣．各国运用财税手段应对新冠肺炎疫情的主要做法及思考［J］．国际税收，2020（4）：7–12.

［2］朱启贵．新冠肺炎疫情对世界主要经济体的影响与中国对策［J］．上海交通大学学报（哲学社会科学版），2020，28（5）：87–99.

［3］吕冰洋，李钊．疫情冲击下财政可持续性与财政应对研究［J］．财贸经济，2020，41（6）：5–18.

［4］李晓，陈煜．疫情冲击下的世界经济与中国对策［J］．东北亚论坛，2020，29（3）：43–57.

［5］白彦锋，唐艺宁．中国应对突发公共卫生事件财税政策的对比研究［J］．经济理论与经济管理，2020（7）：17–29.

［6］韦北村．财经类课程思政案例教学设计与运用［M］．北京：经济管理出版社，2019.

［7］西方经济学编写组．西方经济学：下册［M］．2 版．北京：高等教育出版社，2019.

案例六　央行全面降准，支持实体经济

一、案例正文

2021年7月9日，中国人民银行官方网站发布了《中国人民银行决定于2021年7月15日下调金融机构存款准备金率》的公告。公告称："为了支持实体经济发展，促进综合融资成本稳中有降，中国人民银行决定于2021年7月15日下调金融机构存款准备金率0.5个百分点（其中不含已执行5%存款准备金率的金融机构）。本次下调后，金融机构的加权平均存款准备金率为8.9%。"

从公告内容来看，央行的此次降准为全面降准，除已执行5%存款准备金率的部分县域法人金融机构外，其他金融机构的存款准备金率普遍下调0.5个百分点，降准释放长期资金约1万亿元。不下调部分金融机构存款准备金率的主要原因是，5%的存款准备金率是目前金融机构中最低的，保持在这一低水平有利于金融机构兼顾支持实体经济和自身稳健经营。

对于此次下调存款准备金率的理由和目标，央行在公告中提到："今年以来部分大宗商品价格持续上涨，一些小微企业面临成本上升等经营困难，中国坚持货币政策的稳定性、有效性，不搞大水漫灌，而是精准发力，加大对小微企业的支持力度。下一步，中国人民银行将继续实施稳健的货币政策，坚持稳字当头，保持流动性合理充裕，保持货币供应量和社会融资规模增速同名义经济增速基本匹配，搞好跨周期设计，支持中小企业、绿色发展、科技创新，为高质量发展和供给侧结构性改革营造适宜的货币金融环境。"

二、思政元素

（一）坚持一切从实际出发

坚持一切从实际出发是马克思主义指导我们认识世界、改造世界的基本原则，也是马克思主义关于物质第一性根本原理在方法论上的体现。它要求我们在实践活动中遵循事物发展的基本规律，从运动、变化、发展的实际情况出发，根据客观趋势和现实条件决定行动的具体方针与步骤。要做到一切从实际出发，首先必须正确认识和掌握事物的本质及发展规律，然后要深入现实，进行调查研究，全面了解各方面的实际情况，在此基础上，指导具体政策方针的制定与实施。

在新冠疫情后期的经济复苏阶段，国外市场和国内市场在需求端的持续走低还有待修复，与此同时，部分大宗商品的价格持续上涨，企业（尤其是中下游的中小微企业）的经营投资困难较大，供给端同样存在压力。也就是说，市场上流通的货币不能满足企业新的投资需求，即货币市场的现实状况是供不应求。马克思在《资本论》有关货币理论的论述中指出，货币在执行流通手段时有自身的规律性，即流通中的货币规模并不是随意规定的，而是由市场上全部商品的交易规模和货币流通速度决定的，市场上流通的商品越多，货币流通速度越快，流通中的货币需求量越大，反之则越小。由此可见，此次央行全面降准是在充分认识货币流通规律的基础上，结合我国的经济现实，对货币政策作出的针对性调整。适度扩大货币供给量，一方面可以缓解中小微企业的实际困难，另一方面有助于劳动力市场的就业及扩大内需。

（二）主要矛盾与次要矛盾

马克思主义唯物辩证法认为，内部矛盾是推动事物发展的根本动力，在事物发展的过程中，矛盾有主次之分。主要矛盾是指在诸多矛盾中处于支配地位、对事物发展起决定作用的矛盾，次要矛盾是处于从属地位、对事物发展不起决定作用的矛盾；主要矛盾和次要矛盾相互依赖、相互影响，并可在一定条件下相互转化。这就要求我们在现实活动中坚持两点论与重点论相统一。两点论就是要同时考虑主要矛盾和次要矛盾，不能只看主要矛盾而忽视次要矛盾；重点论就是在考虑主次矛盾的同时，还必须分清主次，抓住主要矛盾。

从新冠疫情防控常态化阶段我国的经济状况来看，经济复苏在供需两端均存在不小的压力。供给端表现为部分原材料涨价，企业缺乏资金扩大再生产；在需求端，除企业对中间品的消费低迷外，居民的预防性储蓄增加，在一定程度上减少了消费需求。因此，解决供需两端问题的核心在于缓解企业困难。企业扩大生产可缓解供给压力，同时直接增加中间品的消费，并能通过劳动力市场提高居民收入，拉动内需。在我国，推动经济增长与实现物价稳定一直是制定和调整货币政策的主要依据。由于当前市场的主要矛盾体现为企业缺乏资金导致的经济增长在供求两端有双向压力，相对而言物价稳定成为次要矛盾。因此，央行此次在坚持稳定性和有效性的原则下全面降准，为企业释放长期资金，体现了货币政策兼顾主要矛盾与次要矛盾并集中解决主要矛盾的政策导向。

（三）金融支持实体经济发展

2016 年，李克强总理在十二届全国人大四次会议上首次对金融行业提出新的定位，即金融的首要任务还是要支持实体经济的发展。此后，如何推动金融支持实体经济发展成为我国金融体制改革的目标之一，也是金融管理部门制定方针政策的依据。以中小微企业为主的实体经济是市场上最活跃的主体，实体经济在解决劳动力就业、激发市场活力、推动经济增长等方面发挥着不可替代的作用，同时改革开放以来的历史经验证明，实体经济的繁荣是深化我国市场经济体制改革的应有之义。

在我国当前的经济格局下，由于中小企业的固有缺陷和我国现行金融制度在设计方面的不足，中小微企业很难通过市场机制从银行体系获得充足的长期资金。缓解实体经济“融资难、融资贵”的问题，不仅是我国现阶段深化金融体制改革的重要命题，也是央行制定货币政策的针对性目标。在本案例中，央行全面下调金融机构的存款准备金率，试图通过银行体系的货币扩张过程向市场释放资金流动性。公告中提出，此次全面降准并非大水漫灌，而是坚持稳定性和有效性的原则，针对中小微等实体经济企业的困境进行精准调整。由此可见，此次央行调整货币政策的主要目的还是推动以商业银行为主体的金融体系更好地服务于实体经济，通过商业银行释放资金重点支持中小微企业的贷款投资项目，在后疫情时代夯实市场经济的基础力量，推动我国经济的稳健复苏。

三、案例使用

（一）教学用途与教学目标

1. 教学用途

本案例适用于《货币金融学》第十七章“货币政策工具”与第十八章

“货币政策的实施：最终目标和政策指标”等内容的教学。

2. 教学目标

（1）知识层面

掌握概念：中央银行，商业银行，货币政策工具，存款准备金率，货币扩张乘数。

理解知识点：现代货币供给理论，货币供给量的决定因素，央行常规货币政策的调节工具、中介目标与最终目标，货币政策的传导机制与实现过程。

（2）能力层面

逻辑判断能力：在理解货币政策相关理论的基础上，能够根据央行在不同时期调整货币政策的具体操作方法，判断该时期某种货币政策的类型、导向和预期效果。

实践分析能力：帮助学生充分理解商业银行体系的货币扩张功能，以及货币政策调整中介目标（货币供给量）与最终目标（经济增长与物价稳定）之间的关系，并根据不同货币政策工具的传导机制，分析某一时期央行货币政策调整目标的针对性。

（3）素质层面

提升专业素养：要求学生对某一特定时期的宏观经济运行状况进行简要总结，并对宏观经济的发展趋势作出研判，分析政府宏观调控的工作重点。在此基础上，结合现代货币供给理论，讨论不同货币政策工具操作的后果与存在的问题，进一步提出中央银行在货币政策方面的调整思路与方向。

（二）案例讨论的准备工作

①学生预习《货币金融学》第十七章“货币政策工具”与第十八章“货币政策的实施：最终目标和政策指标”等内容。

②学生搜集相关资料，阅读央行在某一特定时期的货币政策调整方案与相关财经评论，了解央行调整货币政策的核心内容与目标，为案例分析和课堂讨论做准备。

（三）案例分析要点

1. 启发思考题

①央行全面下调金融机构的存款准备金率如何影响货币供给？

②在经济复苏阶段，央行为何要使用调整存款准备金率的货币政策

工具?

③为什么央行会在经济复苏阶段针对实体经济调整货币政策，向市场释放流动性?

2. 分析思路

①央行全面下调金融机构的存款准备金率如何影响货币供给?

要点：理解存款准备金率的影响机制。

参考答案：

存款准备金率是指中央银行规定的，为保证商业银行（及其他存款类金融机构）可以应对客户提款而缴存在中央银行的存款占该金融机构存款总额的比率。调整法定存款准备金率，是央行的常规货币政策工具之一。调整存款准备金率，可以影响商业银行的货币扩张能力，间接调控货币供应量。央行提高存款准备金率，意味着商业银行需要将更多的存款划拨到央行的存款准备金账户上，能够贷出到市场的资金总量相对变小，降低了市场的流动性；反之，中央银行下调商业银行存款准备金率，表明商业银行存放在央行存款准备金账户的存款规模相对减小，可以将更多的存款贷出到市场，从而增加货币供给量，释放更多的流动性。

②在经济复苏阶段，央行为何要使用调整存款准备金率的货币政策工具?

要点：理解常规货币政策工具的优缺点。

参考答案：

在金融理论与实务中，存款准备金率、公开市场操作和再贴现是央行的三大常规货币政策工具。其中，存款准备金率是中央银行通过调整商业银行在中央银行的存款准备金规模，影响商业银行的货币扩张能力，从而调控货币供给；公开市场操作是指中央银行通过在证券市场公开买入或卖出有价证券，向市场释放或回收流动性，调整货币供给；再贴现是指商业银行通过向中央银行转让所持有的未到期票据来获得流动性。比较而言，公开市场操作主动性强，灵活性高，调控效果平缓，副作用小，但需要一套成熟的金融市场体系作为支撑；调整存款准备金率同样具有主动性，而且效果明显，但容易引起较大的市场波动；再贴现属于央行的被动调整，容易带来利率市场的波动。

由此可见，新冠疫情影响下的宏观经济复苏阶段，央行主动调整货币政策的常规选项中只有公开市场操作和调整存款准备金率。虽然公开市场操作是一个副作用更小的政策工具，但由于我国现阶段的证券市场并不成熟，而且在宏观经济供需两端均有压力，货币政策需要更为强烈的刺激方式才能给市场带来流动性和信心，因此，全面下调存款准备金率成为必然选择。

③为什么央行会在经济复苏阶段针对实体经济调整货币政策，向市场释放流动性?

要点：理解我国货币政策的主要目标。

参考答案：

根据货币金融学的基础理论，政府调整货币政策的基本目标有经济增长、价格稳定、充分就业与国际收支平衡等；而在全球各主要国家中央银行的货币政策实务中，经济增长与物价稳定是主要目标，并且不同的国家（或地区）有各自的侧重点。美国、日本等国家以及 IMF（国际货币基金组织）等国际金融组织强调将稳定物价作为单一货币政策目标；英国、加拿大等国以及欧洲央行等组织认为，货币政策要考虑稳定物价与经济增长两个目标，且物价稳定优先于经济增长；在我国，虽然《中国人民银行法》以法律的形式确定了将经济增长与物价稳定作为货币政策调整的双重目标，但在央行的货币政策实务中，更多地表现为经济增长目标优于物价稳定目标。

由此，在经济复苏阶段，货币政策倾向于实现经济增长目标符合我国货币政策调整的一贯思路。全面下调存款准备金率，在坚持稳定性与有效性的原则下，针对中小微企业的困境为实体经济释放更多流动性，可在供需两端缓解市场压力，更好地促进经济增长，走出疫情带来的停滞。

（四）教学组织方式

结合案例，将思政元素融入“货币政策工具”“货币政策的实施：最终目标和政策指标”相关知识点的讲授当中。本案例的讲授时间为 2 个课时（90 分钟），具体安排见表 1。

表 1 案例的教学组织

学习阶段	内容安排	时间安排	学习目标
课前	要求学生分组并预习相关知识点	提前两天	了解案例与相关知识点
课中	任课教师展示案例 PPT	10 分钟	熟悉案例
	任课教师对 PPT 案例进行简要讲解	10 分钟	理解案例涉及的知识点与思政元素
	学生分组讨论	20 分钟	培养学生分析问题的能力
	随机提问 3~4 组	30 分钟	培养学生总结归纳的能力

续表

学习阶段	内容安排	时间安排	学习目标
课中	任课教师进行总结	20 分钟	强调重点，加深学生对知识点的理解
课后	请学生持续关注央行的货币政策		能对央行新执行的货币政策进行简要分析

（五）总结

为缓解实体经济发展困境，向市场释放更多流动性，央行全面下调金融机构存款准备金率。由于我国现有的金融格局以商业银行为主，因此全面下调存款准备金率的货币政策调整，本质上就是通过商业银行的货币扩张功能，增加货币供给。在经济复苏阶段，以中小微企业为主体的实体经济部门的增长不仅可以在供求两端缓解宏观经济的下行压力，也是推动市场经济体制完善的重点所在。基于此，央行此次全面降准，不是大水漫灌，而是在坚持稳定性与有效性的前提下，有针对性地向实体经济部门释放更多流动性，反映了货币政策调整要推动金融服务实体，是货币政策回归常态的常规性操作，稳健货币政策取向没有发生改变。

参考文献

［1］中国政府网．人民银行决定于2021年7月15日下调金融机构存款准备金率［EB/OL］．（2021-07-09）［2023-05-17］．http：//www.gov.cn/xinwen/2021-07/09/content_5623842.htm.

［2］新浪财经．央行宣布15日全面降准释放长期资金约1万亿元［EB/OL］．（2021-07-10）［2023-05-17］．https：//baijiahao.baidu.com/s?id=1704853560218290154&wfr=spider&for=pc.

［3］澎湃网．今年首次，央行全面降准！［EB/OL］．（2021-07-09）［2023-05-17］．https：//www.thepaper.cn/newsDetail_forward_13524800.

［4］弗雷德里克·米什金．货币金融学［M］．郑艳文，荆国勇，译．9版．北京：中国人民大学出版社，2011.

［5］张雷声．马克思主义基本原理概论［M］．2版．北京：中国人民大学出版社，2018.

案例七　贯彻可持续发展理念，推动绿色 GDP 增长

一、案例正文

（一）浙江嘉兴：环境污染下的经济腾飞

在浙江嘉兴南湖区大桥镇的向阳化工厂周围，空气中弥漫着某种味道，有一家工厂正在排放大量的烟气，而另一边则是正在焚烧的垃圾。当地的居民说，化工区的污染肯定是有的，这里的竹子都长不好。事实上，在嘉兴市区及各下属县，污染事件常有发生。2011 年，嘉兴下属桐乡市桐昆集团上市时，被揭露出环境污染问题。在桐昆集团多个厂区，扑面而来的酸臭、带有腐烂气息的鸡蛋的味道几乎弥漫整个镇，对当地人来说，已经习以为常，并且无能为力。

嘉兴第二产业工业的增长远大于其他产业。2010 年度嘉兴第二产业增加值为 1342.12 亿元，增长 15.4%，其中工业增加值 1191.02 亿元，增长 16.2%。在第二产业中，有很多化工、纺织等容易形成污染的企业。以嘉兴的上市公司为例，“十一五”期间，嘉兴市新增上市公司 16 家，上市公司总数从 5 家增加至 21 家。截至 2011 年 7 月，嘉兴全市上市公司达到 23 家，其中境外上市 7 家。在这些上市公司中，有一半以上为化工、纺织、造纸等容易对环境产生污染的行业。大量化工、纺织企业在推动经济迅速发展的同时，带来了环境的污染。

（二）绿色 GDP

绿色 GDP（国内生产总值）概念的正式提出，可以追溯到 1993 年联合国统计署正式出版的《综合环境经济核算手册》，该手册首次正式提出了“绿色 GDP”的概念。根据联合国统计署提出的绿色 GDP 的概念和核算方法，在理论上，绿色 GDP 与 GDP 的关系可以用下式表示：绿色 GDP=GDP–固定资产折旧–资源环境成本。

二、思政元素

（一）树立绿色发展理念

过去我们的发展理念将人置于自然界之上，在大干特干中将自然界当作人类可以无限淘宝的工具。我国经济发展过程中曾一度出现的 GDP 崇拜、“环境掠夺式”经济增长就是这种发展理念导致的。这种旧式的发展理念将自然在空间上视为一个装满有用资源等待开发的容器，在时间上视为可以用来加速生产过程、创造无限物质财富的工具。这种传统工业理念的偏差使我国发展在实践上重蹈了西方国家“先发展、后治理”或“边污染、边治理”的老路，并且积累了大量生态环境问题。向大自然过度索取，未来也需要加倍偿还，不然会遭到大自然的加倍报复。这已经是人类的共识。人类要对大自然充满敬畏，才能与大自然和谐共处。正是基于这种客观现实和突出问题的倒逼，我们党确立了绿色发展理念，倡导绿色生活方式和生产方式。

（二）不断实现人民对美好生活的向往

中国共产党来自人民、植根人民、服务人民，始终把为中国人民谋幸福、为中华民族谋复兴作为初心和使命。党的一切工作的出发点和落脚点，就是实现好、维护好、发展好最广大人民的根本利益。绿色是人民美好生活的底色。生态环境是人类生活的自然前提和环境基础。人类通过劳动与生态环境产生联系，从自然中获取生存和生活所需的物质资料。同时，生态环境也会直接影响人类的生产和生活方式。绿色生态是良好生产生活环境的必要条件，是实现人民对美好生活的向往的自然基础。人与自然和谐共生，建设绿色生态系统是推进绿色发展的重要举措，是我国推进生态文明建设、共建美丽中国的必由之路，是全面建成小康社会的时代强音，也是实现中华民族伟大复兴中国梦的重要内容。

（三）经济发展与环境保护的辩证统一

“绿水青山就是金山银山”理念是全党全社会的共识和行动，也是新发展理念的重要组成部分。这种理念从根本上更新了我们关于自然资源价值的传统认识，指明了实现发展和保护内在统一、相互促进和协调共生的方法论。加强环保会降低 GDP。从环保部组织专家编写的报告来看，“十一五”

期间，中国加大节能减排力度，淘汰落后产能，累计减少 GDP1869 亿元，占同期 GDP 的 0.12%。《大气污染防治行动计划》（2013 年）实施以来，淘汰落后产能使得 GDP 减少约 1148 亿元，占同期 GDP 的 0.03%，并导致企业成本增加、利润减少。以山东省淄博市为例，生态环境部调研人员了解到，近年来，淄博市环保投入 400 多亿元，整治污染企业 8000 多家（次），关停各类中小企业上千家，新上治污设施超过千台（套）。这些投入，大部分由企业承担，短期内必然会影响企业的利润。但是，环保方面的投入也会直接拉动经济增长。报告显示，“十二五”前期（2011—2013 年），我国环保投入共计 2.33 万亿元，拉动 GDP 增加 2.56 万亿元，占这三年 GDP 的 1.64%。此外，环保方面的投入能驱动产业升级，加快产品更新，倒逼行业优胜劣汰，提高整个行业的竞争力，同时减少因污染造成的健康和经济损失。据有关专家研究，我国每年因环境污染和生态破坏造成的经济损失占当年 GDP 的 6 %左右；同时，城市的室外 PM2.5 污染，可导致敏感人群罹患多种疾病，甚至过早死亡。加大环保方面的投入，有助于减小经济发展的环境代价，增加绿色 GDP。反观部分低端污染产业，对经济和税收的贡献十分有限，但修复其所造成的水体污染、土壤污染以及生态破坏，则需要数十倍的资金投入。

三、案例使用

（一）教学用途与教学目标

1. 教学用途

本案例适用于宏观经济学课程中“GDP 核算”相关内容的教学。

2. 教学目标

（1）知识层面

掌握概念：国内生产总值。

理解知识点：国内生产总值的核算方法、三种核算方法之间的关系。

（2）能力层面

系统思维能力：任课教师通过对基本概念和理论的讲解，使学生系统了解 GDP 的历史、概念、核算方法，形成全面、系统分析问题的思维能力。

判断实践能力：在理解 GDP 概念的基础上，能够判断何种经济行为应计入 GDP。

（3）素质层面

形成专业意识：任课教师通过案例分析、理论讲授，引导学生关注现实问题和相关政策，意识到经济学在生活中的体现。

培养批判性思维：任课教师通过案例分析，使学生能够进一步分析一个统计指标的目的和缺陷。

（二）案例讨论的准备工作

①学生预习《宏观经济学》教材中“宏观经济指标”中的“国民收入核算”一节，了解国民经济核算的有关知识。

②学生查阅和收集以下资料：各省市发生过的经济发展与环境保护冲突方面的案例；绿色 GDP 核算发展历史。

（三）案例分析要点

1. 启发思考题

①简述 GDP 的概念和核算方法。

②当前 GDP 核算中存在哪些问题？有什么改进措施？

2. 分析思路

①简述 GDP 的概念和核算方法。

要点：GDP 的概念和核算方法。

参考答案：

通常对 GDP 的定义为：一定时期内（一个季度或一年），一个国家或地区所生产出的全部最终产品和提供劳务的市场价值的总和。

GDP 可以通过三种方法计算，即生产法、收入法和支出法。生产法是从生产的角度衡量所有常住单位在核算期内新创造的价值，是国民经济各行业在核算期内新创造的价值和固定资产的转移价值的总和，即国民经济各行业增加值的总和。收入法也称“分配法”，即通过生产要素在生产过程中应得的收入份额及因从事生产活动向政府支付的份额来反映最终成果的一种计算方法。按照这种计算方法，GDP 由全国各行业汇总的劳动者报酬、生产税净额（生产税 - 生产补贴）、固定资产折旧和营业盈余四部分组成。支出法也称“使用法”，顾名思义，就是从最终使用的角度衡量核算期内生产的所有货物和服务的去向。按照支出法，GDP 由居民消费、政府消费、固定资本形成总额、存货增加以及货物和服务的净出口（出口与进口的差额）五部分组成。

②当前 GDP 核算中存在哪些问题？有什么改进措施？

要点：GDP 核算中存在的问题。

参考答案：GDP 不能反映资源环境的变化。GDP 是反映经济发展情况的指标，但是经济发展势必消耗自然资源，也往往会对环境产生负面影响，如消耗土地资源、水资源、森林资源、矿产资源，以及水污染、空气污染、土地污染等。GDP 无法反映经济发展所带来的资源消耗成本和环境损失代价，也不能全面地反映人类的自觉行动对自然环境的改善。国际上有人提出"绿色 GDP"的概念，这是一个科学的理念，但实际操作起来很难。目前，国际上还没有一套成熟的方法计算绿色 GDP，也没有一个国家的政府统计部门正式发布绿色 GDP 数据。

（四）教学组织方式

结合案例，将思政元素融入"国民收入核算"相关知识点的讲授当中。本案例讲授时间为 2 个学时（90 分钟），具体教学组织见表 1。

表 1 案例的教学组织

学习阶段	内容安排	时间安排	学习目标
课前	要求学生分组并预习相关知识点	提前两天	了解案例与相关知识点
课中	任课教师展示案例 PPT	10 分钟	熟悉案例背景
	任课教师对案例 PPT 进行讲解	10 分钟	理解案例涉及的知识点与思政元素
	学生分组讨论	20 分钟	培养学生分析问题的能力
	随机提问 3~4 组	30 分钟	培养学生总结归纳的能力
	任课教师进行总结	20 分钟	强调重点，加深学生对知识点的理解
课后	请学生持续关注绿色发展相关政策		能运用相关理论知识分析落实绿色发展理念的政策

（五）总结

新时代，新的经济环境，新的发展要求，需要树立绿色发展理念，在经济发展中实现人与自然的和谐共生。我国应通过新的 GDP 核算方式，重新评估发展经济所付出的生态成本，使“两山”理论在国民经济核算领域落地。

参考文献

[1]《西方经济学》编写组．西方经济学：下册［M］．2版．北京：高等教育出版社，2019.

[2]尹向飞．新框架核算下中国省级绿色GDP增长时空演变及驱动［J］．经济地理，2021，41（1）：49-57，180.

[3]欧阳康，刘启航，赵泽林．关于绿色GDP的多维探讨：以绩效评估推进我国绿色GDP研究［J］．江汉论坛，2017（5）：134-138.

案例八　坚守育人信念，担负教育精准扶贫责任

一、案例正文

（一）最美教师张桂梅

2021 年 7 月 1 日，在中国共产党成立一百周年之际，张桂梅荣获国家首批“七一勋章”，这份至高无上的荣光，张桂梅是受之无愧的。在举行颁奖仪式的那一天，张桂梅上了热搜，她用自己最朴素的力量向我们展示了可以撬动孩子未来和祖国明天的大力量。

46 年前，张桂梅从东北来到云南支边，成为一名普通的人民教师。在每一次的家访中，看到山区孩子因为家庭贫苦而辍学，张桂梅都感到无比痛心。张桂梅深深地感受到，只能用知识来改变命运，改变这些贫穷女孩子的命运。一个受教育的女性能够改变三代人的命运，有效阻断贫困的代际传递。她下定决心要创办免费女子中学，点燃贫困地区孩子们的梦想。在党和政府的帮助下，华坪儿童之家、华坪女子高中先后建立。华坪女子高中是全国唯一的免费女子高中，专门供贫穷家庭女子读书。多年来，已经有 2000 个女孩子考上大学，有 172 个孤儿有了新家。为了孩子们，张桂梅把病痛置之度外，把自己的全部身心都奉献给了孩子们。在华坪女子高中越来越好的同时，张桂梅的身体越来越差，患上了 10 余种疾病。张桂梅说：“当听到学生大学毕业后能为社会作贡献时，我觉得值了。她们过得比我好，比我幸福，就足够了，这是对我最大的安慰。”

张桂梅为教育事业付出了大量的心血，先后获得“全国先进工作者”“全国十佳师德标兵”“全国十大女杰”“最美乡村教师”等光荣称号。她拿到的奖金有几十万元，但是一分未留，全部捐给了教育事业。据云南网报道，张桂梅在 2021 年 7 月 2 日下午回到云南，她满是膏药的手里捧着“七一勋章”，令所有人感慨万千。张桂梅说：“我最牵挂学生们，还有孤儿院的孩子们，我真的很想他们。”张桂梅表示，她要继续带着老师和孩子们一起往前冲，她会站在讲台上九死无悔。她希望孩子们快快长大、快快成

才，成为合格的共产主义接班人。

（二）知识改变命运

2021年4月19日，中国科学院自动化所黄国平的博士论文致谢内容在网上引发热议，让很多人读后眼眶湿润。黄国平在《致谢》中回顾了自己一路走来的艰辛和坚持，写出了一个山村孩子为了走出大山流血流泪、咬牙拼搏、与命运抗争的成长故事，打动了大批网友。黄国平在《致谢》中回忆，他出生在一个小山坳里，他的妈妈在他12岁的时候离开了家。他的爸爸经常不在家，有时候他病得非常严重，爸爸也仅给他留下勉强够治病的钱，就又走了。他17岁时，爸爸因为交通事故离开了人世，他哭得惊天动地。同年，和他住在一起的婆婆也病故了。这一切的发生令黄国平无能为力。婆婆照顾他17年，下葬时却只有一副薄薄的棺材。生命中另一个陪伴他的是老狗小花，小花为爸爸和婆婆守过坟，后来因为他进城上高中不能照料，小花不知命终于何时何处。每次回去看望他们，一座座坟茔都在提醒他生命的每一分钟都弥足珍贵。生活贫困，上学没有经济来源，他只能通过夜里抓黄鳝、周末钓鱼、养小猪崽、出租水牛来维持学业。

其实，除了生活中的贫困，精神上的折磨也让黄国平难以忘却。黄国平回忆，人后遭受的痛苦还能克服，人前的尊严总是无比脆弱。很多次，他因为欠费被老师约谈。下雨天上课，他的屁股后面都是泥。夏天，他光着脚走过滚烫的路面。冬天，他破衣烂衫打着寒战去领作业本。多少次，这些险些成为压垮骆驼的最后一根稻草。如果不是考试后经常可以领到奖学金，顺便可以贴一墙的奖状满足最后的虚荣心，他可能早就坚持不下去了。吃了多少苦，流了多少泪，黄国平自己都记不清了，唯一支持他永不放弃的信念是“把书念下去，然后走出去，不枉活一世”。黄国平在《致谢》结尾写道：“理想不伟大，只愿年过半百，归来仍是少年，希望还有机会重新认识这个世界，不辜负这一生吃过的苦。最后，如果还能作出点让别人生活更美好的事，那这辈子就赚了。”读来让人泪目。

二、思政元素

（一）百年大计、教育为本

一个国家从贫穷走向富裕，是政治、经济、文化等各方面协调发展的结果，是劳动、资本、技术等各种要素综合发挥作用的结果。在这诸多要素中，不是经济为本、不是政治为本，而是教育为本，这充分反映出教育对一个国家发展的重要性。国家进步、民族复兴，教育先行。不管是过去还是未来，一个国家的竞争力归根结底来自人才、来自教育。

“百年大计，教育为本”的提出，标志着我国教育事业进入一个新的阶段。它简洁深刻，正本清源，指出了教育在一个国家发展中的重要作用，一经提出便引起全国上下对教育事业的重视、对教师职业的尊重，极大地推动了我国教育事业和经济社会的发展。1985 年，党中央出台《中共中央关于教育体制改革的决定》，明确指出社会主义建设事业必须建立在教育的坚实基础上。1987 年，党的十三大第一次提出“百年大计，教育为本”，令人为之振奋。之后，这一论断成为党和政府对教育功能的基本判断，并得到不断重申。国家领导人江泽民同志和胡锦涛同志都曾在讲话中强调“百年大计，教育为本”，指出我们必须高举科教兴国的旗帜，在全国范围创造尊重知识、尊重人才的氛围。新一代领导集体也高度重视教育事业的发展。习近平总书记多次在讲话、书信中提到“百年大计，教育为本”。2018 年，在全国教育大会上，习近平总书记进一步重申：教育是中华民族伟大复兴的重要基石，教育是功在当代、利在千秋的伟大举措，教育是改变贫困面貌、实现人民全面发展、提升中华民族创造力的伟大战略。根据我国经济建设的“三步走战略”和“两个一百年”奋斗目标，教育先行的基本方针始终保持不变，但各个阶段的侧重点又有所不同。1986 年，《中华人民共和国义务教育法》通过，为我国劳动力素质的提高打下了良好的基础。20 世纪 90 年代，我国制定财政性教育经费占 GDP 4% 的阶段性目标，教育经费稳步增长，为我国教育事业的发展提供了充分保障。随后的教育举措（包括高校扩招、“双一流”建设等）为我国创新型发展提供了必要的人才力量。近些年的控辍保学、教育扶贫等措施，为扶持教育公平、缩小贫富差距、解决相对贫困、实现共同富裕作出了贡献……

“百年大计，教育为本”提供了教育促进国家发展、教育改变个人命运的中国成长方案和中国发展智慧。从大的方面看，教育是一个国家屹立于世界民族之林的重要举措；从小的方面看，教育是阻断贫困传递、改变个人和家庭命运的根本手段。“地瘦栽松柏，家贫子读书”的古训告诉我们一条从贫穷走向富裕的正确道路：越是处在贫困中的个人和家庭，越应该进行长远的规划和投资，十年树木、百年树人，从吾辈做起，努力奋斗，改变命运。

（二）尊重知识、尊重人才

“尊重知识、尊重人才”是建党百年历史的一百个关键词中带有鲜明时代烙印的重要一个。随着全国科学大会的召开与高考制度的恢复，“尊重知识、尊重人才”的提法得到全国人民的认同，良好的社会氛围也迅速形成。回想清代诗人龚自珍的著名诗句“我劝天公重抖擞，不拘一格降人才”，对人才的重视自古有之。只有重视人才的培养和教育，动员一切力量搞好教育，培养大批优秀人才，我们国家才能一览众山小，永远居于不败之地。“尊重知识、尊重人才”离不开人才的创新和接续继承，我们应该充分调动知识分子的积极性，创造更加适合人才培养的优越环境，创新人才培养模式，给予知识分子更充分的空间与资源，确保人才队伍不断壮大。习近平总书记多次强调，在新一轮全球经济增长面前，只有坚定不移地搞好改革、加强创新，才能使社会主义事业不断前进。新世纪新征程，唯改革创新者强，唯人才胜出者强。

（三）走向共同富裕，实现第二个百年奋斗目标

2021 年 7 月 1 日是中国共产党的百岁生日，习近平总书记在庆祝大会上向全国人民庄严宣告，经过全国人民的艰苦奋斗，第一个百年奋斗目标已经实现，我们在中国大地上历史性地解决了绝对贫困问题，全面建成小康社会。未来，党和国家将带领全国人民继续向第二个百年奋斗目标进军。第二个百年奋斗目标是一个包括共同富裕在内的经济社会全面发展工程，是一个解决不平衡不充分发展问题、实现人的全面发展的系统目标。未来，我们将以第一个百年奋斗目标的实现为契机，脚踏实地，想方设法解决相对贫困问题，多渠道、多层面地解决地区不均衡、城乡不均衡、行业不均衡等各种问题，坚持产业扶贫、教育扶贫、就业扶贫、健康扶贫等多方结合，争取到 2025 年，我国经济发展质量有明显提高，人均地区生产总值达到中等发达国家水平：城乡基本公共服务均等化发展，区域收入水平和生活水平不断提高，低收入群体增收能力明显提高，社会福利水平持续提高，中等收入群体人数不断增加，社会结构更加合理，社会文明程度和文化素养达到新高度。到 2035 年，经济建设取得更大成就，基本实现社会主义现代化，物质、政治、精神、社会、生态得到全面提升。在此基础上，再奋斗 15 年，到 2050 年，把我国建设成为富强、民主、文明的社会主义现代化强国。为此，我们在指导思想上，要坚持中国共产党的领导，坚持以人

民为中心，坚持共建共享共治。在实现路径上，要坚持改革开放创新，坚持在把蛋糕做大做好的同时，把蛋糕分好。中华民族伟大复兴的历史任务摆在我们面前，实现了第一个百年奋斗目标之后，我们要再接再厉，砥砺前行，在全面建成小康社会的基础上，实现共同富裕的现代化强国梦。

三、案例使用

（一）教学用途与教学目标

1. 教学用途

本案例适用于《发展经济学》教材第五章“公平、分配与贫困”和第十一章“人口与人力资源”等内容的教学。

2. 教学目标

（1）知识层面

掌握概念：公平、分配、贫困。

理解知识点：贫困的概念、识别和标准，绝对贫困的范围和程度，多维贫困，贫困的原因与对策。

（2）能力层面

逻辑判断能力：在理解公平与发展的基础上，能够结合我国不同地区发展状况，理解贫困产生的原因，并根据不同的原因区分贫困的类别。

实践分析能力：能够结合某一地区具体的贫困现象，确定目标，精准扶贫，设计详细的扶贫方案与配套对策。

（3）素质层面

提高专业素养：贫困是发展中国家的一种现象，绝对贫困与相对贫困都应该得到重视。现阶段，我国的绝对贫困问题已经基本解决，相对贫困问题却凸显出来。任课教师通过案例分析，结合相对贫困的特征，引导学生思考教育扶贫对于阻断贫困代际传递的重要性，教育扶贫的推行需要哪些配套制度的支持，以及在教育扶贫基础上，如何有效结合其他扶贫方式，尽快缓解相对贫困现象。

（二）案例讨论的准备工作

①学生预习《发展经济学》教材第五章“公平、分配与贫困”的内容，

或者提前上网了解我国扶贫政策和精准扶贫相关情况。

②事先通知学生搜集有关新闻资料，了解现阶段我国哪些地区仍然属于重点扶贫地区，国家和政府采取了哪些举措，为案例分析和课堂讨论做准备。

（三）案例分析要点

1. 启发思考题

①结合案例，谈谈什么是绝对贫困和相对贫困，我国现阶段哪一种贫困凸显。

②案例反映了哪种扶贫方式？针对相对贫困，教育精准扶贫具有哪些深远意义？我们应该怎么做？

2. 分析思路

①结合案例，谈谈什么是绝对贫困和相对贫困，我国现阶段哪一种贫困凸显。

要点：理解贫困的本质。

参考答案：

绝对贫困也被称为“生存贫困”，具体是指在一个国家或地区当前的生产方式和生活方式下，个人和家庭依靠其合法劳动所得和其他收入不能维持其基本的生存需要。这样的个人或家庭被称为“贫困人口”或“贫困户”。与绝对贫困不能维持基本生存状况不同，相对贫困是指与社会平均收入水平相比，其收入少到一定程度时所维持的那种低水平社会生活状况，也就是各个社会阶层之间和各阶层内部的收入差异。在不同国家、不同时期，相对贫困的标准并不一致。有些国家把低于平均收入 40% 的人口归到相对贫困之列。世界银行认为，收入等于（或少于）平均收入 1/3 的社会成员可以被视为相对贫困。

2021 年 7 月 1 日，习近平总书记在庆祝中国共产党成立 100 周年大会上向全国人民庄严宣告：“经过全党全国各族人民持续奋斗，我们实现了第一个百年奋斗目标，在中华大地上全面建成了小康社会，历史性地解决了绝对贫困问题，正在意气风发向着全面建成社会主义现代化强国的第二个百年奋斗目标迈进。”未来，相对贫困问题会凸显。

②案例反映了哪种扶贫方式？针对相对贫困，教育精准扶贫具有哪些深远意义？我们应该怎么做？

要点：理解教育扶贫的意义与做法。

参考答案：

案例反映了教育精准扶贫的作用。教育精准扶贫是提高扶贫工作实效的前提和关键。教育精准扶贫是改善、稳定和发展扶贫工作的基础。“输血式”扶贫措施比如给钱给物，只能解决一时之需，不能有效阻挡贫困传递。只有想方设法恢复贫困地区的“造血功能”，扶贫先扶志，扶贫先扶智，才能从根本上斩断穷根、挖掘富源。教育精准扶贫是“斩断穷根”的利器和提升自身发展能力的关键。因此，一定要明确扶贫开发的重点，突出教育在精准扶贫中的作用，努力使贫困地区孩子的生活和教育得到改善，实现贫困地区人口彻底脱贫。

具体做法：

第一，机构健全、责任到人。首先，成立教育扶贫领导小组，由校长担任组长，教导主任担任副组长，下设办公室，其他老师为组员。各位老师分别精准联挂到每个自然村，确保数据精准到户、责任到人。其次，健全责任联挂制度。每位教师联挂到具体家庭和学生，确保精准、时时帮扶。最后，成立关爱室，开通亲情热线。关爱每一位建档立卡学生，时刻关注贫困学生动态，及时伸出援助之手。攻坚克难，群策群力，确保教育扶贫工作进展顺利。

第二，线上线下多方进行政策宣传。通过制作教育扶贫宣传标语和入户家访进行教育扶贫宣传。鼓励当地全体教师登录“中国社会扶贫网”，进行全员“爱心人士”注册，对接全国各地的贫困学生，使其加入爱心捐赠或资助。

第三，确保控辍保学工作顺利圆满。积极采取各种方法进行沟通，设立“亲情热线”，走访建档立卡户，确保每位学生开心上学、积极进取。

（四）教学组织方式

结合案例，将思政元素融入“公平、分配与贫困”“人口与人力资源”相关知识点的讲授当中，尤其是“贫困与反贫困”的内容。本案例讲授时间为 2 个课时（90 分钟），具体安排见表 1。

表 1　案例的教学组织

学习阶段	内容安排	时间安排	学习目标
课前	要求学生分组并预习相关知识点	提前两天	了解案例与相关知识点
课中	任课教师展示案例 PPT	10 分钟	熟悉案例
	任课教师对案例 PPT 进行讲解	10 分钟	理解案例涉及的知识点与思政元素

续表

学习阶段	内容安排	时间安排	学习目标
课中	学生分组讨论	20 分钟	培养学生分析问题的能力
	随机提问 3~4 组	30 分钟	培养学生总结归纳的能力
	任课教师进行总结	20 分钟	强调重点，加深学生对知识点的理解
课后	请学生持续关注精准扶贫的政策		能结合其他扶贫方式思考如何解决我国的相对贫困问题

（五）总结

第一个百年奋斗目标已经实现，我们在中国大地上历史性地解决了绝对贫困问题，全面建成了小康社会。未来，党和国家将带领全国人民向第二个百年奋斗目标迈进。第二个百年奋斗目标任重道远，肩负着全体人民共同富裕的责任。为了实现共同富裕，我们应继续致力于解决发展不平衡不充分问题，重点解决收入分配不公、城乡居民差距过大问题。同时，要解决好贫困地区的相对贫困问题，防止部分家庭和地区再次返贫。长远之计，应加强对贫困地区的教育投入和产业支持，阻断贫困的代际传递，实现每个人的全面发展。

参考文献

［1］新华网．“七一勋章”获得者、“校长妈妈”张桂梅：燃烧自己点亮梦想［EB/OL］.（2021-07-26）［2023-05-13］. http：//www.moe.gov.cn/jyb_xwfb/s5147/202107/t20210716_545044.html.

［2］光明网．热泪盈眶！直抵人心的论文致谢：不为苦难所困，成就反哺社会［EB/OL］.（2021-04-19）［2023-05-14］. https：//m. gmw.cn/baijia/2021-04/19/1302240702. html.

［3］谭崇台．发展经济学概论［M］. 武汉：武汉大学出版社，2003.

［4］张培刚．发展经济学教程［M］. 北京：经济科学出版社，2001.

［5］郭熙保．发展经济学［M］. 北京：高等教育出版社，2019.

［6］习近平．在庆祝中国共产党成立 100 周年大会上的讲话［EB/OL］.（2021-07-15）. https://www.gov.cn/xinwen/2021-07/15/content_5625254.htm.

案例九　推动经济增长，助力脱贫攻坚

一、案例正文

改革开放以来，我国经济高速增长，1979—2017年平均增速为9.5%，平均每8年翻一番，远高于同期世界经济2.9%左右的年均增速，在全球主要经济体中名列前茅。在总量扩张的同时，中国人均国内生产总值不断提高，成功由低收入国家跨入中等偏上收入国家行列。2017年，中国人均国内生产总值为59660元，扣除价格因素，比1978年增长22.8倍，年均实际增长8.5%。①

我国是一个社会主义国家，目标是实现共同富裕，需要让经济发展成果惠及全体社会成员。但是，我国在经济方面取得巨大成就的同时，贫困问题依然很严峻。1978年，按中国政府确定的贫困标准统计，中国农村贫困人口为2.5亿人，贫困发生率为30.7%，占世界贫困人口总数的1/4。1986年，我国成立了专门的扶贫机构——国务院贫困地区经济开发领导小组（1993年改名为国务院扶贫开发领导小组），决定在全国范围内有计划、有组织地开展大规模的扶贫开发工作，使农村扶贫工作更加规范化和制度化。

2021年2月25日，全国脱贫攻坚总结表彰大会在京隆重举行，习近平总书记庄严宣告："我国脱贫攻坚战取得了全面胜利，现行标准下9899万农村贫困人口全部脱贫，832个贫困县全部摘帽，12.8万个贫困村全部出列，区域性整体贫困得到解决，完成了消除绝对贫困的艰巨任务，创造了又一个彪炳史册的人间奇迹！这是中国人民的伟大光荣，是中国共产党的伟大光荣，是中华民族的伟大光荣！""党的十八大以来，平均每年1000

① 国家统计局.波澜壮阔四十载 民族复兴展新篇：改革开放40年经济社会发展成就系列报告之一［EB/OL］.（2020-02-17）. http：//www.stats.gov.cn/ztjc/ztfx/ggkf40n/201808/t20180827_1619235.html.

多万人脱贫，相当于一个中等国家的人口脱贫。”[①]“十三五”时期，脱贫攻坚成果举世瞩目，5575 万农村贫困人口实现脱贫，困扰中华民族几千年的绝对贫困问题得到历史性解决，创造了人类减贫史上的奇迹。

二、思政元素

（一）以人民为中心的发展思想

人民是推动发展的根本力量，实现好、维护好、发展好最广大人民根本利益是发展的根本目的。以正确理念为引领，坚定并践行人民立场，始终保持人民的中心与主体地位，始终坚持人民利益至上，既是中国共产党的宗旨，也是中国经济发展的根本出发点和落脚点。促进社会公平正义，就要坚持共享发展，坚持发展为了人民、发展依靠人民、发展成果由人民共享，使全体人民在共建共享发展中有更多获得感，朝着共同富裕方向稳步前进。

（二）落实共享发展理念，努力实现共同富裕

为人民谋幸福、为民族谋复兴是中国共产党的初心和使命，实现共同富裕是社会主义的本质要求。新中国成立 70 年来经济发展之所以能够取得历史性成就，其中一条宝贵经验，就是中国共产党始终坚持发展为了人民，发展依靠人民，发展成果由人民共享，致力于实现共同富裕。[②]事实充分证明，做好党和国家各项工作，必须把实现好、维护好、发展好最广大人民根本利益作为一切工作的出发点和落脚点，更加自觉地使改革发展成果更多更公平惠及全体人民。党的十八大以来，党中央鲜明提出，全面建成小康社会最艰巨最繁重的任务在农村特别是在贫困地区，没有农村的小康特别是没有贫困地区的小康，就没有全面建成小康社会。2012 年底，党的十八大召开后不久，党中央就突出强调，“小康不小康，关键看老乡，关键在贫困的老乡能不能脱贫”，承诺“决不能落下一个贫困地区、一个贫困群众”。

---

① 习近平：在全国脱贫攻坚总结表彰大会上的讲话［EB/OL］.（2021-02-25）. http：//www.xinhuanet.com/politics/leaders/2021-02/25/c_1127140240.htm.

② 谢伏瞻 . 新中国 70 年经济与经济学发展［J］. 中国社会科学，2019（10）：5-22，204-205.

（三）党的集中统一领导是脱贫攻坚的关键

习近平总书记在全国脱贫攻坚总结表彰大会上指出，坚持党的领导，为脱贫攻坚提供坚强政治和组织保证。我们坚持党中央对脱贫攻坚的集中统一领导，把脱贫攻坚纳入“五位一体”总体布局、“四个全面”战略布局，统筹谋划，强力推进。我们强化中央统筹、省负总责、市县抓落实的工作机制，构建五级书记抓扶贫、全党动员促攻坚的局面。我们执行脱贫攻坚一把手负责制，中西部 22 个省份党政主要负责同志向中央签署脱贫攻坚责任书、立下“军令状”，脱贫攻坚期内保持贫困县党政正职稳定。我们抓好以村党组织为核心的村级组织配套建设，把基层党组织建设成为带领群众脱贫致富的坚强战斗堡垒。我们集中精锐力量投向脱贫攻坚主战场，全国累计选派 25.5 万个驻村工作队、300 多万名第一书记和驻村干部，同近 200 万名乡镇干部和数百万村干部一道奋战在扶贫一线，鲜红的党旗始终在脱贫攻坚主战场上高高飘扬。事实充分证明，中国共产党具有无比坚强的领导力、组织力、执行力，是团结带领人民攻坚克难、开拓前进最可靠的领导力量。

三、案例使用

（一）教学用途与教学目标

1. 教学用途

本案例适用于《宏观经济学》教材中“经济增长与经济发展”相关内容的教学。

2. 教学目标

（1）知识层面

理解概念：经济增长和经济发展的内涵。

掌握知识点：索罗模型、经济发展理论。

（2）能力层面

抽象思维能力：能够掌握经济增长与经济发展之间的区别与联系。

系统思维能力：能够基于不同案例分析经济增长的动力和影响因素。

（3）素质层面

提升专业素养：能够掌握经济发展的一般规律和驱动因素。

培养综合素质：能够结合中外减贫案例，探究脱贫的内外部条件、经济社会条件与制度环境。

（二）案例讨论的准备工作

①学生预习《宏观经济学》教材中“经济增长与经济发展”相关知识点，总结经济增长的影响因素，提出促进经济增长的政策。

②请学生提前做好准备，在课上分享各自家乡的经济增长数据及表现。

（三）案例分析要点

1. 启发思考题

①经济增长的决定因素有哪些？

②经济发展的最终目的是什么？

③经济增长成果如何惠及全体居民？

2. 分析思路

①经济增长的决定因素有哪些？

要点：经济增长的决定因素。

参考答案：

在理论研究方面，早期的经济学家认为，经济增长是土地与劳动投入的结果。后来，经济学家逐渐发现，从经济内部因素来讲，资本积累、技术进步、生产要素的资源配置等因素也会影响经济增长。内生经济理论进一步放弃边际报酬递减和完全竞争假设，指出人力资本的数量和质量等因素也会影响经济增长。从经济外部因素来讲，国际贸易、外部经济环境等都是影响经济增长的因素。

②经济发展的最终目的是什么？

要点：经济发展的目的。

参考答案：

生产力是社会发展的最终决定力量，生产力发展水平是判断社会进步的最高标准。每个人的全面而自由的发展，是评价社会进步的最高尺度或最高标准。生产力标准和人的自由全面发展标准是辩证统一的。其实，生产力是静态的、客体的物的因素和动态的、主体的人的因素的内在统一，既是物质的经济技术的生产力，也是人自由全面发展自己的生产力。生产力中最活跃的因素是人，立足于人这个主体，社会进步的终极目的和最高目标是人的全面发展。党的十八届五中全会鲜明提出，要坚持以人民为中心的发展思想，把增进人民福祉、促进人的全面发展、朝着共同富裕方向稳步前进作为经济发展的出发点和落脚点。

③经济增长成果如何惠及全体居民？

要点：经济增长成果分享。

参考答案：

经典经济理论认为，市场经济存在涓滴效应，经济增长成果会自动自上而下惠及低收入人群，但是在市场经济条件下，随着经济的发展，贫富差距越来越大，贫困阶层、弱势群体或贫困地区享受经济增长成果越来越难，会遇到发展的壁垒。因此，经济增长成果惠及全体社会成员，需要包容性增长、益贫式增长，消除贫困，促进穷人的全面发展，倡导全社会机会平等，彻底打破贫困的恶性循环和两极分化的发展格局。

（四）教学组织方式

结合案例，将思政元素融入“经济增长与经济发展”相关知识点的讲授当中。本案例讲授时间为 2 个学时，具体安排见表 1。

表 1　案例的教学组织

学习阶段	内容安排	时间安排	学习目标
课前	要求学生分组并预习相关知识点	提前两天	了解案例与相关知识点
课中	任课教师展示案例 PPT	10 分钟	熟悉案例
	任课教师对案例 PPT 进行讲解	10 分钟	理解案例涉及的知识点与思政元素
	学生分组讨论	20 分钟	培养学生分析问题的能力
	随机提问 3~4 组	30 分钟	培养学生总结归纳的能力
	任课教师进行总结	20 分钟	强调重点，加深学生对知识点的理解
课后	请学生持续关注共享发展相关政策		能分析新的落实共享发展理念的政策

（五）总结

经济增长是宏观经济的重要话题。经济增长并不是简单的人均 GDP 的增长，而应该是人的全面发展，经济增长成果能够惠及社会全体成员。我国已全面建成小康社会，经济增长不仅表现为实际人均 GDP 的逐年增长，还表现为全体人民共同富裕，这将会提升我国的经济增长质量。任课教师通过案例分析和相关知识点的讲授，使学生意识到制度对经济增长的重要作用，从而加深对经济增长问题的认识。研究经济增长与发展问题，不仅要解释人均 GDP 水平及增速的提高，还要为如何使经济增长成果惠及全体社会成员提供解决思路。

参考文献

[1]《西方经济学》编写组．西方经济学：下册［M］．2 版．北京：高等教育出版社，2019.

[2] 邓金钱．中国共产党百年减贫的历史方位与理论贡献［J］．上海经济研究，2022（7）：50–59.

[3] 马慎萧，张建堡，周慧珍，等．全面建成小康社会的政治经济学研究［J］．政治经济学评论，2022，13（2）：88–109.

[4] 陈一鸣，魏修建．乡村振兴视域下宏观经济增长的农户增收效应研究［J］．管理学刊，2022，35（2）：43–53.

[5] 习近平：在全国脱贫攻坚总结表彰大会上的讲话［EB/OL］．（2021-02-25）．http：//www.xinhuanet.com/politics/leaders/2021-02/25/c_1127140240.htm.

[6] 国家统计局．波澜壮阔四十载 民族复兴展新篇：改革开放 40 年经济社会发展成就系列报告之一［EB/OL］．（2020-02-17）．http：//www.stats.gov.cn/ztjc/ztfx/ggkf40n/201808/t20180827_1619235.html.

[7] 谢伏瞻．新中国 70 年经济与经济学发展［J］．中国社会科学，2019（10）：5–22，204–205.

案例十　发展乡村旅游，助力乡村振兴

一、案例正文

栾川县位于河南省西部伏牛山深处，洛阳市西南部，伊河上游，伏牛山与熊耳山两大山脉的中间地带，总面积2477平方公里，辖14个乡（镇）、209个行政村，常住人口32万人；多山少田，农业基础薄弱，人均耕地面积仅0.6亩，2010年被国务院确定为秦巴山区扶贫开发重点县。但是，该县自然环境优美，森林覆盖率高达82.4%，旅游资源丰富。全国旅游资源分为8大类31个亚类155种基本类型，栾川县有8大类26个亚类84种基本类型，空气质量优良，负氧离子含量最高可达3万个/立方厘米。栾川县依托当地资源优势，将旅游业作为经济发展的支柱产业，走出了以乡村旅游带动乡村振兴的发展之路。目前，栾川县拥有龙峪湾、重渡沟、养子沟等10个国家4A级以上旅游景区，形成了山水、森林、溶洞、温泉、滑雪、农家乐等体验丰富、业态多元的旅游生态格局。2007年，栾川县入选首批中国旅游强县，获得“全国休闲农业与乡村旅游示范县”等称号，是国家级旅游业改革创新先行区、河南省首个国家级生态县。2018年，栾川县被命名为“绿水青山就是金山银山”实践创新基地。2021年，栾川县位列中国旅游百强县第30位。

栾川县旅游产业的成功除了依靠先天的旅游资源外，政府引领、主导起了重要作用——政府邀请专家进行旅游规划、组织引领、顶层设计，并投资旅游业。政府牵头成立由县委书记为领导的旅游领导小组，协调解决旅游发展中存在的重大问题，在宣传、营销、定位、发展等方面都有介入，形成了“全域营造旅游环境、全领域融汇旅游要素、全产业强化旅游引领、全社会参与旅游发展、全民共享旅游成果”的旅游发展模式。2004年，《中国旅游报》将栾川模式总结为“党政主导、部门联动、市场化运作、产业化发展”。2016年以来，栾川县财政单列1亿元以上为发展旅游专项资金，带动社会超过百亿元资金投资旅游业，改善提升旅游环境；同时，强化了金融对旅游产业的支持，农村信用社累计向景区和农家旅馆等各类主体贷款15亿元，以扩大经营规模。景区不断进行宣传，提升旅游服务，推出“奇境栾川”“栾川印象”等旅游品牌，打造文明景区。在旅游产业发展中，栾川县重视自然生态保护，发展绿色旅游，着眼于可持续发展：开展全域绿化，森林覆盖率、林地保有量稳居河南首位；同时，通过生活污水处理、垃圾治理、河流生态修复等改善环境，吸引游客。

栾川县通过发展旅游业，把贫困村变成了美丽乡村、把农民变成了旅游从业者、把农产品变成了旅游产品。“栾川印象”作为全国首家以县级地域名称为商标的品牌，涵盖6大系列107款优质农产品。在全县15个乡镇中，有13个乡镇拥有旅游景区，A级旅游景区数量为11家，其中4A级以上景区有10家，发展旅游专业村51个，精品民宿上百家。2019年，栾川县共接待游客1836万人，旅游收入从2000年的5000万元增长到96.3亿元。2021年，受新冠疫情影响，栾川县共接待游客1219万人，旅游收入达83亿元。2021年，全县地区生产总值291亿元，旅游收入占地区生产总值的比重接近30%；全县居民人均可支配收入25634元，农村居民人均可支配收入15325元。栾川县旅游产业发展对振兴乡村产业、带动农民就业、农民增收致富和促进地方经济发展发挥了重要作用。

二、思政元素

（一）厚植爱国主义情怀

旅游景区作为重要的旅游资源，承载着山川河流、地理方位、历史记忆和中国文化，是培育家国情怀的重要载体和渠道。在旅游中增加地理历史文化知识，使游客感受祖国的秀美山水，陶冶情操、塑造审美，见证历史遗迹，感受革命先烈曾在这片土地上为今天的幸福生活浴血奋战，有助于他们生出更深切的爱国情怀和进取之心。栾川县三川镇抱犊寨景区是爱国主义教育基地。在解放战争时期，中国人民解放军以伤亡500余人的代价消灭土匪，使抱犊寨人民得解放。爱国主义是对祖国积极支持的态度，是对自己家园以及民族和文化的归属感和认同感，是中华民族精神的核心和民族团结的纽带。爱国主义是具体的，热爱祖国，热爱家乡的山水草木，每个公民尤其是青年学子，要有家国情怀，把自己的理想同祖国的前途、把自己的人生同民族的命运、把自己的才华与家乡建设紧密联系在一起，珍惜光阴，进取拼搏，使祖国更强大、人民更富裕、山水更美丽。

（二）发挥农民的主体地位，坚持以人民为中心

人是生产力发展的主体，农村产业发展必须突出人的主体地位，尊重农民意愿，发挥农民的积极性和创造性。习近平总书记在庆祝中国共产党成立100周年大会上指出："中国共产党根基在人民、血脉在人民、力量在人民。"坚持以人民为中心的发展观，促进和保障人民利益，是我们事业的出发点和归宿。中国共产党把人民当作主体，一切依靠人民；把人民当作目的，一切为了人民；把人民当作尺度，坚持人民至上。任何以牺牲人民利益为代价的发展方式都是难以持续的，也是背离马克思主义基本原理的。

栾川县旅游业在发展中走出了一条共建共享之路——通过培训，将农民变成旅游从业者，引导社会资本投资旅游业，从而形成了产业振兴的强大动力。栾川县以旅游为载体，辐射带动4.6万人实现增收致富，农家宾馆带动从业人员17万人，振兴了地方经济。2019年，栾川甩掉了贫困县的帽子，全县83个贫困村10755户全部实现脱贫。重渡村2000年人均年收入不足400元，而近年在旅游业的带动下，农民人均收入达2万元。改革和市场经济带来的巨大变化，增强了人民的获得感和幸福感。

（三）高度重视生态文明建设，走绿色发展之路

绿色是大自然的底色。绿色发展有助于实现经济社会发展与环境保护的协调统一，也是高质量发展的重要组成部分。生态文明以尊重和维护生态环境为主旨，着眼于可持续发展，注重人和自然的和谐共生，主张发挥人的自觉性，注重资源保护和维护生态环境，反对野蛮粗暴的掠夺式自然资源开发，把经济活动和人的行为限制在自然资源和生态环境能够承受的范围内，能够避免杀鸡取卵式的发展方式。

近年来，我国高度重视生态文明建设，提出"五位一体"的总体布局和建设美丽中国，以提升发展质量，满足人民日益增长的生态环境需要。产业规划和经济发展决不能以牺牲和破坏生态环境为代价，"保护生态环境就是保护生产力，改革生态环境就是发展生产力"，"绿水青山就是金山银山"。栾川县在发展旅游业的同时，认真制定发展规划，扎实做好旅游资源的合理开发利用，在丰富旅游业态的同时保护生态资源，把生态旅游作为旅游业可持续发展的依托，从而进入良性循环，使青山绿水带来源源不断的经济效益和生态效益。

三、案例使用

（一）教学用途与教学目标

1. 教学用途

本案例适用于《当代经济学流派》教材第三章“新古典综合派”的教学。

2. 教学目标

（1）知识层面

掌握概念：混合经济、政府干预、经济增长。

理解知识点：混合经济的含义、政府干预的手段、政府干预与经济增长的关系。

（2）能力层面

分析能力：引导学生结合具体案例，分析政府与市场的作用、市场机制的运作机理及政府干预对经济活动的作用逻辑。

创新能力：培养学生结合资源禀赋、产业基础与经济社会环境，分析地方特色产业培育方向与支持政策的能力。

（3）素质层面

提高专业素养：使学生既认识到西方经济理论中的政府干预理论对完善我国社会主义市场经济体制的借鉴意义，也认识到那些干预措施难以解决资本主义的基本矛盾。我国建设和完善市场经济体制需要政府和市场共同发挥作用，要让各种生产要素的活力迸发，让创造社会财富的源泉涌流，最终实现共同富裕。

（二）案例讨论的准备工作

①学生预习《当代经济学流派》教材第三章“新古典综合派”内容，尤其是第二节理论和第三节政策主张的内容，为案例讨论做准备。

②学生提前搜集栾川全域旅游发展的有关资料，包括该县的自然条件、旅游资源、旅游业崛起的背景、旅游发展模式等，思考政府在该县旅游业发展中所起的作用、旅游产业振兴对经济发展的带动作用，以及栾川旅游业未来该如何提升、实现更好发展等问题。

（三）案例分析要点

1. 启发思考题

①栾川县乡村旅游产业振兴的背景是什么？

②栾川县旅游业发展成功的原因有哪些？

③栾川县乡村旅游未来应如何实现更好发展？

2. 分析思路

①栾川县乡村旅游产业振兴的背景是什么？

要点：我国市场经济的发展和居民收入提高。

参考答案：

一是居民收入提高带来对旅游业的市场需求。居民尤其是城市居民收入水平提高，在生活需要得到满足后产生了旅游休闲需求，在双休日和节假日，他们希望离开城市，在自然山水中放松身心。市场需求拉动了该县产业结构的转变，也带动了居民就业结构的调整。2021 年，河南省城镇居民人均可支配收入为 37095 元，收入水平的提高提升了人们对旅游服务的消费需求。

二是市场经济为其提供了制度环境。1992 年，党的十四大确立了社会主义市场经济体制，市场在资源配置中的作用日益增强，经济发展活力增强，多元市场主体涌现，很多人开始利用本地资源创业，栾川县逐渐诞生家庭旅馆等，并不断发展壮大。近年来，我国鼓励创业，旅游产业作为第三产业，发展前景广阔，一些社会资本也进入旅游产业。

三是私人汽车保有量的快速增加和道路等基础设施的极大改善方便了出行。2021 年，我国私家车保有量达到 30151 万辆，其中私人汽车达 26246 万辆，我国高速公路达到 11.7 万公里，各地景区注重道路等基础设施建设，方便了人们在周末、小长假等外出旅游。

②栾川县旅游产业发展成功的原因有哪些？

要点：自然资源和政府的规划引领。

参考答案：

一是旅游资源禀赋是其成功的基础。栾川处于伏牛山腹地，山水资源丰富，山头多达上万个，自然环境优美，森林覆盖率高，空气质量好，旅游景点多，景区业态相对丰富，这些资源有自身的独特性和垄断性，吸引远近居民前往游览。

二是政府规划主导的经济发展模式。党和政府的领导、规划、组织和支持是栾川县旅游产业成功的保障。政府组织成立旅游指挥部，由县委书记领导，协调解决重大问题，在开发、定位、营销和管理等方面进行协调。景区开发之初，对全县旅游资源进行摸底排查，邀请专家对景区进行规划、合理开发，系统地开发利用和维护自然资源。同时，政府投资旅游交通等基础设施，上下动员，统筹协调。这些对栾川县旅游业的成功起到了关键作用。

三是国家、地方、社会、个人的多元投资支持体系。投资包括中国铁路总公司的扶贫开发资金600多万元，县财政超过1亿元的旅游专项，还有上百亿元的社会投资，以及金融信贷和社会、个人等的资金。

③栾川县乡村旅游未来应如何实现更好发展？

要点：旅游发展提质升级。

参考答案：

一是坚持和完善政府主导的发展模式。旅游资源有一定的公共性和准公共物品特征，一方面要开发利用，另一方面要加以保护，单靠旅游企业难以很好地实现这两个目标。旅游宣传和旅游环境的优化等都离不开政府的支持和引导。未来栾川县应在规划编制、业态打造、行业管理、人员培训等方面着力，提升景区发展质量。

二是进一步完善旅游基础设施，提高从业人员素质。进一步提升旅游交通设施，完善饮食、住宿、娱乐、运动场所、医院、疗养等设施建设，提升旅游的安全性、便捷性和舒适性，设法增加旅客在景区的停留时间。在我国人口老龄化的趋势下，可以借助景区资源发展养老旅游等项目，打造与旅游相关、符合社会发展需要的新业态。除了保护优美的自然环境外，还要倡导培育诚信、文明的民风和旅游氛围。

三是完善旅游法规，提升服务质量，优化旅游环境。我国旅游法律法规相对滞后，不够严谨细致，旅游维权较难。应加快完善地方立法，保障消费者的财产和人身安全，保护消费者的知情权，不得夸大宣传，严禁向消费者提供虚假信息，同时加强监管。此外，应对旅游从业者进行职业培训，以提升其服务质量。

四是更加注重生态保护和环境治理。要谨防乡村旅游发展过快对环境造成负面影响。在景区开发矿产资源、进行房地产开发，游客留下的垃圾等都有可能加剧生态环境的脆弱性。发展乡村旅游要把生态环境保护放在首位，景区要合理控制游客数量，建立长期的生态监督和环境治理体系，青山绿水才是可持续发展的根基。

（四）教学组织方式

结合案例，将思政元素融入“新古典综合派”相关知识点的讲授当中。本案例讲授时间为 2 个课时（90 分钟），具体安排见表 1。

表 1　案例的教学组织

学习阶段	内容安排	时间安排	学习目标
课前	要求学生分组并预习相关知识点	提前 3 天	了解案例相关资料和知识点
课中	任课教师展示案例 PPT	10 分钟	熟悉案例
	任课教师对案例 PPT 进行讲解	10 分钟	理解案例涉及的知识点与思政元素
	学生分组讨论	25 分钟	培养学生分析问题的能力
	随机提问 3~4 组	25 分钟	培养学生总结归纳的能力
	任课教师进行总结	20 分钟	总结重点，加深学生对相关知识点的理解
课后	请学生持续关注乡村旅游振兴		认识生态与经济发展的关系

（五）总结

随着市场经济的发展和居民收入的提高，居民对旅游的需求不断上升。栾川地处山区，利用当地丰富的旅游资源，加强政府顶层设计，打造全域旅游发展模式，发展乡村旅游产业，实现了乡村振兴和农民致富。市场和政府共同发挥作用，使栾川成为全国旅游百强县，成功地促进了地方经济发展。栾川为我们提供了乡村旅游振兴乡村经济的成功模式，愿未来的栾川发展得更好！

参考文献

［1］李梦柯，等．乡村振兴背景下栾川县乡村旅游发展路径研究［J］．安徽农学通报，2021（4）：135–137.

［2］光明网．2021 中国旅游百强县揭晓［EB/OL］．（2021–11–02）［2023–05–15］．https：//m.gmw.cn/baijia/2021–11/02/35281119.html.

［3］李晓愚．乡村旅游转型提升之路探索：以河南省栾川县为例［J］．农业经济，2022（4）：77–79.

［4］戚帅华，侯豫炯．带动乡村旅游提质升级［N］．洛阳日报，2022-07-29（5）.

［5］张高军，易小力．有限政府与无限政府：乡村振兴中的基层政府行为研究［J］．中国农村观察，2019（5）：32–52.

［6］河南省农业农村厅．河南省乡村产业振兴案例研究［M］．北京：社会科学文献出版社，2021.

［7］田宜龙，等．栾川：全域旅游展风采［N］．河南日报，2020-10-12（1）.

第四章

数字经济

案例一　5G 竞争：大国竞争的新高地

一、案例正文

中国移动、中国电信和中国联通三家运营商正式获得 5G 商用牌照，意味着我国 5G 时代的钟声已全面敲响。5G 早已被多个国家上升为重大国家战略。今天，全世界的手机能够互相通话，是因为大家都同意使用一个标准。标准的制定者可以向所有使用者收取高额专利费，攫取垄断收益。每一代标准背后，都潜藏着一场隐形的战争。从 1G 到 4G，在通信标准的争夺历史中，有无数我们看不到的血与泪。5G 技术的实现意味着机器更加自动化，虚拟现实、物联网、人工智能、智慧城市等一系列操作将迎来广阔的应用空间。拿下 5G 标准，制定 5G 游戏规则，重要性可想而知——不仅能够通过收专利费财源广进，更能够定义全球通信格局。随着 5G 时代的到来，我国面临激烈竞争，那么我们能否最终占据领先地位？

当前全球最大的通信设备制造商是华为、爱立信、中兴和诺基亚，占据全球超过 80% 的市场份额。在 5G 核心专利中，华为占比最高，达 49.5%。美国在芯片方面领先，但中国的发展速度也很快。为了争夺 5G 全球领先地位，美国甚至动用政治手段封杀、打压有潜力的通信企业。2012 年以来，华为一直被禁止进入美国市场。2018 年，华为被澳大利亚、新西兰、加拿大等国排除在 5G 采购名单以外。美国对华为的打压逐步升级：限制华为的收购，禁止华为进入美国市场，从以安全为理由游说和威胁到将中国企业列入实体清单及对麒麟芯片进行技术封锁。鸿蒙操作系统、MHS 服务、华为软件商店也遭到美国的全方位围追堵截。

一流的公司做标准，二流的公司卖技术，三流的公司卖产品。在未来的 5G 市场中，谁不期望能够像曾经的高通公司一样坐收专利许可费呢？在中兴、联发科等企业的鼎力支持下，华为 Polar 阵营艰难拿下控制信道的短码方案。这是世界通信史上的一小步，却是中国的一大步。因为布局早、行动坚决，华为还是 5G 标准中速率、时延、连接数等量纲的提出者。华为的成功，是中国 5G 崛起的一个缩影。5G 标准之争才刚刚开始，暗潮之下，是各国在技术实力、凝聚力、话语权等方面的较量，缺乏领先的核心技术就难免受制于人。美国封中兴时，我们确实该反思缺芯缺技术的痛，痛下自主创新的决心；而华为被禁，让我们看到华为是西方国家打赢5G这场战争最大的阻碍。也正因此，我们坚信这是一场必赢的“5G战争”！我们更加坚信，华为，大有可为。

二、思政元素

（一）深入贯彻创新发展理念

习近平总书记在党的十八届五中全会上提出了“创新、协调、绿色、开放、共享”五大发展理念，并把创新发展放在首要位置，指明了我国发展的方向和要求，代表了当今世界发展潮流，体现了我们党认识把握发展规律的深化。创新是历史进步的动力、时代发展的关键，以创新引领时代发展，必将带来我国发展全局的深刻变革，为全面建成小康社会、实现中华民族伟大复兴中国梦提供根本遵循、注入强劲动力。把创新放在国家发展全局的核心位置，体现了对人类社会发展规律和国家民族发展根本的深刻认识，在我国几千年治国理政思想史上是第一次，在我们党的历史上是第一次，在社会主义发展史上是第一次。

把创新放在发展全局的核心位置，就能紧扣世界创新发展脉搏，顺应世界创新发展大势，赶上世界创新发展脚步，从后发到先发、从跟跑到领跑，引领世界创新发展潮流。坚持创新发展，既要坚持全面系统的观点，又要抓住关键，以重要领域和关键环节的突破带动全局。创新作为引领发展的第一动力，决定我国赶超世界先进科技水平的能力和实力。科技创新是国家竞争力的核心，是各类创新要素中最核心最关键的创新。创新能否成为引领发展的第一动力，关键在科技创新；创新能否解决当前需求无限性与资源有限性的矛盾，持续增加要素有效供给并形成高效组合，不断提高生产力，关键也在科技创新。

案例中，在受到国外势力打压的情况下，华为Polar阵营还是艰难拿下了5G技术控制信道的短码方案，因为布局早、行动坚决，华为还是5G标准中速率、时延、连接数等量纲的提出者。华为的成功，体现出国家和党中央将创新发展理念放在国家发展全局核心位置的重要意义。坚持创新发展理念，尤其是科技创新，要超前谋划、超前部署，紧紧围绕经济竞争力的核心关键、社会发展的瓶颈制约、国家安全的重大挑战，强化事关全局的基础研究和共性关键技术研究，全面提高自主创新能力，力争实现我国科技水平由跟跑并跑向并跑领跑的转变。

（二）实现中华民族伟大复兴的中国梦

2017 年，习近平总书记在党的十九大报告中指出："实现中华民族伟大复兴是近代以来中华民族最伟大的梦想。"中国梦，是党的十八大召开后不久习近平总书记所提出的重要指导思想和重要执政理念。习近平总书记把中国梦定义为"实现中华民族伟大复兴，就是中华民族近代以来最伟大的梦想"，并且表示，这个梦"一定能实现"。中国梦的核心目标也可以概括为"两个一百年"奋斗目标，也就是：到 2021 年中国共产党成立 100 周年和 2049 年中华人民共和国成立 100 周年时，逐步并最终顺利实现中华民族伟大复兴，具体表现是国家富强、民族振兴、人民幸福，实现途径是走中国特色社会主义道路、坚持中国特色社会主义理论体系、弘扬民族精神、凝聚中国力量，实施手段是政治、经济、文化、社会、生态文明"五位一体"建设。实现中国梦，创造全体人民更加美好的生活，任重而道远，需要坚韧不拔的精神，需要众志成城的力量，需要中国人民的艰苦努力。要使中国变得更加富强、更加文明，中国人更受尊重，中华民族为世界和平发展与人类进步作出更大贡献，需要我们加倍努力。

案例中提到，在 5G 核心专利中，华为占比最高，华为的成功是中国 5G 崛起的一个缩影，而华为在国外处处受限，让我们看到了西方国家对中华民族发展的阻挠。当前，华为面临的情况正反映出中国梦的实现是一个艰苦且漫长的过程，中国梦实现的长期性是对中华民族及中国人民意志力和自信心的磨炼，对此我们一定要有清醒的认识。同时，我们还要明确辨析在中国梦实现过程中可能面临的各种顺境和逆境。当面临顺境时，我们要不忘初心，居安思危；而当面临逆境时，我们也要心怀希望，逆流而上。只有这样，崇高伟大的中国梦才能实现。

（三）新时代的爱国主义必须坚持立足民族又面向世界

在经济全球化背景下，人与人、民族与民族、国家与国家之间的交流和沟通日益频繁。但是，经济全球化并不等于政治、文化一体化，在这种形势下，我们仍然要弘扬爱国主义精神，因为国家才是本民族整体利益最权威的代表者。只有坚持爱国主义，才能使每个民族、国家，乃至整个世界获得共同发展。当前，中国的命运与世界的命运紧密相连。弘扬新时代的爱国主义精神，必须坚持立足民族，维护国家发展主体，必须面向世界，构建人类命运共同体。习近平总书记指出："中国人是讲爱国主义的，同时我们也是具有国际视野和国际胸怀的。"随着国力不断增强，中国将在力所能及的范围内承担更多国际责任和义务，为人类和平与发展作出更大贡献。我们要把弘扬爱国主义精神与扩大对外开放结合进来，尊重各国的历史特点、文化传统，尊重各国人民选择的发展道路，善于从不同文明中寻求智慧、汲取营养，增强中华文明生机活力。

案例中提到，全世界的手机能够互相通话，是因为世界各国都同意使用同一个标准，由于利益原因，在标准制定时各方势力之间充满了竞争。此外，5G 技术的实现意味着人类社会将迎来更加广阔的发展空间。在经济全球化背景下，要维护人类社会的共同利益，需要我们弘扬爱国主义精神，以更加宽广的胸怀和全球化视野，始终做世界文明发展的贡献者。同时，我们也要保持清醒的认识，始终立足于民族，坚定地捍卫国家主体的利益，始终维护国家的主权和尊严，充分保护民族利益和发展民族文化。

三、案例使用

（一）教学用途与教学目标

1. 教学用途

本案例适用于《网络经济学》教材第二章"网络外部性"和第四章"兼容和标准"等内容的教学。

2. 教学目标

（1）知识层面

掌握概念：网络外部性、梅特卡夫法则、标准的定义及影响。

理解知识点：网络外部性产生的原因及影响，梅特卡夫法则的具体内容，标准的概念、分类及影响。

（2）能力层面

思维能力：通过理论知识的讲授和案例分析，使学生掌握网络外部性产生的原因，深刻理解梅特卡夫法则的具体内容，了解网络经济下标准的重要作用，在掌握理论知识的基础上，形成全面系统地分析、解决实际问题的思维能力。

实践能力：通过案例分析，使学生明白网络经济下网络外部性及标准竞争的重要意义，同时通过设置相关知识点的考核问题，培养学生以理论指导实践的能力，使其在面临实际问题时，能够提出合理的解决方案。

（3）素质层面

形成专业意识：通过案例分析，以及网络经济学相关理论的讲授，帮助学生理解网络经济时代的经济发展特征和新的发展理念，形成将专业理论知识与社会时事、政府相关政策相结合的思维。

提高政治修养：通过案例分析，引入党和国家最新的指导精神和其他重要思政元素，拓宽学生的政治思维和理论视野，使学生理解专业课程的学习离不开最新思想政治理论成果的指导，在知识学习中提升政治修养。

（二）案例讨论的准备工作

学生预习《网络经济学》教材第二章“网络外部性”和第四章“兼容和标准”的内容。

（三）案例分析要点

1. 启发思考题

①简述网络外部性的概念、分类及影响。
②结合案例，理解梅特卡夫法则的内容。
③网络经济下标准的影响和策略是什么？

2. 分析思路

①简述网络外部性的概念、分类及影响。
要点：网络外部性的概念。
参考答案：

网络外部性的概念。当一种产品对用户的价值随着采用相同产品或者可兼容产品的用户增加而增大时，就会出现网络外部性。也就是说，随着用户数量的增加，在网络外部性的作用下，原有的用户可以免费得到产品中蕴含的新增价值而无须为这一部分价值提供相应的补偿。

网络外部性的分类。网络外部性一般分为直接网络外部性和间接网络外部性。直接网络外部性是指由于消费相同产品的市场主体数量增加而直接导致的网络价值增大。间接网络外部性是指随着某一产品使用者数量的增加，该产品的互补品数量增多、价格降低而产生的价值。还有一种分类方式将网络外部性分为正的网络外部性和负的网络外部性，在网络经济中，正的网络外部性更为常见。

网络外部性的影响。网络外部性对市场运行的影响是广泛而深远的，但是它最直接的影响客体是市场的需求方。在传统的经济学中，任何产品的需求曲线都反映以价格为变量的函数，需求曲线向右下方倾斜。但是，一种具有网络外部性的商品的价值会随着其所销售的数量的增加而增长，那么随着网络规模的扩张，消费者的支付意愿也会提高，厂商也有提价动机，换言之，价格与数量具有正相关性。

②结合案例，理解梅特卡夫法则的内容。

要点：梅特卡夫法则的内容。

参考答案：

梅特卡夫法则描述的是网络外部性这种经济现象，即网络的价值会以网络节点数的平方的速度增长。也就是说，网络的效益会随着网络用户的增加呈指数增长，网络对每个人的价值与网络中其他人的数量成正比。假设网络中有 n 个用户，则网络带给所有人的总价值与 n 的平方成正比，这一法则用经济学术语来说就是网络外部性。

在本案例中，可以结合梅特卡夫法则思考这样一个问题：为什么 5G 技术会成为当前科技竞争中的关键？原因是其背后指数级的价值——第一代互联网接入的个人计算机存量设备数大约是 10 亿台，第二代移动互联网接入的智能手机存量设备数大约是 30 亿台，而 5G 成熟之后的物联网时代，接入的数据保守估计将达到 500 亿台，根据梅特卡夫法则，由此产生的指数级价值是极其惊人的。

③网络经济下标准的影响和策略是什么？

要点：网络经济中标准的作用。

参考答案：

虽然从经济特性而言，标准并未衍生出新的经济特性，但是其对网络经济运行意义重大。从消费者角度来看，标准的影响主要体现在四个方面：第一，标准意味着厂商之间同类产品的可替代性增强，厂商之间的竞争更为激烈，从而使产品价格降低；第二，标准意味着兼容性高，也就是说，产品可以与更多的互补品组合使用，或者在两个产品之间切换时不需要增加额外的成本；第三，从消费者偏好的多样性来看，标准可减少消费者的选择范围，这往往被视为标准的一个缺陷；第四，标准可能使次优技术获胜，即消费者被长期锁定在旧技术之上，而新技术无法进入市场。从生产者角度来看，互补品生产者与小厂商欢迎标准，市场的新进入者欢迎标准，而作为市场占有者，技术标准可能带来如下影响：一方面，市场领导者对市场上使用该技术的各方收取高额专利使用费，坐享专利之财；另一方面，技术被市场广泛接受，就可以开发与之兼容的产品与服务，从而增强一个产品的核心地位。从创新的角度来看，标准是一把双刃剑，可能促进创新，也可能阻碍创新。

在标准竞争的策略中，标准发起者独立作战的情况已经越来越少见，取而代之的是企业间的战略联盟为标准竞争的行动主体。战略联盟是参与企业根据各自拥有资源的异质性，本着互惠互利的原则，结合资源的互补性，追求共同利益的行为。标准研发者更倾向于以战略联盟的方式研发并推广标准，而不是仅仅依靠自身力量来进行研发与推广。这是因为，战略联盟具有以下三方面优势：第一，厂商之间技术的互补和支持，能使标准在技术上保持先进，具备较强的商用能力；第二，战略联盟中的各企业通过合作，可以形成“专利池”，实现技术专利到专利标准的转化，再到标准市场垄断化，从而提高企业利益；第三，一个标准，必须通过网络外部性形成正反馈，才能获得最终市场利益。

（四）教学组织方式

结合案例，将思政元素融入“网络外部性”“兼容和标准”相关知识点的讲授当中。本案例讲授时间为 2 个课时（90 分钟），具体安排见表 1。

表 1　案例的教学组织

学习阶段	内容安排	时间安排	学习目标
课前	要求学生分组并预习相关知识点	提前两天	了解案例与相关知识点
课中	任课教师展示案例 PPT	10 分钟	熟悉案例
	任课教师对案例 PPT 进行讲解	10 分钟	理解案例涉及的知识点与思政元素
	学生分组讨论	20 分钟	培养学生分析问题的能力
	随机提问 3~4 组	30 分钟	培养学生总结归纳的能力
课中	任课教师进行总结	20 分钟	强调重点，加深学生对知识点的理解
课后	结合案例，请学生阐述自己对高水平科技自立自强的理解		加深对知识点及思政元素的认识

（五）总结

网络外部性是网络经济理论中最基础、最核心的概念。网络经济与传统经济中的市场表现不同是网络外部性导致的。在网络经济中，标准是争夺用户基础进而抢占市场领导地位的关键。在对本案例进行分析时，可以运用网络经济学的相关知识对我国企业参与国际竞争的情况进行分析。任课教师通过案例教学，可使学生了解国家发展的大政方针，明白深入贯彻创新发展理念、实现中华民族伟大复兴的中国梦以及新时代的爱国主义必须坚持立足民族又面向世界的重要意义。

新时代经管专业的大学生，在学好专业理论知识的同时，还要具备运用专业理论和思政元素去分析和解决实际问题的能力，应能从政治的高度去认识、分析、总结经济运行中的一些现象和问题，树立正确的世界观、人生观和价值观。

参考文献

[1] 经济日报. 华为解读中美 5G 之争 [EB/OL]. (2020-09-04) [2023-05-18]. https://baijiahao.baidu.com/s?id=1676882983604281411&wfr=spider&for=pc.

[2] 和讯新闻. 5G 之争：坚持不是胜利，坚持到底才是胜利 [EB/OL]. (2018-12-07) [2023-05-18]. http://news.hexun.com/2018-12-07/195477232.html.

[3] 王晔，张铭洪. 网络经济学 [M]. 3 版. 北京：高等教育出版社，2019.

[4] 张晓蒂. 网络经济概论 [M]. 重庆：重庆大学出版社.2005.

[5] 习近平. 习近平谈治国理政：第一卷 [M]. 北京：外文出版社，2018.

[6] 习近平. 习近平谈治国理政：第二卷 [M]. 北京：外文出版社，2017.

案例二　菜鸟国际物流：物流行业的数智化转型

一、案例正文

2021 年 6 月 17 日，一个满载跨境商品的集装箱通过中哈霍尔果斯国际边境合作中心“空中陆桥”由中方送至哈方。这标志着菜鸟中欧公路运输路线正式启用。菜鸟将跨境包裹运送至霍尔果斯综合保税区集中申报，经海关查验后，装箱转运至合作中心，由“空中陆桥”集装箱专用液压抓钩起吊，运至哈方一侧，装载到接货车辆后发往欧盟。全过程实现点对点、人对车、不见面、零接触，有效降低了新冠疫情对中欧洲际运输的影响。这也是目前唯一的人员零接触、10 分钟快速过境的中欧公路运输线路。

由于运力紧张、海外口岸通关缓慢，国际海运运费持续上涨，高昂的物流成本使跨境厂商成本压力倍增。跨境电商“空中陆桥”开通后，菜鸟中欧公路运输将为跨境商家提供更多的物流选择，从而有效降低商家的物流运输成本，并提高时效。据统计，货物从杭州出发最快 11 天可以到达波兰华沙，13 天到达比利时列日，相较于以前中转外地发货可提速一到两天，比海运时间短，比空运费用低。

菜鸟中欧运输公路的高效便捷缘于数字科技的融入。北京时间 2021 年 10 月 15 日晚，世界贸易组织（WTO）在瑞士日内瓦举行“数字技术与国际物流韧性”研讨会。菜鸟网络首席战略官熊伟应邀参会。作为唯一受邀的中国物流企业代表，熊伟在会上分享了疫情以来菜鸟国际物流的数智化成功案例及领先经验。熊伟提到，国际物流正在加速实现数智化，而数智化的物流网络不仅能够提升消费者体验、助力实体经济降本增效，还能让物流全链路实现可视化、绿色化和低碳化。

持续科技创新是菜鸟保持领先的关键。菜鸟的智能合单技术、国际医药冷链温控和全球定位技术不仅能够提高运送时效，还在新冠疫苗运输过程中实现了对疫苗温度和轨迹的实时监测。物流行业的数智化转型，不仅有助于提升物流行业的确定性，还有助于增强国际供应链的韧性。除了提高物流的智能化程度，菜鸟还开展了“绿色减碳风暴”活动。在 2021 年“双十一”物流配送方案中，菜鸟驿站试点了“循环包材绿色寄件”项目，促进了快递包装的循环使用。“双十一”期间，菜鸟的智能合单、智能切箱等技术直接减少了包材的使用量。此外，菜鸟物流园区内的分布式光伏电站可以实现“自发自用，余电上网”，不仅能满足园区自身的用电需求，还能将多余的电共享到国家电网，解决社会绿色用电问题，帮助入园企业降低能源费用。该举措也将继续提供清洁能源，与前述方案合力减碳。

二、思政元素

（一）实现高水平科技自立自强

放眼古今中外，人类社会的每一次进步都伴随着科学技术的伟大飞跃。现代科技的快速发展，为社会生产力的提高和人类文明的进步开辟了更加广阔的空间，有力地推进了经济和社会发展。科学技术是社会进步的核心动力，在国际竞争日趋激烈的当今社会，掌握关键核心技术对一个国家的重要性不言而喻。对发达国家和地区来说，科技的进步意味着其经济可以保持不断增长的趋势；而对欠发达国家和地区来说，科技创新对其经济发展具有决定性的驱动作用。近年来，随着科技强国战略的实施，我国在多个领域实现了技术突破，经济社会实现了较快发展。与此同时，一些行业和领域的关键核心技术有待开发，我国部分产品的核心零件和关键技术仍严重依赖进口，因此，应在这些领域加大科研开发投入，努力实现重大突破。

习近平总书记在中国科学院第十九次院士大会、中国工程院第十四次院士大会上明确指出：“中国要强盛、要复兴，就一定要大力发展科学技术，努力成为世界主要科学中心和创新高地。”[①]为此，我们必须提高原始创新能力，提高创新体系整体效能，促进科技创新资源整合，优化科技创新力量布局，增强科技投入产出效益；要把科技自立自强作为国家发展的战略支撑，立足新发展阶段、贯彻新发展理念、构建新发展格局、推动高质量发展。2020 年 9 月 11 日，习近平总书记在京主持召开科学家座谈会并发表重要讲话，强调“我国经济社会发展和民生改善比过去任何时候都更加

① 习近平.努力成为世界主要科学中心和创新高地［EB/OL］.（2021-03-15）. https://www.gov.cn/xinwen/2021-03/15/content_5593022.htm.

需要科学技术解决方案，都更加需要增强创新这个第一动力。我国广大科学家和科技工作者有信心、有意志、有能力登上科学高峰。希望广大科学家和科技工作者肩负起历史责任，坚持面向世界科技前沿、面向经济主战场、面向国家重大需求、面向人民生命健康，不断向科学技术广度和深度进军”[①]。

案例中，菜鸟将数字科技融入物流网络，从卖家端“相同地址订单合并”到买家端用“小蛮驴无人车”提供“最后一公里”配送服务，从国内社区“智能末端物流常态运营”到亚欧国际公路零接触运输，从“回收旧包装、净化海岸线”等绿色行动到运用光伏发电辅助解决社会用电问题，在国内以及国际物流服务中实现了高效便捷，并为社会绿色发展作出了贡献。“点对点”“人对车”的零接触配送不仅为国内物流提供了便利，也为后疫情时代我国国际贸易往来提供了新出路，从而为我国商品出口以及经济增长提供了新渠道。由此可见，科学技术对社会发展以及国民经济增长均具有重要作用。因此，必须坚持强化科技战略支撑，采取多种措施促进技术进步，释放更大的生产力。

（二）生态优先，绿色发展

党的十八届五中全会提出“创新、协调、绿色、开放、共享”五大发展理念。其中，“绿色发展”注重的是解决人与自然和谐共生的问题。绿色发展作为五大发展理念之一，凝聚了我们党对生态文明建设规律的深刻体认，具有鲜明的问题意识，是我们对自身发展过程中存在的突出问题和世界各国发展过程中存在的普遍问题的清醒认识。绿色发展理念的提出，对我国乃至整个世界的发展都具有十分重要的意义。在新常态下，资源环境承载能力已经达到或接近上限，我国面临的环境问题依然十分严峻。在人口众多而资源稀缺的形势下，我们必须坚持走绿色发展的道路，必须坚持建设“资源节约型、环境友好型”社会，不断提升环境质量，并为世界环境健康发展提供支持，展现大国担当。

2021 年 3 月 5 日，习近平总书记在参加内蒙古代表团审议时强调，要长期贯彻落实“绿水青山就是金山银山”的发展理念，坚定不移地走生态优先、绿色发展之路。代表委员也表示，生态环境良好是最普惠的民生福

---

① 新华社. 习近平主持召开科学家座谈会并发表重要讲话［EB/OL］.（2020-09-11）. https://www.gov.cn/xinwen/2020-09/11/content_5542851.htm.

祉。奋进新征程，我们要牢固树立绿色发展的理念，驰而不息，久久为功，建设生态美、产业兴、百姓富的美丽中国，不断满足人民日益增长的美好生态需要。坚持走生态优先、绿色发展之路，是立足新发展阶段、贯彻新发展理念、构建新发展格局的必然要求，必须守护好生态环境这个最普惠的民生福祉，持之以恒推进绿色发展，协同推进经济高质量发展和生态环境高水平保护。生态环境是最公平的公共产品，每个人都是生态环境的保护者、建设者和受益者，要动员社会组织和公众共同参与，建立健全多元共治体系，汇聚起生态环境保护的磅礴力量，让绿色成为高质量发展的鲜明底色。

绿色循环低碳可持续发展，是当今时代科技革命和产业革命中最有前途的发展领域，我国新能源汽车、LG 新能源电池等的投入使用都为产业绿色发展树立了典范。在本案例中，菜鸟物流在全国自建物流园区安装了太阳能光伏发电系统，这一“绿色屋顶”能够源源不断地将清洁能源引入园区，产生的电力除了自用，还可以将多余的部分共享到国家电网，解决社会绿色用电问题，并帮助入园企业降低能源费用。目前，菜鸟正在加快部署光伏电站，完成后预计每年可实现自主碳减排 30 万吨。除了节能省电，菜鸟还建立了快递纸箱回收站，在末端网点每回收一个纸箱，相当于减少碳排放 37 克。另外，菜鸟绿色物流也在推动整个物流行业的节能减排，2014 年投入使用的菜鸟电子面单至今已经累计帮助全行业节省纸张 5000 亿张，相当于减少碳排放 10 亿千克。菜鸟的装箱算法能够提供优化纸箱型号和推荐合理装箱两种方案，一天便可减少 15% 的包材使用量，过去一年仅在菜鸟仓内就减少了 5.3 亿个包裹的使用。这一系列举措都为清洁生产以及碳减排作出了很大贡献。

（三）积极履行新时代企业家社会责任

2020 年 7 月，习近平总书记在企业家座谈会上指出：“社会是企业家施展才华的舞台。只有真诚回报社会、切实履行社会责任的企业家，才能真正得到社会的认可，才是符合时代要求的企业家。”这一论述深刻地揭示了新时代企业家与经济社会发展之间的紧密关系。企业家作为企业的领导者，是社会的精英群体，必须处理好个人与社会之间的关系。只有具备强烈的责任感与使命感，以助力社会发展为己任，超越传统的经济利益最大化思维，将个人利益和企业生产经营融入社会的整体利益之中，才能得到社会各方的信任与尊敬，才能实现更好的发展。

企业既要讲发展，又要讲责任。不仅要讲经济责任、法律责任，还要讲社会责任、道德责任。企业的社会责任是指企业在谋求所有者或股东权益最大化之外所负有的维护和增进社会利益的义务，是企业对于超出法律和公司治理的利益相关者最低限度义务之外的、属于道德范畴的责任。

2021 年 6 月 15 日，一批科兴克尔来福新冠疫苗从北京出发，途经西班牙马德里，于当地时间 6 月 15 日抵达巴拉圭首都亚松森。在菜鸟国际医药冷链及温控技术的保驾护航下，巴拉圭奥委会在当地时间 15：20 顺利接收疫苗。由此，菜鸟完成了跨越南北半球和东西半球的医药冷链解决方案，成为首个承运国际奥委会新冠疫苗的物流公司。截至目前，菜鸟已经顺利完成对圭亚那、萨尔瓦多、特多、科威特等亚非拉国家的新冠疫苗运输，累计跨境运输新冠疫苗逾百万剂。疫情发生以来，菜鸟累计向全球 150 多个国家和地区运送了超过 2.5 亿件医疗物资。在新冠疫情席卷全球的危难之际，菜鸟利用其高新技术为全球运送新冠疫苗，助力抗击全球新冠疫情，体现了其强烈的社会责任感和人类命运共同体意识。此外，菜鸟致力于绿色物流，多措并举助力碳减排，也展现了其社会责任感。

三、案例使用

（一）教学用途与教学目标

1. 教学用途

本案例适用于《网络经济学》教材第一章“导论”和第七章“网络经济下的新型商业模式和方法”等内容的教学。

2. 教学目标

（1）知识层面

掌握概念：网络经济、数字经济和信息经济、双向网络、大数据。

理解知识点：网络经济学产生的背景、网络经济的特点、大数据的定义。

（2）能力层面

理论解释能力：通过理论知识讲授及案例分析，使学生理解网络经济学的研究背景、研究范畴及网络经济的特点，明确网络经济学与传统经济学和产业经济学之间的关系，并掌握大数据的含义和特点。

实践分析能力：通过案例分析，使学生明白网络经济学不只是特定领域的经济学，还是一种趋势，是伴随网络经济的发展、全新经济形态的出现而自然产生的。此外，大数据并不单单表现为数据量大，还表现出数据处理速度快、数据类型繁多、数据价值密度低等特点。

（3）素质层面

形成专业意识：结合真实案例及网络经济学的相关理论，帮助学生形成将专业理论知识与社会时事、政府相关政策相结合的思维，让学生意识到网络经济学就在日常生活之中，在提高学生学习兴趣的同时，提高其专业素养。

提高政治修养：通过案例分析，引导学生运用我国社会主义体制下的网络经济学理论分析实际问题，以党和国家最新的思想政治理论成果指导本专业课程的学习，使学生在学习的过程中提升思想政治修养，形成正确的价值观和世界观。

（二）案例讨论的准备工作

学生预习《网络经济学》第一章“导论”和第七章“网络经济下的新型商业模式和方法”的内容。

（三）案例分析要点

1. *启发思考题*

①网络经济学是如何产生的？
②网络经济的特点是什么？
③什么是大数据？它具有怎样的特点？

2. *分析思路*

①网络经济学是如何产生的？
要点：网络经济学产生的背景。
参考答案：

网络经济是随着现代信息技术和互联网的发展而形成的。信息技术革命和信息化建设正在将传统的资本经济推向知识经济、信息经济和网络经济，它强烈地影响着社会经济活动，并迅速地改变着经济贸易方式和整个社会的经济面貌。信息技术革命催生了网络经济，而网络经济正在成为推动全球社会与经济发展的新动力，代表着世界经济发展的新方向。网络经济对当代经济产生了巨大冲击，引起了整个经济社会的变革，对传统经济发起了空前的挑战。进入 21 世纪以后，网络之风席卷全球，随之而来的是许多新理论和新现象，“网络经济”这个名词也慢慢进入学术界和理论界的视线，越来越多的人开始参与这项课题研究。

总之，网络经济学是时代的产物，是随着网络经济的迅猛发展、电子支付手段的广泛应用以及经济贸易全球化的加快推进而产生的。

②网络经济的特点是什么？

要点：网络经济的特点。

参考答案：

经济学家乌家培对网络经济给出了狭义和广义的两种解释。狭义的网络经济是指基于互联网从事的生产经营活动，如网络企业、电子商务以及网络投资、网络消费等线上活动；而广义的网络经济以信息网络为基础平台，以信息技术和信息资源为特征，并且信息与知识在各项经济活动中发挥着重要作用。基于此，网络经济具有开放性、全球性、直接性、虚拟性、创新性和可持续性等特点。开放性包括技术的开放性和经营的开放性。技术的开放性是指网络经济所使用的技术标准是开放的，是可以为全社会所共享的一种公共资源；经营的开放性是指企业的信息和资源能够与其合作伙伴共享。全球性是指加入国际贸易的企业更多、更广泛，而且生产过程中的各项分工也在国际范围内进行。另外，国与国之间的经济联系更加紧密，相互依赖度空前提高。直接性是指经济的运行无须迂回就可以直接实现，经济运行效率高并能在一定程度上解决资源浪费问题。虚拟性是指网络经济的运行很大一部分是以虚拟的形式在虚拟环境中进行的。这一特性可以大大降低经济的运行成本，并提高经济运行效率。创新性是指网络经济把知识作为核心资源。知识创新是网络经济增长的主要驱动力。可持续性是指网络经济依赖的是非物质资源，而非物质资源属于可再生资源，因此经济的发展具有可持续性。

③什么是大数据？它具有怎样的特点？

要点：大数据的特点。

参考答案：

大数据（Big Data）是信息技术行业术语，是指不能用常规软件或工具进行捕捉、管理和处理的数据集，是一种依赖新的处理模式才能激发更强的决策力、洞察力及流程优化能力的海量、高增长率和多样化的信息资产。

在维克托·迈尔-舍恩伯格及肯尼斯·库克耶编写的《大数据时代》

一书中，大数据是指不采用随机分析法（如抽样调查）这样的捷径，而采用样本内的所有数据进行分析处理。大数据的特点被概括为“5V”，即Volume（容量）、Variety（多样）、Velocity（高速）、Veracity（真实性）、Value（低价值密度）。其中，容量（Volume）是指数据量的大小，数据量的大小将决定所考虑的数据的价值和潜在的信息；多样（Variety）是指数据类型的多样性，大数据通常具有数据种类繁多的特点；高速（Velocity）是指获取数据和处理数据的速度快，大数据通常具有获取和处理速度快的特点；真实性（Veracity）是对数据本身质量的考量，一般来说，数据质量越高，分析结果越准确；低价值密度（Value）是大数据的一种潜在特性，合理运用大数据，能够以低成本创造高价值。

（四）教学组织方式

结合案例，将思政元素融入“网络经济学”相关知识点的讲授当中。本案例讲授时间为 2 个课时（90 分钟），具体安排见表 1。

表 1　案例的教学组织

学习阶段	内容安排	时间安排	学习目标
课前	要求学生分组并预习相关知识点	提前两天	了解案例与相关知识点
课中	任课教师展示案例 PPT	10 分钟	熟悉案例
	任课教师对案例 PPT 进行讲解	10 分钟	理解案例涉及的知识点与思政元素
	学生分组讨论	20 分钟	培养学生分析问题的能力
	随机提问 3~4 组	30 分钟	培养学生总结归纳的能力
	任课教师进行总结	20 分钟	强调重点，加深学生对知识点的理解
课后	完成作业，总结自己的看法		加深对知识点及思政元素的认识

（五）总结

网络经济是伴随着信息技术和网络革命自然产生的，是时代发展的产物。网络经济具有开放性、全球性、直接性、虚拟性、创新性和可持续性等特点。网络经济学作为一门独立的学科，顾名思义就是要研究网络经济的市场特征和运行规律，力图清晰而严谨地构建一个完整的分析框架，以指引和带动技术进步和经济增长。

作为新时代的企业，必须进行自主创新，紧跟国家大政方针，将更多科技元素融入生产经营，用科技带动提高社会生产率和经济运行效率。此外，企业还应主动承担社会责任，将国家和民族甚至整个人类社会的利益融入企业决策过程，只有这样，才能实现长久发展。

作为新时代经管类本科生，学生在学好相关专业理论知识的同时，还应注重培养运用专业理论和思政元素去分析和解决实际问题的能力，能够要求自己从政治高度出发去认识、分析和总结经济运行中的一些现象和问题，树立正确的世界观、人生观和价值观。

参考文献

［1］金佳绪．“科技盛会”上，习近平的讲话贯穿一个鲜明的主题［EB/OL］．（2021-5-29）［2023-05-19］．https：//baijiahao.baidu.com/s?id=1701086926631307529&wfr=spider&for=pc.

［2］菜鸟网络．菜鸟正式启用中欧公路运输路线，“空中陆桥”助 10 分钟快速过境［EB/OL］．（2021-06-18）［2023-05-19］．https：//www.sohu.com/a/472804432_403777.

［3］菜鸟网络．中国物流登上世界舞台，菜鸟受邀在 WTO 分享数智物流经验［EB/OL］．（2021-10-19）［2023-05-19］．https：//www.sohu.com/a/496007455_403777？ spm=smpc.author.fd-d.1.1635474064085erkcczc.

［4］王晔，张铭洪．网络经济学［M］．3 版．高等教育出版社，2019.

［5］梁骊楠，刘鹤．面向网络经济电子商务物流新发展探究［J］．环渤海经济瞭望，2020（5）：65.

［6］程媛媛．绿色物流对分享经济发展的作用分析［J］．今日财富，2019（22）：11.

案例三 “淘宝村”助力乡村发展：数字技术的红利效应

一、案例正文

当下沉市场成为电商巨头争夺的主要增量空间时，“互联网＋农业”也正在迎来新的发展机遇。2021年8月30日，阿里巴巴（以下简称“阿里”）“第八届中国淘宝村高峰论坛新闻发布会”数据显示，过去一年，淘宝村数量增加上千个，淘宝镇数量增加600多个。阿里方面表示，这得益于阿里的数字技术新基建，新冠疫情期间中国农产品上行的供应链迅速恢复，工厂和企业快速复工复产。这是淘宝村和淘宝镇在2021年上半年新冠疫情期间依然批量涌现的主要原因。值得一提的是，相比以往，淘宝村和淘宝镇掀起的经济地理现象正从东部沿海地区向中西部和东北等内陆地区快速复制。

在这个过程中，位于河北的小县城肃宁逐渐引起关注。相关数据显示，河北省沧州市肃宁县现有淘宝镇9个、淘宝村17个，有望成为全国首个“全域淘宝县”。截至2021年上半年，肃宁电商平台注册网店已达21000多家，年销售额超百亿元，网店数量以每年30%的速度快速增长，配套企业效益以每年50%的速度增长。在新冠疫情的影响和催化下，推动农产品上行也成为2021年上半年电商平台的主要发力方向。在此背景下，如何重塑生产链、供应链，让更多区域复制农村数字化的成功案例，成为政府和企业共同面临的问题。

淘宝村从东部沿海走向中部地区，从2009年的3个增长到如今全国超过5000个，一共用了10余年时间。过去几年，农村地区掀起火热的电商浪潮，电商从城市迅速走向农村。淘宝等电商平台的技术赋能与流量支持，推动实体经济与互联网技术融合。淘宝村在支持村民大规模创业、灵活就业、减贫脱贫等方面具有重要的经济价值和社会价值。

有关数据显示，2019年，全国有4310个淘宝村，到2021年6月30日，全国淘宝村数量已达5425个；全国有1118个淘宝镇，到2021年6月30日，全国淘宝镇数量达到1756个。其中，中西部和东北地区淘宝村数量从172

个增加到 341 个，翻了将近 1 倍，淘宝镇由 223 个增加到 393 个，增长了 76%。这意味着兴起于东部地区的淘宝村模式正在向内陆地区延伸。

肃宁县委书记颜世东表示，肃宁农村电商起源于 2007 年，多年来，依托特色产业优势，初步形成“互联网 + 传统产业”的县域电商发展模式，已成为肃宁县创新发展新动能和推动县域经济高质量发展的重要支撑。

实际上，阿里向来重视农村市场。早在 2014 年，阿里就发起了“中国县域电子商务峰会”，由此开启了农村战略，与国际化战略并行。这一年，全国出现 19 个淘宝镇、212 个淘宝村。到 2019 年，全国淘宝村和淘宝镇网店全年销售额超过 7000 亿元，带动就业机会超过 683 万个。

之所以有这样的增长速度，是因为“互联网 + 农业”的全新模式创新了农副产品交易方式、增加了农民收入，推动着农业产业升级，助力精准扶贫，促进农业发展。可见，“互联网 + 农业”是乡村振兴战略实施的重要手段，在新农村建设中发挥着重要作用。

突如其来的新冠疫情导致田间地头的农作物产品陷入滞销状态，道路封闭、工厂停工等对原有的供应链体系造成巨大打击，而电商平台和直播带货则为农产品带来了新的生机。

淘宝村从 2009 年的 3 个发展到如今的 5000 多个，不仅来自草根创业者脱贫致富的内在驱动力，也依赖数字平台的科技支撑和政府相关政策的驱动。有了科技的进步，实际上就是科技赋能，只需一部智能手机就可以买全球、卖全球，哪怕你身处偏远山区，也能用上最先进的阿里云、大数据、人工智能，让当地产品销售到遥远的广阔市场。2019 年 11 月 23 日，世界银行、阿里、中国国际发展知识中心在国务院发展研究中心发布的《电子商务发展：来自中国的经验》指出，数字技术带来的好处不仅仅局限于高收入国家和城市地区，只要有适当的条件，数字技术就可以在发展中国家和农村地区快速发展，成为乡村振兴和脱贫的强大工具。

近年来，中国互联网与实体经济的叠加效应愈加凸显，电商经济得以迅猛发展。2015 年政府工作报告将“互联网 +”行动计划提升至国家战略层面，电商经济迎来新一轮的发展春天。与此同时，中国收入分配问题受到越来越多的关注，在人民网推出的两会“十大热点问题”网络调查中，2008—2015 年“收入分配”的关注度分别位居第四、第四、第五、第四、第二、第三、第四和第一。其中，较大的城乡居民收入差距是主要的矛盾之一。党的十九大以来，在打赢脱贫攻坚战和实施乡村振兴战略的背景下，农民人均可支配收入持续较快增长，城乡收入差距显著缩小，但由于国际经济形势恶化和经济下行压力持续增大，农民增收迫切需要新的动力。电子商务作为近年来兴起的新商业模式，被视为农民突破市场分割、实现脱贫增收的新动能。农村电子商务通过对商业流和信息流的创新，打破了农产品的地域限制，改变了农民固有的就业方式，日渐成为农民稳定现有增收渠道、拓宽增收途径的重要实践，受到政府决策层的高度关注。有针对性地支持提升技能和培育创业精神，降低市场准入门槛，改善营商环境，采取措施解决生产者和消费者的信息不对称，这些都有利于在条件较差的地区开展电子商务，实现脱贫致富和社会进步。

电商经济与居民收入分配是否存在某种关系呢？2020年中央一号文件明确强调，要扩大电子商务进农村的覆盖面，持续推进农民增收。事实上，近年来，随着农村互联网的发展和系列惠农政策的落地，我国农村电子商务持续高速增长。2019年，全国2083个县域网络的零售额达30961.6亿元，同比增长23.5%，高于同期全国网络零售额16.5%的平均增速。

根据《中国统计年鉴》(2022)的数据（见表1)，2016年我国城镇居民人均可支配收入为33616.2元，农村居民人均可支配收入为12363.4元，城乡居民可支配收入比约为2.72。到了2019年，我国城镇居民人均可支配收入为42358.8元，农村居民人均可支配收入为16020.7元，城乡居民可支配收入比约为2.64。同2016年相比，2019年我国城镇居民人均可支配收入增长了26%左右，农村居民人均可支配收入增长了30%左右。在新冠疫情下，农村居民人均可支配收入依然保持了良好的增长势头。

表1　2018—2021年我国城镇、农村人均可支配收入与城乡收入比

指标	2016年	2017年	2018年	2019年	2020年	2021年
城镇居民人均可支配收入（元）	33616.2	36396.2	39250.8	42358.8	43833.8	47411.9
农村居民人均可支配收入（元）	12363.4	13432.4	14617.0	16020.7	17131.5	18930.9
城乡居民可支配收入比	2.72	2.71	2.69	2.64	2.56	2.50

与传统经济一样，电商经济带来了GDP的增长和人民生活的改善，无疑对城乡居民收入分配产生了重要影响。李克强同志曾多次强调，发展农村电商是促进农村地区困难群众脱贫致富的重要途径。由此可见，发展电商经济是调整中国收入分配格局的一种重要新生方式，分析电商经济发展的分配或公平效应具有重大意义。

二、思政元素

（一）坚持居民收入增长和经济增长同步

本案例涉及收入分配问题。我国应继续深化收入分配制度改革，缩小收入差距，坚持居民收入增长和经济增长同步。2013 年 3 月，国务院发布《关于深化收入分配制度改革的若干意见》。2015 年 11 月 23 日，习近平总书记在主持政治局集体学习时指出："不断健全体制机制和具体政策，调整国民收入分配格局，持续增加城乡居民收入，不断缩小收入差距。""十三五"规划要求：正确处理公平和效率关系，坚持居民收入增长和经济增长同步、劳动报酬提高和劳动生产率提高同步，持续增加城乡居民收入，规范初次分配，加大再分配调节力度，调整优化国民收入分配格局，努力缩小全社会收入差距。

（二）深刻领会我国社会主义的本质

当前我国社会主义发展中面临着城乡差距和地区差距等问题，这是不争的事实。但是，我们要准确认识和全面辩证地看待收入差距问题，因为这个问题真实地反映了我国社会主义发展的阶段性特征。我国是社会主义国家，收入差距问题最终会得到根本解决，因为社会主义的本质是解放生产力，发展生产力，消灭剥削，消除两极分化，最终达到共同富裕。社会主义社会是共产主义社会的初级阶段，必定会走向共产主义社会的高级阶段。

（三）推动脱贫攻坚与乡村振兴有效衔接

接续推进全面脱贫与乡村振兴有效衔接，是脱贫攻坚与乡村振兴交会和过渡时期的一项重大战略任务。做好二者的有机衔接和协同推进，既有利于巩固脱贫攻坚成果，培育长效脱贫机制，又有利于促进农业农村优先发展，推动乡村全面振兴。习近平总书记在决战决胜脱贫攻坚座谈会上指出："要接续推进全面脱贫与乡村振兴有效衔接。"在脱贫攻坚收官之际和实施乡村振兴战略的关键时期，要圆满完成这一任务，我们必须准确理解有效衔接的丰富内涵，把握脱贫攻坚和乡村振兴的正确方向，在牢牢巩固和扩大脱贫攻坚成果的基础上，真正让农业成为有奔头的产业，让农民成为有吸引力的职业，让农村成为安居乐业的美丽家园。

三、案例使用

（一）教学用途和教学目标

1. 教学用途

本案例适用于《微观经济学》教材第二十章“收入不平等和贫困”相关内容的教学。

2. 教学目标

（1）知识层面

理解概念：收入分配不平均、贫困。

掌握知识点：收入分配不平衡的度量——洛伦兹曲线和基尼系数。

（2）能力层面

逻辑思维能力：培养学生对热点经济现象内在逻辑的分析与辨别能力。

辩证思考能力：引导学生辩证看待收入差距的问题。

（3）素质层面

帮助学生养成关注国家大事的习惯：通过案例分析，使学生理解收入分配不平均的现象，学会运用所学知识分析社会现象，关注国家的大政方针政策。

培养学生的爱国情怀：通过案例分析，提炼出思政元素，包括最美淘宝村引领乡村振兴，绿水青山就是金山银山，精准扶贫是真扶贫、扶真贫、真脱贫，坚持居民收入和经济增长同步等，培养学生的爱国情怀。

（二）案例讨论的准备工作

① 学生预习《微观经济学》教材第二十章“收入不平等和贫困”内容，对相关理论有较为直观的认识即可。

② 学生提前搜集相关资料，了解我国精准扶贫和乡村振兴相关政策及执行情况，以及自己家乡精准扶贫和乡村振兴政策的执行情况，为课堂讨论做准备。

（三）案例分析要点

1. 启发思考题

① 案例反映了我国发展中出现的什么问题?

② 当前我国应对收入差距问题的措施主要有哪些？

③ 淘宝村的发展会促进农民增收，从而缩小城乡差距吗？

④ 你对我国淘宝村的发展有什么建议？

2. 分析思路

① 案例反映了我国发展中出现的什么问题？

要点：收入差距的影响因素。

参考答案：

案例展示了中国城乡和地区收入差距及全国淘宝村数量的变化，反映出城乡和地区之间收入分配的不平均。任课教师应做好以下两方面工作：第一，帮助学生回顾微观经济学的基本理论和知识，引导学生领会微观经济学的基本思想，理解微观经济学的核心假定条件，如理性人假设等。第二，让学生了解我国目前实行的市场经济制度遵循价格自动调节机制和理性选择原则，会产生市场竞争和优胜劣汰，从而不可避免地会产生收入差距问题。淘宝村在国家级贫困县的覆盖范围进一步扩大，在中西部地区贫困县的脱贫减贫作用逐渐凸显，而且主要分布在东部地区，中西部地区偏少。这表明东部地区和中西部地区发展差异明显，收入差距也巨大，呈现着明显的区域性特征。因此，收入差距问题是市场经济发展的必然结果，也是市场配置低效率的体现。

② 当前我国应对收入差距问题的措施主要有哪些？

要点：我国应对收入差距问题的手段。

参考答案：

从案例中我们可以看到，针对收入差距问题——主要是城乡之间的差距和中西部地区与东部地区的差距，我国采取了一系列政策措施，最为直接的就是实行精准扶贫和乡村振兴政策。通过农业供给侧结构性改革，促进农林牧渔业和种植业创新发展，加快建设现代农业产业园和特色农产品优势区，稳定和优化粮食生产。新增高标准农田 8000 万亩以上、高效节水灌溉面积 2000 万亩。培育新型经营主体，加强面向小农户的社会化服务。发展“互联网 + 农业”，多渠道增加农民收入，促进农村一、二、三产业融合发展。全面深化农村改革。落实第二轮土地承包到期后再延长 30 年的政策。探索宅基地所有权、资格权、使用权分置改革。改进耕地占补平衡管理办法，建立新增耕地指标、城乡建设用地增减挂钩节余指标跨省域调剂机制，所得收益全部用于脱贫攻坚和支持乡村振兴。深化粮食收储、集体产权、集体林权、国有林区林场、农垦、供销社等改革，使农业农村充满生机活力。推动农村各项事业全面发展。改善供水、供电、信息等基础设施，新建改建农村公路20万公里。稳步开展农村人居环境整治三年行动，推进“厕所革命”。促进农村移风易俗。健全自治、法治、德治相结合的乡村治理体系。我们要坚持走中国特色社会主义乡村振兴道路，加快实现农业农村现代化，从而进一步缩小城乡之间的收入差距，全面实现农业强、农村美、农民富。我国还进行了财税体制改革，采取了新的个人所得税制度，大幅提高免征额，首次增加六项专项附加扣除，扩大低档税率级距。税收改革也是缩小收入差距的一个重要措施。

③ 淘宝村的发展会促进农民增收，从而缩小城乡差距吗？

要点：淘宝村的作用。

参考答案：

作为新经济的代表，淘宝村的发展对农村和城镇居民都具有明显的增收作用，但这种作用并不一致。一方面，我国长期以来的城乡二元结构决定了城镇和农村居民在资金、劳动力素质、公共产品利用上的差别。此外，大部分地区的城乡“数字鸿沟”依然存在。农村和城镇居民禀赋的差异也决定了二者从中分享的红利不可能是同质、等量的。因此，城乡发展的不均衡可能导致城乡收入差距的扩大。另一方面，淘宝村的发展有利于打通城乡信息流通渠道、改善城乡资源配置、提高农产品市场价格、优化农户生产决策和促进劳动力自由流动，并且催生了劳动密集型、技术密集型等多种产业集群，还可以引导传统产业集群的转型升级，从而缩小城乡收入差距。随着电子商务规模的扩张和发展模式的不断成熟，当市场出现新的技术手段时，农村居民从中分享红利的能力会得到提升，城乡收入差距便会出现缩小的态势。有研究表明，淘宝村的发展对城乡收入差距的影响呈倒“U”形，即淘宝村的发展在初期会扩大城乡收入差距，发展到一定程度后又会缩小城乡收入差距。

④ 你对我国淘宝村的发展有什么建议？

要点：淘宝村的特色发展与创新发展路径。

参考答案：

第一，完善相关法律法规，加大监管力度。淘宝村的产业集群实质上是一个“先富带动后富”的过程，即少数具备电商知识的村民发挥领头羊作用，带动大家利用村庄特色产业脱贫致富。村民见到电商“领头羊”收入增加，争相加入，致使淘宝村的个体之间知识水平参差不齐，出现很多不规范经营行为。村民的不规范经营行为严重制约了淘宝村的进一步发展。此时，政府作为“看得见的手”，发挥着至关重要的作用：首先，建立了完善的市场监管体制，向村民普及相关法律知识，让村民知法、守法、用法，做到资源良性利用，不会因为市场的无秩序出现资源的滥用和浪费，逐步引导村民走向秩序化，运用正确的方式进入市场。其次，加大财政支出，完善淘宝村周边配套的物流、仓储等基础设施，这样不仅可以在乡村振兴的背景下更好地利用资源，而且可以加速村民摆脱贫困的“帽子”。

第二，对电商技能人才的开源引流。要解决淘宝村的同质化竞争问题，实现其差异化发展，亟须一批电商专业技术人才。农村淘宝早期发展主体是一群无论是在专业技能还是在经营能力方面都有欠缺的村民，政府可以根据当地的产业发展情况聘请专业指导老师，从客户服务、产品包装、运营推广和网络营销等方面对村民进行系统性培训，培养一批具有创新意识和创新能力的人才，尽量避免由于村民经营水平落后或缺乏创新创业能力而阻碍淘宝村的发展。在政府的支持和推动下，村民可以形成互联网思维，并掌握相关技术，从而发展农村电子商务，带动农村特色产业的发展。

（四）教学组织方式

结合案例，将思政元素融入“收入不平等和贫困”相关知识点的讲授当中。本案例讲授时间为 2 个课时（90 分钟），具体安排见表 2。

表 2 案例的教学组织

学习阶段	内容安排	时间安排	学习目标
课前	要求学生分组并预习相关知识点	提前两天	了解案例与相关知识点
课中	任课教师展示案例 PPT	10 分钟	熟悉案例
	任课教师对案例 PPT 进行讲解	10 分钟	理解案例涉及的知识点与思政元素
	学生分组讨论	20 分钟	培养学生分析问题的能力
	随机提问 3~4 组	30 分钟	培养学生总结归纳的能力
	任课教师进行总结	20 分钟	强调重点，加深学生对知识点的理解
课后	完成作业，总结自己的看法		加深对知识点及思政元素的认识

（五）总结

在我国市场经济条件下，竞争是必然的，竞争的结果也必然导致优胜劣汰，从而不可避免地会促使社会财富出现分配不均的现象，城乡和地区的收入差距问题也会随之出现。

任课教师通过分析城乡和地区收入分配不均、我国淘宝村数量的变化及相关解决措施，引导学生正确认识我国社会主义市场经济发展中所出现的各种问题，深刻理解社会主义市场经济体制建设要坚持居民收入增长和经济增长同步，同时要意识到电子商务的重要性——其在中西部地区的脱贫减贫效应逐渐凸显，其重要组成部分“淘宝村”引领乡村振兴实践等，在提高专业水平和政治素养的同时，为推动中国经济的可持续发展和最终实现中国梦的伟大目标贡献自己的力量。

参考文献

［1］黄书波，张典标，袁敏．“淘宝村集群”让部分乡村实现人口逆势增长［N］．新华每日电讯，2023-03-08（14）．

［2］李晶．阿里巴巴：“芝麻开门”后的价值追求［N］．中国市场监管报，2021-10-30（4）．

［3］谢云挺．小小“淘宝村”大大民生事［N］．农民日报，2015-10-27（2）．

［4］尹晓宇．淘宝村改变了中国农村［N］．人民日报（海外版），2014-12-26（13）．

案例四 人工智能：收入增长与就业市场的新挑战

一、案例正文

人工智能（AI）的高速发展引起了人们强烈的反响。有些人设想了一个反乌托邦社会，在那里，人们被机器所取代，机器开发我们阅读的内容以及我们享受娱乐的方式。除此之外，AI 将选择我们的朋友和政敌，并最终消除任何形式的人类媒介。然而糟糕的是，这些机器将剥夺我们的工作，人类将失去存活的意义和工作收入，并可能最终走向灭亡。

还有一些展望乌托邦潜力的人，他们认为有了机器完成所有的工作，人们就会有足够的收入和更少恼人的工作。得益于此，人们将有更多的时间享受艺术和音乐。他们将追求自己的兴趣爱好而不为满足基本生活需求所累，会有更多机会满足自己的求知欲以及对人际交往的需求。简而言之，AI 将人类从时间和金钱的限制中解脱出来，使人们能够享受生活与自由。那么，哪一方的观点是对的呢？

经济学家认为，我们实际上已经知道了问题的答案，至少部分知道。大多数经济学家认为，自动化将带来更高的未来收入，而这源于 AI 将提高生产率。2017 年 9 月，芝加哥布斯商学院举办的“全球市场倡议”（IGM）论坛的经济专家小组组织了一场采访，询问 41 位来自美国顶尖大学的经济学家是否强烈同意、同意、不确定、不同意或强烈不同意以下声明：“增加使用机器人和 AI 技术，将为发达国家带来巨大的收益，大到足以补偿那些受到严重影响的工人们的工资损失。”答案一目了然：没有人不同意这种说法。尽管有 10% 的经济学家表示不确定，还有一些经济学家的回答是同意，而不是强烈同意，然而，很明显的是，经济学家们都认为，AI 代表着获得重大经济收益的机会。事实上，生产力的提高从一开始就是生活水平提高的核心。

与此相关的另一个问题是，技术的增长给人们带来的损失能否得到赔偿。经济学家对此持怀疑态度。经济学告诉我们，收入会增加，但我们的收入分配方式是由社会和政治结构决定的。对于能够实现收入再分配的怀疑，很大程度上源于人们对于在一个收入主要由资本创造的世界里政治的发展能成功管理收入再分配缺乏信任。在这方面，过去几十年的历史并不乐观。

最富有的 1%人口所占的收入比例从 1980 年的 10%左右上升到近 20%，而最贫穷的 50%人口所占的收入比例从 1980 年的 20%下降到 12%。

目前，我们未能重新分配技术进步带来的收益，而近期的历史使我们对收入分配方面的担忧得到了证据支持，相比于思考一个社会能否设法重新分配收入的问题，这种思考更为深入。大多数经济学家担心我们将如何分配工作，而这种担忧反映了一种理念，即工作与工作产生的收益无关。

许多人怀疑，如果人们不工作，他们是否可以成功地找到有吸引力且能使情绪得到正向反馈的方式来使用他们的时间。“全球市场倡议”论坛的一位小组成员 Robert Hall 具体地表达了他的担忧：“那些不在劳动力市场的人并不快乐，并且他们更倾向于服用阿片类药物。”经济学家担心人们失去就业机会带来的不良后果，但经济史让经济学家持有乐观看法。这解释了为什么那么多经济学家好奇与工业革命或其他重要的技术快速变革时期相比，AI 的变革会给人类带来什么不同。

经济学家对技术变革给就业带来的影响的判断，来自对技术变革时期之后就业适应情况的思考。在这一点上，经济学家再一次达成共识：从历史上看，技术变革并没有减少就业。

就业和失业会带来一系列问题，其中之一就是没有将短期效应与长期效应分开。

当大多数人考虑 AI 和提高自动化程度时，我们正在努力思考未来的发展方向，当你从长远的角度来看时，就可以确定自动化没有减少就业，至少不会以自动化发展那样快的速度减少。许多经济学家认为，即使在国家日益繁荣的情况下，有偿工作也非常稳定，并且预计公民将会因为更高的收入而选择更多的消费方式。

尽管我们有这样的看法，但随着科技的进步，就业率难免会下降。我们对技术进步影响就业的看法与实际情况之间的差异反映了两点。第一，工作时间和就业率的下降幅度没有人们预期的那么大。第二，经济学家倾向于用一个模型来分析就业问题，在这个模型中，想要工作的人都能找到工作。随着生产率的提高，大多数国家的工作时间在减少。在法国、德国和日本，年工作时间以相当稳定的速度下降，而美国和英国的下降幅度较小。然而，无论在哪个国家，每年的工作时间都会下降。从更广泛的角度来看，儿童就业现象基本消失。随着年轻人更专注于进一步的人力资本投资，15~25 岁年轻人的就业率有所下降。在生命周期的另一端，大多数国家的预期寿命增加了，而退休年龄却下降了。

工作在我们生活中所占的比例在减少，我们的工作天数和工作时长所占的比例也在减少。就业下降是经济增长与政府政策相互作用的结果。例如，政府养老金和退休计划为延长退休年龄提供了便利，童工数量的大幅减少得益于《童工法》。对这些计划和法规的需求是由生产率增长创造的更高收入推动的。由于儿童教育和退休导致的就业减少被认为是生活水平的提高，因此这并不属于我们需要解决的失业问题的一部分。然而，他们确实需要进行收入再分配。老一代必须通过家庭或政府再分配（如儿童税收抵免、儿童津贴、儿童保健补贴等）来抚养儿童。然而，大多数人认为，这是个进步——很少有人让孩子重返职场来养活自己。在生命周期的另一端也有类似的情况。虽然老年人可以为退休储蓄，但再分配使那些退休的人能够分享持续的经济增长。

AI 真正的不确定性在于，这种混乱带来的后果如何，以及我们将如何使人们学会应用这项科技。大多数经济学家认为，由于对技能的需求下降，人们将受到伤害——失业的时间可能更长，对工人再培训的需求也会更大。可能有些工作是工人不想做的，或者是没有资格做的。虽然我们可以让新一代人做好准备以应对机器人分担很多工作的世界，但让一代人在他们生命的中途做好这种准备很困难。人们不愿重新开始。收入的损失应该比地位的降低更容易解决。那么工作有多重要，我们对它了解多少？工作的意义在于它产生的收入，还是在于它给我们的生活带来的意义和秩序？很多关于自动化对就业的潜在影响的辩论实际上是关于我们将如何度过这段时间的辩论。因此，把机器人抢走我们的工作后我们将如何利用时间的问题，与我们能否在这种情况下找到稳定、公平的收入分配方式分开来讨论，是很有必要的。

工作是一个比有偿劳动更广泛的概念。有偿劳动是家庭生产的商品和市场生产的商品之间交换的结果。从衡量的角度来看，这一点很重要。非市场生产的商品被市场生产的商品所替代。人们不再从零开始做衣服、馅饼和蛋糕，而是开始工作，买衣服、馅饼和蛋糕。技术变革以一种排挤自制产品和妇女劳动力参与的方式发生。我们应该将此视为工作的增加还是减少呢？起码有一件事是清楚的，即工作从我们典型的度量范围之外转移到它的内部。例如，我怀疑即使把每一位带着孩子的全职妈妈都算上，现在的育儿工作者都比 40 年前要少。

然而，时间使用调查显示，工作时间的下降幅度小于实际就业时间的下降幅度，至少 20 世纪 70 年代以来都是如此。我们看一下时间使用调查就会发现，爸爸们的工作时间实际上更长了，虽然他们在劳动力市场上的工作时间减少了。我们把照顾孩子和做家务的时间计算在内，男性的工作时间比20世纪60年代还要长。为什么要考虑照顾孩子和做家务的时间？如果我们想真正衡量工作发生了什么变化，需要对工作有一个更全面的认识，尤其是当问题在于我们能否找到有意义的方式来度过工作之外的时间时。

AI不会取代人与人之间的联系，无论是在个人生活中还是在职业上。机器人也许能照顾卧床不起的老人，但它不太可能让人产生与人交流的快乐和满足感。将来会产生更多的有偿工作来方便人们的互相照顾吗？答案毫无疑问。

我们还要考虑两个独立的问题：一个是就业问题，其中最基本的问题是，如果机器人抢走了我们的工作，我们能找到令人满意的方式来打发时间吗？一个是收入的问题，我们能否找到一种稳定而公平的收入分配方式？这两个问题的答案不仅取决于技术如何变化，还取决于我们的制度如何对技术变化作出反应。解决这两个问题是解决社会面临的挑战的基础。首先，我们塑造了一个人们可以找到合适的方式来打发时间的社会。其次，为了解决这个问题，我们必须解决另一个问题，即寻求稳定和公平的收入分配方式。

二、思政元素

（一）事物具有两面性，应该全面地、辩证地看问题

我们应用人工智能技术造就了经济发展，但经济发展和人工智能反过来又给人类带来威胁，造成了我们的恐慌。尽管人工智能技术的发展带来很多理论和实践问题，但不必过于担忧。在马克思“人的技术化”思想指导下，我们从正反两方面看待人工智能可能带来的各种问题。在实现人工智能的正效应时，尽量减少其负效应的出现，合理规范人工智能技术的开发和使用，做到趋利避害，这样才能加快人工智能成果的普及，使创新技术溢出效应真正惠及广大人民群众。人脑的高级功能及复杂性使人类的创造力、思想力具有无穷无尽的可能，这并不是集成电路芯片、数以亿计晶体管所能取代的。科学技术可以改善人们的生活，让生活更美好，这是社会变革的决定性力量。马克思站在辩证唯物主义与历史唯物主义的角度，客观辩证地看待科学技术的作用与发展趋向。马克思在《哲学的贫困》中写道，“手推磨产生的是封建主义社会，蒸汽磨产生的是工业资本家的社会”；在《德意志意识形态》中提到：“没有蒸汽机和珍妮机走锭精纺机就不能消灭奴隶制；没有改良的农业就不能消灭农奴制；当人们还不能使自己的吃

喝住穿在质和量方面得到充分保证的时候，人们就根本不能获得解放。”基于马克思的观点，人与技术双向建构的出发点和落脚点始终是人。人作为技术活动主体具有反思性，既有义务也有能力通过自身行动来引导技术朝着健康的方向前进，最终也能规避人工智能可能带来的风险。我们要树立正确的科学观、合理的需求观，构建人与人共享科技成果的和谐社会。人工智能的工具角色，一方面可以大大延伸人的能力，解放人的体力和一部分简单的脑力，成为人类很好的“帮手”；另一方面可能造成失业人数增加、技术依赖严重、法律伦理困境、隐私安全堪忧。尽管这样，我们也不能为维护隐私安全、保障就业而拒绝人工智能技术的研发。从发展的角度来看，技术进步并不能解决各种社会问题，正如防盗报警技术可以限制犯罪，但不能避免犯罪。因此，技术只是生产工具，我们对人工智能要有正确的认识和态度。规避人工智能风险的最终目的是科学合理地开发和使用人工智能，使其更好地为人类社会服务，而不是回避、放弃人工智能技术。

（二）科技是第一生产力

“科学技术是生产力”是马克思主义的基本原理。马克思曾指出，“生产力中也包括科学”，并且说，“固定资本的发展表明，一般社会知识已经在多么大的程度上变成了直接的生产力”。马克思还深刻地指出，“社会劳动生产力，首先是科学的力量”，“大工业把巨大的自然力和自然科学并入生产过程，必然大大提高劳动生产率”，这些观点蕴藏着丰富的内涵：第一，科学技术是推动现代生产力发展的重要因素和重要力量。马克思明确指出：机器生产的发展要求自觉地应用自然科学，“生产力中也包括科学”，“劳动生产力是随着科学和技术的不断进步而不断发展的”。马克思的这一论断已经为不断发展的社会实践所证实。生产力的基本要素是生产资料、劳动对象和劳动者。其中，生产资料是同一定的科学技术相结合的；劳动者掌握了一定的科学技术知识。现代科学技术飞速发展并向现实生产力迅速转化，改变了生产力中的劳动者、劳动工具、劳动对象和管理水平。科学技术为劳动者所掌握，极大地提高了人们认识自然、改造自然和保护自然的能力，提高了生产劳动能力。在生产力系统中，科学技术已经成为推动生产力发展的关键性要素和主导性要素。

第二，科学技术是现代生产力发展和经济增长的第一要素。过去，生产力发展和经济增长主要靠劳动力、资本和自然资源的投入；现代社会，随着知识经济时代的到来，科学技术、智力资源日益成为生产力发展和经济增长的决定性要素，生产力发展和经济增长主要靠科技的力量。从发达国家经济发展的实践来看，更是如此。

第三，现代化科学技术的超前性对生产力发展具有先导作用。19 世纪末发生的第二次技术革命，是科学、技术、生产三者关系发生变化的一个转折点。在此之前，生产、科学、技术三者的关系主要表现为，生产的发展推动技术进步，进而推动科学的发展。以电力技术革命为标志的第二次技术革命以后，生产带动科学技术发展的情况发生改变，现在是科学推动技术进步，再推动生产的发展。科学技术越来越走在社会生产的前面，开辟着生产发展的新领域，引导着生产力发展的方向。邓小平在总结科学技术这一发展趋势时深刻指出："现代科学为生产技术的进步开辟道路，决定它的发展方向。许多新的生产工具新的工艺，首先在科学实验室里被创造出来。"大量历史事实已经证明：理论研究一旦获得重大突破，迟早会推动生产和技术的进步。

第四，高科技在知识经济中的作用更加突出。知识经济是以知识和信息的生产、分配和使用为基础，以创造性的人力资源为依托，以高科技产业及智业为支柱的经济。科学技术的发展，使传统生产要素的结构及组合方式发生了重大变化。

三、案例使用

（一）教学用途与教学目标

1. 教学用途

本案例为描述型案例，适用于《宏观经济学》教材中"失业与经济增长"相关知识点的教学。

2. 教学目标

（1）知识层面

理解概念：失业的含义及种类、失业的经济学解释。

掌握知识点：新古典经济增长理论与内生增长理论。

（2）能力层面

系统思维能力：任课教师通过对失业理论的讲解，帮助学生系统地了解失业的含义、分类及形成原因，形成全面、系统、联系地分析问题、解决问题的思维能力。

判断实践能力：任课教师结合案例进行讲解，使学生能够在搜集失业与就业相关信息与资料之后，针对当前中国就业中出现的各种问题，运用适当的理论知识提出合理的解决方案。

（3）素质层面

形成专业意识：理解宏观经济学相关理论在我国经济发展中的重要意义，以及当前宏观经济发展的趋势；养成关注时事政治、宏观经济形势、热点问题及政策变化的学习习惯。

提高专业素养：通过案例分析，引入供给侧结构性改革和实体经济发展，以及人工智能安全应用开创美好未来等思政元素，拓宽学生视野，让他们理解要解决中国当前的就业、失业问题并完成中国劳动力供给侧改革的任务，必须深入了解人工智能的发展状况，特别是要关注技术冲击对宏观经济发展的影响，增强危机意识，形成正确的就业观念。

（二）案例讨论的准备工作

① 学生预习《宏观经济学》教材中“失业与经济增长”相关内容，初步了解失业的种类、形成原因及影响。

② 任课教师事先对案例材料进行简单说明，同时设计互动环节，创设情境，让学生思考以下问题：近年来，人工智能快速发展，在某些领域已经取代了人类的工作岗位，未来这种情况是否会越来越严重？以后的人类会进入空虚的享乐时代吗？未来 30 年内，哪些行业的工作人员可能被人工智能取代？失业的人将何去何从？人工智能会给就业带来哪些影响？

（三）案例分析要点

1. 启发思考题

① 结合案例，分析随着人工智能的发展，可能带来的失业属于哪种类型的失业。

② 结合案例，分析人工智能技术的广泛应用可能对经济社会发展带来哪些影响，并进一步分析就业者应如何应对新技术革命的挑战。

③ 结合案例，从贯彻新发展理念的角度，谈谈人工智能快速发展背景下我国应如何提高劳动者素质、推进供给侧结构性改革和数字中国建设，助力中国经济高质量发展。

2. 分析思路

① 结合案例，分析随着人工智能的发展，可能带来的失业属于哪种类型的失业。

要点：失业的分类及形成原因。

参考答案：

失业可分为三类，即结构性失业、摩擦性失业和周期性失业。结构性失业是指由经济结构的变化、产业兴衰转移造成的失业，主要是劳动力供给与需求不匹配造成的，失业者因缺乏就业技能而无法填补现有的职业空缺。摩擦性失业是指由劳动人员的暂时流动造成的失业，这是在生产过程中由于难以避免的摩擦造成的短期的、局部性失业，主要是信息不对称造成的，劳动者寻找发挥自己特长和偏好的工作需要时间。周期性失业一般出现在经济周期的萧条阶段，又称“需求不足的失业”“非自愿失业”，是由总需求不足引起的短期失业。由此可以看出，人工智能可能带来的失业属于结构性失业。

② 结合案例，分析人工智能技术的广泛应用可能对经济社会发展带来哪些影响，并进一步分析就业者应如何应对新技术革命的挑战。

要点：人工智能的影响及就业者的应对措施。

参考答案：

从短期看，人工智能势必会对那些单一、繁重的劳动工作岗位产生不利影响，造成结构性失业；但从长远看，人工智能将改变人们的生活方式，提升工作效率，带来积极的正面效应。人工智能可以把劳动者从简单机械的劳动中解放出来，同时给部分劳动者带来挑战，导致失业和收入水平的变化。劳动者应努力提高个人素质，适应人工智能带来的变化。

③ 结合案例，从贯彻新发展理念的角度，谈谈人工智能快速发展背景下我国应如何提高劳动者素质、推进供给侧结构性改革和数字中国建设，助力中国经济高质量发展。

要点：人工智能与经济高质量发展。

参考答案：

我国应从以下几方面着手：把人工智能发展放在国家战略层面系统、科学布局，重塑产业形态，发展就业新形态，打造竞争新优势。加快发展数字技术和信息网络基础设施建设，支持传统产业转型升级和新产品、新业态的发展，推动建设适应数字经济发展的现代化经济体系。坚持协调发展，形成经济发展和扩大就业的联动效应，着眼于保障中国经济高质量发展的全局，提高信息产业和我国经济的竞争力。坚持创新发展，着力构建支撑我国数字经济发展的创新技术体系和人才培育体系，增强维护信息安全与经济安全的能力。

（四）教学组织方式

结合案例，将思政元素融入“失业与经济增长”相关知识点的讲授当中。本案例讲授时间为 2 个学时（90 分钟），具体安排见表 1。

表 1　案例的教学组织

学习阶段	内容安排	时间安排	学习目标
课前	要求学生分组并预习相关知识点	提前两天	了解案例与相关知识点
课中	任课教师展示案例 PPT	10 分钟	熟悉案例
	任课教师对案例 PPT 进行讲解	10 分钟	理解案例涉及的知识点与思政元素
	学生分组讨论	20 分钟	培养学生分析问题的能力
	随机提问 3~4 组	30 分钟	培养学生总结归纳的能力
	任课教师进行总结	20 分钟	强调重点，加深学生对知识点的理解
课后	布置作业，让学生总结自己的看法		加深学生对知识点及思政元素的认识

（五）总结

任课教师通过案例教学，使学生在学习宏观经济学相关知识点的同时，学会运用马克思主义的立场和观点分析和解决经济发展中的问题，既看到人工智能发展的趋势，也不对部分就业岗位的消失过于担忧，能够辩证地看待人工智能的发展。任课教师可将马克思主义基本原理、失业理论融入课堂讲解，帮助学生树立正确的就业观念，做好职业发展规划。

参考文献

［1］习近平. 习近平致信贺2018世界人工智能大会开幕［EB/OL］.（2018-09-17）.http//www.xinhuanet.com/politics/2018-09/17/c-1123441800.html.

［2］《西方经济学》编写组 . 西方经济学：下册［M］. 北京：高等教育出版社，2012.

［3］蒋南平，邹宇 . 人工智能与中国劳动力供给侧结构性改革［J］. 四川

大学学报（哲学社会科学版），2018（1）：130–138.
[4] 于丽颖.马克思“人的技术化”思想视域下的人工智能风险[D].成都：西南交通大学，2017.
[5] 侯丽.全面看待人工智能对就业的影响[N].中国社会科学报，2017-08-04.

案例五 “滴滴”被下架整顿：坚守数字经济时代的安全底线

一、案例正文

滴滴出行（简称“滴滴”）是涵盖出租车、专车、滴滴快车、顺风车、代驾及大巴、货运等多项业务的一站式出行平台，2015 年由“滴滴打车”更名而来。滴滴改变了传统的打车出行方式，打破了传统出租车市场格局，利用互联网的特点，最大限度地优化了乘车体验，节约了司机与乘客的沟通成本，降低了空驶率，最大化节省了司乘双方的资源与时间，培育出大移动互联网时代下的现代化出行方式。由于自身的优越性和资本的大量投入，经过多年的发展，滴滴成为我国出行领域的龙头企业。为了拉开与同行业竞争者的差距，滴滴抢先一步，走上上市的道路。2021 年 6 月 30 日，滴滴正式在纽约交易所挂牌上市，股票代码为“DIDI”，一时之间，滴滴可谓风光无限，知名度和市值暴涨，行业地位达到巅峰。

2021 年 7 月 2 日，国家网信办宣布，为防范国家数据安全风险，维护国家安全，对滴滴启动网络安全审查，同时暂停新用户注册。随后，在 7 月 4 日，国家网信办在《关于下架“滴滴出行”App 的通报》中措辞严厉地指出，经检测核实，滴滴出行 App 存在严重违法违规收集使用个人信息问题，通知应用商店下架滴滴出行 App，要求滴滴严格按照法律要求，参照国家有关标准，认真整改存在的问题，切实保障广大用户的个人信息安全。国家网信办的通报让滴滴的声誉跌至谷底。相关信息显示，滴滴是我国《网络安全审查办法》出台以来首家被公开实施网络安全审查的企业。为了追求更快更好的发展，选择海外上市无可厚非，那么为何距滴滴在美国上市仅两天的时间，国家就选择出手对其进行调查整治？滴滴究竟做了什么？这背后的深层次原因发人深思。

滴滴被通报批评之后，网络上充斥着各种各样的说法。有人说，滴滴涉嫌大量收集用户信息，甚至有可能将这些国民隐私信息打包交给美国；也有人说，滴滴在美国上市极其低调隐秘，脱离了国家监管，而且恰逢建党 100 周年，时间点选择耐人寻味；还有人说，滴滴股权构成复杂，有大量国外资本注入，滴滴在美国上市后，股权将会更多地被美国的资本投资者掌控。虽然没有直接证据证明这些传言的真实性，但可以肯定的是，滴滴坐拥 5.5 亿用户，占据了 80% 的市场份额，它所掌握的出行数据、道路交通信息必然涉及国家安全。国家关键信息基础设施的安全问题事关重大，不容挑战。滴滴出行 App 被下架无疑给全社会敲响了警钟——不要触碰红线和底线。在互联网时代，数据早已是超出以往历史高度的战略性资源，在国家层面，一旦在关键数据上受制于人，将给国家造成难以弥补的损失。

二、思政元素

（一）以辩证唯物主义思想认识问题

辩证唯物主义是马克思主义的一种哲学理论，它是把唯物主义和辩证法有机统一起来的科学世界观。辩证唯物主义认为，世界在本质上是物质的，物质世界是按照它本身所固有的规律运动、变化和发展的，“事物都是一分为二的”。它揭示了事物发展的根本原因在于事物内部的矛盾性。事物矛盾双方既统一又斗争，促使事物不断由低级向高级发展。因此，事物的矛盾规律，即对立统一的规律，是物质世界运动、变化和发展最根本的规律。辩证唯物主义是人类认识发展史的科学总结，建立在现代科学和先进社会实践的基础上，并随着科学和实践的发展不断丰富。辩证唯物主义是人类认识史和哲学史上的伟大革命，它把伟大的认识工具给了人类，特别是给了工人阶级，是人类认识世界和改造世界的锐利武器。

根据辩证唯物主义思想，科学技术的发展应用本身就充满矛盾。案例中，滴滴依靠互联网技术，改变了传统的打车出行方式，培育出大移动互联网时代下的现代化出行方式，促进了人民生活的改善，带动了经济的发展，也依靠互联网技术掌握了司乘双方大量的隐私信息，如果不能对这些信息加以保护，使其被国外势力恶意使用，后果难以想象。当然，我们也不能为了保护信息数据安全，就完全放弃互联网技术的应用。人作为科学技术的应用主体，应当不断反思，这也是案例中国家网信办对滴滴启动网络安全审查的主要原因。尽管滴滴依靠互联网技术的发展促进了人们出行方式的改善，为人们的生活带来了便利，我们还是要从辩证唯物主义的视角，客观地看待和分析互联网技术发展带来的各种影响，在利用科技正向效应的同时，尽可能避免负向影响，只有这样，才能使科技发展真正为广大人民服务。

（二）企业应自觉践行社会主义核心价值观

党的十八大提出，倡导富强、民主、文明、和谐，倡导自由、平等、公正、法治，倡导爱国、敬业、诚信、友善，积极培育和践行社会主义核心价值观。富强、民主、文明、和谐是国家层面的价值目标，自由、平等、公正、法治是社会层面的价值取向，爱国、敬业、诚信、友善是公民个人层面的价值准则，这 24 个字是社会主义核心价值观的基本内容。社会主义核心价值观是由我国的经济基础和政治制度决定的，属于社会意识范畴，必然也必须体现在经济社会发展各领域。培育和践行社会主义核心价值观，不是孤立的工作，而是一项具有系统性、综合性的工程。

改革开放 40 多年来，民营企业蓬勃发展，在稳定增长、促进创新、增加就业、改善民生等方面发挥了重要作用，成为推动经济社会发展的重要力量。2018 年 11 月，习近平总书记在民营企业座谈会上强调："非公有制经济要健康发展，前提是非公有制经济人士要健康成长。希望广大民营经济人士加强自我学习、自我教育、自我提升。民营企业家要珍视自身的社会形象，热爱祖国、热爱人民、热爱中国共产党，践行社会主义核心价值观，弘扬企业家精神，做爱国敬业、守法经营、创业创新、回报社会的典范。"要推动社会主义核心价值观在民营企业落地生根，引导广大非公有制经济人士自觉践行社会主义核心价值观，有序参与国家政治生活和社会事务，积极响应党的号召，做合格的中国特色社会主义事业建设者。

案例中，滴滴出行 App 因存在严重违法违规收集使用个人信息问题，被国家相关部门要求严格按照法律规定，认真整改存在的问题。市场经济的健康有序运行，离不开国家的法律手段，也需要用道德的力量约束市场参与方，这就要求企业在我国社会主义市场经济发展过程中，加强对社会主义核心价值观的学习，在经济活动中自觉践行社会主义核心价值观，正如李克强同志所强调的，"市场经济是法治经济，也是道德经济"，如果没有社会主义核心价值观的树立，那么在市场经济竞争中、在利益的驱使下，企业就会失去爱国、诚信等道德基石，社会主义市场经济也无法健康运行。

（三）始终坚持以人民为中心的发展思想

习近平总书记在党的十八届五中全会上提出“以人民为中心的发展思想”，其基本理论思想就是把增进人民福祉、促进人的全面发展作为发展的出发点和落脚点，发展人民民主，维护社会公平正义，保障人民平等参与、平等发展权利，充分调动人民积极性、主动性、创造性。党的十八大以来，习近平总书记创新发展了我们党对人民群众的深刻认知，对以人民为中心作出了一系列新论断，体现出马克思主义中国化最新成果的理论光辉和中国特色社会主义本质的内在规律性，是党员干部开展工作实践活动的根本遵循。在习近平新时代中国特色社会主义思想中，以人民为中心思想居于基础性的突出位置，贯穿于习近平新时代中国特色社会主义思想的各个方面，其本身也具有系统的理论体系，有着丰富和深刻的思想内涵，包含一系列相互联系、相辅相成的思想和观念。习近平总书记指出：“人民立场是中国共产党的根本政治立场，是马克思主义政党区别于其他政党的显著标志。”以人民为中心思想把人民作为实践主体、认识主体、价值主体、历史主体，始终坚持人民立场，坚信党的根基和力量在人民，体现出中国共产党人的治国理念和执政实践。

案例中，滴滴作为我国网约车行业的龙头企业，拥有全国 5.5 亿用户，占据网约车市场 80% 的份额，它所掌握的出行数据、道路交通信息是十分庞大的，当其出现违法违规收集使用个人信息问题时，无疑会对其庞大的消费者群体的利益造成损害，也有可能直接给国家利益造成损失。国家网信办依法要求滴滴进行整改，反映出党和国家始终坚持以人民为中心的发展思想，始终把人民利益摆在至高无上的地位，任何企业或资本的利益都无法凌驾于人民群众和国家的利益之上。

三、案例使用

（一）教学用途与教学目标

1. 教学用途

本案例适用于《网络经济学》教材第五章“企业锁定、定价和限制进入”和第七章“网络经济下的新型商业模式和方法”等内容的教学。

2. 教学目标

（1）知识层面

理解概念：锁定策略、定价策略、大数据、长尾理论。

掌握知识点：卖方企业的锁定策略、非线性定价的方式、大数据的内涵、长尾理论的意义。

（2）能力层面

思维拓展能力：任课教师通过理论知识的讲授和案例分析，使学生理解网络经济下企业锁定策略和定价策略的内容和方式，并深刻理解大数据的概念和特点，以及长尾理论的内容，在掌握理论知识的基础上，形成运用理论知识分析解决问题的思维能力。

辩证思考能力：教师通过案例分析，使学生认识到网络经济下企业发展的相关策略及最新的商业模式，同时结合案例设置思考题，培养学生的动态思维，帮助学生从辩证的视角看待现实中的各种问题。

（3）素质层面

培养专业能力：任课教师通过案例分析和相关理论讲解，帮助学生理解网络经济时代的经济发展特征和新的发展理念，形成将专业理论知识与社会时事、国家相关政策措施相结合的思维。

提升思想政治修养：任课教师通过案例分析，使学生了解当前时事热点及党和国家的相关政策，在学习专业知识的同时，拓宽思路，提升思政水平，理解企业在经济社会发展中对国家民族的影响，增强社会责任感，形成正确的经济价值观。

（二）案例讨论的准备工作

学生预习《网络经济学》教材第五章“企业锁定、定价和限制进入”和第七章“网络经济下的新型商业模式和方法”等内容。

（三）案例分析要点

1. 启发思考题

① 网络经济中卖方企业的锁定策略是什么？

② 如何理解大数据的内涵？

③ 网络经济时代长尾理论的意义是什么？

2. 分析思路

① 网络经济中卖方企业锁定策略是什么？

要点：企业锁定策略。

参考答案：

企业锁定策略是网络经济特有的企业策略。卖方企业锁定策略的中心就是通过提高消费者的转移成本，实现对消费者的锁定。卖方企业锁定策略一般有两种方式：

第一，建立安装基础的策略。在多数情况下，企业需要依靠良好的经营管理来建立和保持稳定的安装基础，在这一过程中，企业往往会投入大量资金去争夺消费者，因此，需要确定最有利的投资规模并计算不同顾客的价值。在网络经济的锁定市场中，要从安装基础中获取超额利润，企业必须设法增加顾客的转移成本。比如，企业在初步建立安装基础之后，要培养顾客对品牌的忠诚度，或者以会员制度或给予相应优惠等方式增加顾客黏性。案例中，滴滴从 2015 年成立到拥有 5.5 亿用户，就是经历了这样的阶段。

第二，利用安装基础的策略。卖方企业在建立了具有转移成本的顾客基础后，会充分利用其垄断地位向其安装基础销售互补品。此外，卖方企业还可以向其他销售商出售接入自己安装基础的机会。对安装基础销售互补产品是卖方企业利用安装基础的主要形式，在某些情况下，企业建立安装基础的主要目的就是销售其互补品。除了销售互补产品的策略，企业还可以向他人出售接近自己顾客的机会，这种交叉营销可以进一步挖掘顾客价值，同时使商业伙伴之间的合作关系更加紧密。

② 如何理解大数据的内涵？

要点：大数据的概念。

参考答案：

大数据，就是海量数据的意思，然而其内涵并非简单的大规模数据。大数据伴随着网络经济的兴起，呈现出蓬勃发展的态势。一方面，无论是政府还是企业，都可以轻松获取消费者的海量数据；另一方面，这些海量数据中蕴藏着巨大价值，如何利用这些价值是大数据兴起的原因。

学术界关于大数据并没有统一的定义，但显然，大数据的内涵应该包含以下五个方面：第一，数据量巨大。这是大数据最直接的特征。第二，数据处理速度快。大数据的内涵显然不只是单纯强调数据量，还需要数据存储、处理能力与之相匹配。第三，数据具有多样性。大数据的关键在于呈现膨胀性增长的数据主要是非结构化数据和半结构化数据。第四，数据价值密度低。价值稀疏性是大数据研究的重要方向。第五，数据的真实性。相较于传统数据，大数据更加有利于挖掘事件的真实性。目前，大数据已经成为全球各国创新发展、国家安全、信息安全、网络安全等领域的交叉核心部分。案例中，滴滴依靠互联网技术掌握了司乘双方大量的隐私信息数据，在获取利益的同时，如何保护这些大数据的安全值得深思。

③ 网络经济时代长尾理论的意义是什么？

要点：长尾理论的内涵。

参考答案：

长尾理论是网络经济时代兴起的一种新理论，最早由美国人克里斯·安德森提出。他指出，“如果把足够多的非热门产品组合到一起，实际上就可以形成一个堪比热门市场的大市场”。长尾理论与传统的“二八定律”相对应，其关键在于正视了长尾产品的市场价值。网络经济的兴起是长尾理论发展的根源。这主要是因为，在网络经济时代，商家的陈列成本明显降低，面对的市场范围显著扩大。

在网络经济时代提出长尾理论，主要意义在于：第一，长尾理论为商家提供了一个新的区域，商家可以在客户细分方面有更大的空间——在生产过剩、“头部市场”过度竞争时，企业可以在长尾市场找到属于自己的“蓝海”。第二，长尾理论让消费者更容易获得个性化的产品和服务，这也是社会发展、文明进步的一个标志。第三，长尾理论是对商家企业数据处理能力的一种挑战。一方面，企业要考虑如何在众多消费者中找到合适的细分市场；另一方面，如何让消费者在海量的信息中找到自己，也是需要考虑的问题。案例中，滴滴的发展道路印证了长尾理论，滴滴的网约车业务正是脱胎于传统的出租车市场。由于具有利用互联网技术的优势，滴滴可以为消费者提供更加便利和个性化的服务，但如何安全处理消费者信息也是滴滴要解决的问题。

（四）教学组织方式

结合案例，将思政元素融入“网络经济学”相关知识点的讲授当中。本案例讲授时间为 2 个课时（90 分钟），具体安排见表 1。

表 1　案例的教学组织

学习阶段	内容安排	时间安排	学习目标
课前	要求学生分组并预习相关知识点	提前两天	了解案例与相关知识点
课中	任课教师展示案例 PPT	10 分钟	熟悉案例
	任课教师对案例相关 PPT 进行讲解	10 分钟	理解案例涉及的知识点与思政元素
	学生分组讨论	20 分钟	培养学生分析问题的能力
	随机提问 3~4 组	30 分钟	培养学生总结归纳的能力
	任课教师进行总结	20 分钟	强调重点，加深学生对知识点的理解
课后	布置作业，让学生总结自己的看法		加深对知识点及思政元素的认识

（五）总结

网络经济的存在并非完全基于互联网的发展，网络经济中的网络也不局限于互联网，但必须指明的是，正是由于互联网技术的飞速发展，网络经济在经济社会发展中才更加普及，网络经济的特性在各个行业内都得以显现。随着科学技术的发展，一些基于网络经济的新兴产业快速崛起，企业的经营策略和商业模式也有所改变。在对案例进行分析时，可以运用网络经济学相关知识点对当前我国互联网企业发展情况进行分析，同时让学生理解理论联系实际、运用思政元素分析现实问题的重要性。经济管理类专业的学生在学好相关专业理论知识的同时，还要树立正确的世界观、人生观和价值观，从政治的高度认识、分析、总结社会发展过程中的一些现象和问题，自觉践行社会主义核心价值观，加强道德修养。

参考文献

［1］中国网信网.关于下架“滴滴出行”App的通报［EB/OL］.（2021-07-04）. http：//www.cac.gov.cn/2021-07/04/c_1627016782176163.htm.

［2］沃德研究院.滴滴下架背后六大问题，足以让你吓出一身冷汗［EB/OL］.（2021-07-07）. http：//www.xilu.com/20210707/1000010001179544_1.html.

［3］黄丽华.民营企业践行社会主义核心价值观的有效路径［EB/OL］.（2018-12-04）. http：//theory.people.com/GB/n1/2018/1204/C40531-30440374.

html?ivk_sa=10215771.

［4］王晔，张铭洪 . 网络经济学［M］. 3 版 . 北京：高等教育出版社，2019.

［5］本书编写组 . 马克思主义基本原理概论［M］. 北京：高等教育出版社，2018.

［6］本书编写组 . 党的十九大报告辅导读本［M］. 北京：外文出版社，2017.

案例六　抢抓数字经济发展机遇，引导平台企业健康发展

一、案例正文

互联网平台是基于现代信息技术，为双边多边市场主体提供连接、沟通、匹配、交易服务和价值创造的载体。伴随着信息技术的快速进步，平台企业不断涌现并快速成长，我国兴起了阿里巴巴、京东、美团、滴滴等互联网企业，给传统商业模式带来巨大变革，成为数字经济的重要载体。根据中国信息通信研究院发布的报告，截至2020年底，我国价值超10亿美元的数字平台企业有197家，总价值为35043亿美元，居全球第二位。

以阿里巴巴集团为例。该公司于1999年在浙江杭州创立，借助移动互联网、大数据、云计算、人工智能等现代信息技术，发展迅速。2014年9月，阿里巴巴集团在纽交所上市，成为纽交所史上最大IPO（首次公开募股）公司，市值达5000亿美元。2022财年，阿里集团总收入为8530.62亿元人民币，净利润为1363.88亿元，年度活跃消费者约有13.1亿人。公司业务和关联业务多样，包括淘宝、天猫、阿里巴巴国际交易市场、1688、阿里云、蚂蚁金服、菜鸟网络等。2022财年，阿里巴巴全球商品交易额达人民币8.317万亿元，中国市场消费者达到10亿人，海外消费者超过3亿人。

我国平台企业快速发展有其社会环境和经济基础。我国有广阔的市场和消费群体，通信技术的快速发展、智能手机和移动互联网的普及、政府对创新的鼓励与支持、基础设施的不断改善、进入国内的平台企业数量较少等促成了我国平台企业和平台经济的快速发展。截至2021年底，我国网民数量达10.32亿人，互联网普及率达73.0%，预计2025年该比率将达到75%，平台企业发展前景广阔。

平台企业利用现代网络通信技术优势，打破了时间和地域限制，扩大了市场半径，降低了交易成本，极大地拓展了服务边界，增强了市场密度，为人际交流、货物和服务交易提供了极大便利，扩大了合作和分工，提高了资源配置效率，成为数字经济的重要组成部分和创新的引领者，同时为社会提供了就业和创业机会，在消费、贸易、产业升级改造方面起到了带

动作用。平台企业在发展中积累了大量的用户数据和资源，借助大数据分析，打造流量、数据、内容、推送平台生态系统，不仅匹配产品和服务，而且在重大突发公共事件中发挥了基础保障作用。

我国平台企业在快速发展过程中，也出现了不少问题。比如，过于追求经济效益，漠视市场规则和秩序，有出售假冒伪劣产品行为，甚至存在非法交易；过度收集用户信息，利用流量算法，侵犯消费者隐私，并实施价格歧视，出现了一家独大或寡头结构的市场格局，实施不正当竞争或垄断行为。2021 年 4 月，阿里巴巴公司滥用其在国内网络零售平台的市场支配地位，对平台内商家提出“二选一”要求，市场监管总局依法对其作出 182.28 亿元罚款的行政处罚。2022 年 7 月，国家网信办对滴滴公司过度收集和违规处理个人信息等违法行为处罚款 80.26 亿元。平台企业利用其资源无序扩张，会给经济社会乃至国家安全带来风险。我们需要健全规则、加强对平台企业的监管治理。平台企业需加强自律，在社会主义市场经济体制下健康发展。

二、思政元素

（一）辩证地认识平台企业和平台经济

辩证法的对立统一规律、质量互变规律、否定之否定规律揭示了事物发展变化的规律。辩证法认为事物内部存在着矛盾，矛盾有主要矛盾和次要矛盾之分，矛盾的对立统一推动着事物的发展变化，客观实际是不断发展变化的，人的认识和实践活动需要不断认识矛盾和解决矛盾。平台企业在 20 世纪之初是新生事物，我们鼓励包容其发展，经过 20 多年的积累，平台体量增大，数量增多，问题和矛盾也日益显现，我们在审慎包容的前提下，需要完善规则、加强监管。我们要辩证地认识其作用，既要认识到互联网平台的优势和积极作用，以及在创新、服务、降低成本和提升效率等方面的贡献，又要认真观察和认识其存在的问题和挑战，如过度收集用户隐私数据、价格歧视，垄断、多业混合经营资本无序扩张等，直面并解决这些问题是平台经济健康发展的必要条件。

（二）平台经济的发展必须纳入法治框架

市场经济是法治经济，我们必须更加注重法治思维，完善法治规则，规范平台企业发展。平台经济作为新的商业模式和新兴业态，线下企业所遵循的消费者权益保障、知识产权保护、税收、反不正当竞争等规则在平台经济中未得到完全保障。未来一方面需要完善相关法律，加强监管，防止刷单、售假、虚假交易、非法交易、隐私侵犯在网络空间存在，防止资本的无序扩张，妨碍市场公平竞争，创造一个公平竞争、充满活力和创造力的经济生态。另一方面平台自身也要健全平台规则，通过准入资格审查、交易行为监控、行为和信用数据积累等办法加强自我治理，对平台商户和顾客行为进行引导规范，建立并完善平台自身、商户、消费者共参共建的平台共治模式。

（三）平台企业要更好承担责任社会

平台企业要强化社会责任意识，更好履行社会责任。平台既是经营和利润主体，也是社会成员，占有着大量资源的平台企业要有更多的社会责任担当。尤其当平台规模壮大、影响力增强，社会对其期望更高。平台企业须加强自我约束，做对社会有益的事情。加强法律意识，遵守市场规则；完善自我监督机制，确保平台商品合格、交易合法，在商业伦理和网络生态方面起示范作用。平台要利用自身的资本实力进行科技创新，在建设创新型社会方面有所作为。对平台输出的内容加强审查，在思想引领、价值导向和审美塑造发挥积极正向作用。总之要在科技创新、资源节约、社会服务和国家安全方面提升企业履责意识和能力，展现出新时代企业应有的使命责任和远见。

三、案例使用

（一）教学用途与教学目标

1. 教学用途

本案例适用于《当代经济学流派》教材第八章“新制度经济学”相关内容的教学。

2. 教学目标

（1）知识层面

理解概念：制度、交易成本、机制设计。

掌握知识点：制度包括正式制度和非正式制度、制度的含义、正式制度和非正式制度的作用、制度对降低交易成本和提升效率的重要意义、制度的设计、制度创新的重要性。

（2）能力层面

分析能力：任课教师通过案例分析和相关知识点的讲授，使学生能够分析具体事例涉及的主要制度因素，认识到这些制度产生的原因、对主体行为的激励和约束作用，以及正式制度规则的完善、良好的商业伦理对市场经济建设的重要性，分析制度设计的内在机理和不同制度设计的不同效果。

创新能力：任课教师通过案例分析和相关知识点的讲授，使学生能够结合具体事例，尝试进行制度设计和创新，从而使问题得到较好解决，并指出制度创新的逻辑和可行路线，预测制度实施后的效果，提升实践能力和创新能力。

（3）素质层面

提升专业素养：使学生认识到制度规则对平台经济健康发展的重要性。制度能够形成约束，也能减少不确定性，稳定主体对未来的预期。如果违背制度，要承担违约成本。平台企业需遵守国家的法律规范，履行社会责任。平台消费者要有隐私保护意识，遵守平台契约，建立良好的信用。平台企业的健康发展需要完善的法律体系做支撑，但制度的创新和实施都是有成本的，契约涉及的多边主体间也存在博弈。

（二）案例讨论的准备工作

① 学生预习《当代经济学流派》教材第八章“新制度经济学”的内容，以及我国“十四五”规划中有关平台经济发展的内容。

② 任课教师事先通知学生搜集有关我国平台企业和平台经济发展的资料，包括平台企业崛起的背景、平台经济的优势和存在的问题、平台经济的类型、平台经济发生的重大事件等，为案例分析和课堂讨论做准备。

（三）案例分析要点

1. 启发思考题

① 我国平台企业快速发展的原因有哪些？

② 当前我国平台企业存在哪些问题？

③ 如何引导平台企业健康发展？

2. 分析思路

① 我国平台企业快速发展的原因有哪些？

要点：降低交易成本，提高资源配置效率。

参考答案：

我国平台企业快速发展的原因主要有五个：

一是互联网和移动互联网的快速发展和普及为平台企业快速发展提供了数字基础设施。2021 年底，我国网民超过 10 亿人，占全球网民规模的 1/5，互联网普及率达 73%，手机网络用户支付规模达到 9 亿元，连续 8 年成为全球最大的网络零售市场。

二是我国道路等基础设施的改善和物流的快速发展。近年来，我国高速公路、高铁发展迅猛，加上相对的劳动力成本优势，城乡物流配送体系不断完善。

三是鼓励创新的宽松政策环境。政府对电子商务的鼓励与支持为电商企业发展提供了宽松的环境。

四是平台经济自身的优势，比如降低交易成本、扩展市场范围等。线下商业活动需支付店铺租金、行政管理收费等，而网络经营可以跳过中间商、减少交易环节和经营成本。

五是进入我国市场的国际大型平台数量较少。

② 当前我国平台企业发展存在哪些问题？

要点：平台企业发展存在的问题。

参考答案：

当前我国平台企业发展存在以下六个问题：

一是过度收集用户信息。具体体现在以下三个方面：第一，在注册环节过度收集用户信息，比如要求读取通讯录信息等，侵害用户隐私权益。第二，隐私条款内容晦涩冗长，有时变身霸王条款，有时要求用户一揽子打包授权，扩大信息收集范围、出台免责条款等。第三，在使用中收集消费者的收入、爱好、职业、消费习惯等信息，甚至造成信息泄露和信息买卖等，给用户带来不安全感，甚至造成财产损失。

二是平台商品质量难以完全保证。我国平台企业众多，很多平台准入门槛低、从业人员素质参差不齐，有的卖家没有资质就开展经营，有的商户利用低价吸收消费者，使得产品质量很难保证。在营销过程中，平台企业常会出现夸大宣传、美化图片、虚假交易等问题，有的平台还存在违法行为，比如售卖违禁品等。

三是存在价格歧视。平台企业利用大数据对用户信息进行收集、储存、分析，掌握用户收入、消费习惯、消费频率等个人信息，利用数据算法，不仅能够精准推送商品，而且可以将价格歧视发挥到极致，对忠诚用户收取高价格，对新用户发券补贴，极大地获取消费者剩余。大数据“杀熟”有悖公平，造成信任危机。

四是垄断和不正当竞争。平台企业发展得越大，资源聚焦效应越强，凭借市场势力形成垄断，又利用垄断地位进行不正当竞争，强化其垄断地位和影响力，利用平台掌握的用户和数据信息，滥用市场地位，进行不正当竞争，使更多资源向平台聚集，不利于形成良好商业生态和公平竞争市场秩序。

五是资本无序扩张。我国对互联网新兴业态采取包容的态度，有利于创新和新事物的成长，平台企业经过 20 年的高速发展，有了规模和积累，汇聚了大量资源，有的平台不断拓展业务领域，投资进入金融、理财、保险、媒体、教育等领域，利用规则的不完善，野蛮生长，多业经营混合经营，给经济和社会带来风险。

六是平台企业中的劳资关系和劳动者权益保护问题。平台企业创造了就业岗位，也使劳动者的工作模式变得更加复杂。未来平台企业需要在用工性质确定、平台和劳动者权利义务界定、劳动者权益保护等方面进行研究和规范，完善劳动者权益保障体系。

③ 如何引导平台企业健康发展？

要点：完善数字规则，鼓励商业创新。

参考答案：

可通过以下方式引导平台企业健康发展：

一是鼓励平台企业继续创新，培育一批有国际竞争力的平台企业。平台企业是数字经济和产业创新的重要载体，是创新企业。我国平台经济多以商业模式创新为主，业务扩张和盈利模式相对粗放，平台企业在科技创新能力、国际化程度、国际竞争力等方面与世界领先水平还存在差距，核心技术能力不强，人才支撑不足。未来我国平台企业的科技创新能力还需加强，需增加科技创新投入，参与国家重大科技创新项目，提升国际竞争力，实现国际化发展。

二是完善数字规则，加强监管。我国先后出台实施《中华人民共和国网络安全法》《个人信用信息基础数据库管理暂行办法》《中华人民共和国个人信息保护法》等法规，然而在多个方面存在不足和改进空间。针对个人信息保护的责任认定和处罚就略显粗略，量刑也相对较轻。因为法律方面定义得不够细致，导致在实际操作中很难执行。我们还需加强对数字经济规则的研究，完善治理规则体系。

三是坚持平台经济反垄断。2008年我国出台了《中华人民共和国反垄断法》，2017年我国修订了《中华人民共和国反不正当竞争法》，2020年11月市场监管总局发布了《关于平台经济领域的反垄断指南（征求意见稿）》，对“不公平价格行为”“低于成本销售”“拒绝交易”“限定交易”“搭售或者附加不合理交易条件”“差别待遇”等行为的认定进行了明确及细化。我们要按照法律的要求规范平台企业发展，未来还要加强对数据使用管理、数据产权等问题的研究，坚持反垄断，建设公平竞争的市场秩序。健全数字规则，告别野蛮生长，保证创新力和活力。

四是平台自身也要增强法律意识，更好履行社会责任。平台通过对入驻商户进行准入资格审查、交易行为监控、信用数据观察等办法加强自我治理，对入驻商户和消费者行为进行引导。更好承担社会责任，将更多资源用于创新革新、质量改进、服务提升，确保平台商品合格、交易合法，在商业伦理和网络生态方面起到示范作用。督促平台健全消费者投诉举报机制。消费者也要提高个人信息保护意识，杜绝占便宜心理，遵守法律法规，珍视个人信用。

（四）教学组织方式

结合案例，将思政元素融入“新制度经济学”相关知识点的讲授当中。本案例讲授时间为2个课时（90分钟），具体安排见表1。

表1　案例的教学组织

学习阶段	内容安排	时间安排	学习目标
课前	要求学生分组并预习相关知识点	提前三天	了解案例与相关知识点
课中	任课教师展示案例PPT	10分钟	熟悉案例
	任课教师对案例PPT进行讲解	10分钟	理解案例涉及的知识点与思政元素
	学生分组讨论	25分钟	培养学生分析问题的能力
	随机提问3~4组	25分钟	培养学生总结归纳的能力
	教师进行总结	20分钟	强调重点，加深学生对知识点的理解
课后	请学生关注平台企业的发展		认识规则的重要性

（五）总结

平台企业是数字经济的重要载体，是创新发展的重要引领者。平台企业的崛起给消费者带来了便利，提升了资源配置效率，但我们需要完善数字规则，引导平台经营者将更多资源用于技术革新、服务提升和质量改善，预防和制止垄断行为，激发全社会创新创造动力。健全数字规则，加强监管，维护正义公平的市场竞争秩序，维护平台参与者的合法权益，促使平台经济健康发展，培养有国际竞争力的一流平台企业。

参考文献

［1］国务院反垄断委员会．国务院反垄断委员会关于平台经济领域的反垄断指南［EB/OL］. https：//www.gov.cn/xinwen/2021-02/07/content_5585758.htm.

［2］黄益平．平台经济［M］．北京：中信出版集团，2022.

［3］国家发展改革委，等．国家发展改革委等部门关于推动平台经济规范健康持续发展的若干意见［J］．中国价格监管与反垄断，2022（2）：3-6.

［4］徐向梅．推动平台经济规范健康持续发展［N］．经济日报，2022-08-01（11）.

［5］张蕴萍，王亚迪．平台垄断效率损失与防范策略研究［J］．学习与探索，2022（8）：1-9.

［6］刘鹤．必须实现高质量发展［N］．人民日报，2021-11-24（6）.

［7］陈兵．平台反垄断面临多个突出问题［N］．第一财经日报，2021-08-05（A11）.

第三部分 附表

附表 1　21 世纪以来我国思想政治教育重要文件概览

文件名称	发文单位	发文时间	重要任务
《关于新时代加强和改进思想政治工作的意见》	中共中央、国务院	2021 年 7 月	把习近平新时代中国特色社会主义思想作为新时代加强和改进思想政治工作的指导思想，把思想政治工作作为治党治国的重要方式，深入开展思想政治教育，提升基层思想政治工作质量和水平，推动新时代思想政治工作守正创新发展，构建共同推进思想政治工作的大格局
《关于加快构建高校思想政治工作体系的意见》	教育部、中共中央组织部、中共中央宣传部、中共中央政法委员会、中央网络安全和信息化委员会办公室、财政部、人力资源社会保障部、共青团中央	2020 年 4 月	以习近平新时代中国特色社会主义思想为指导，全面贯彻党的教育方针，坚持和加强党的全面领导，坚持社会主义办学方向，以立德树人为根本，以理想信念教育为核心，以培育和践行社会主义核心价值观为主线，以建立完善全员、全程、全方位育人体制机制为关键，全面提升高校思想政治工作质量。健全立德树人体制机制，把立德树人融入思想道德、文化知识、社会实践教育各环节，贯通学科体系、教学体系、教材体系、管理体系，加快构建目标明确、内容完善、标准健全、运行科学、保障有力、成效显著的高校思想政治工作体系
《新时代爱国主义教育实施纲要》	中共中央、国务院	2019 年 11 月	坚持用习近平新时代中国特色社会主义思想武装全党、教育人民。深入开展中国特色社会主义和中国梦教育。深入开展国情教育和形势政策教育。大力弘扬民族精神和时代精神。广泛开展党史、国史、改革开放史教育。传承和弘扬中华优秀传统文化。强化祖国统一和民族团结进步教育。加强国家安全教育和国防教育。新时代爱国主义教育要面向全体人民、聚焦青少年，丰富新时代爱国主义教育的实践载体，营造新时代爱国主义教育的浓厚氛围，加强对新时代爱国主义教育的组织领导
《关于深化新时代学校思想政治理论课改革创新的若干意见》	中共中央办公厅、国务院办公厅	2019 年 8 月	完善思政课课程教材体系，建设一支政治强、情怀深、思维新、视野广、自律严、人格正的思政课教师队伍，不断增强思政课的思想性、理论性和亲和力、针对性，加强党对思政课建设的领导
《加快推进教育现代化实施方案（2018 — 2022 年）》	中共中央办公厅、国务院办公厅	2019 年 2 月	把学习贯彻习近平新时代中国特色社会主义思想作为首要任务，贯穿到教育改革发展全过程，落实到教育现代化各领域各环节。以习近平新时代中国特色社会主义思想武装教育战线，推动习近平新时代中国特色社会主义思想进教材进课堂进头脑，将习近平新时代中国特色社会主义思想融入中小学教育，加强高等学校思想政治教育

续表

文件名称	发文单位	发文时间	重要任务
《关于深化教育体制机制改革的意见》	中共中央办公厅、国务院办公厅	2017年9月	健全立德树人系统化落实机制。深入开展理想信念教育，引导学生坚定拥护中国共产党领导，树立中国特色社会主义共同理想，增强中国特色社会主义道路自信、理论自信、制度自信、文化自信。深入开展以爱国主义为核心的民族精神和以改革创新为核心的时代精神教育、道德教育、社会责任教育、法治教育，加强中华优秀传统文化和革命文化、社会主义先进文化教育。健全全员育人、全过程育人、全方位育人的体制机制，充分发掘各门课程中的德育内涵，加强德育课程、思政课程。创新思想政治教育方式方法。用好自然资源、红色资源、文化资源、体育资源、科技资源、国防资源和企事业单位资源的育人功能，充分发挥学校党、共青团、少先队组织的育人功能
《关于加强和改进新形势下高校思想政治工作的意见》	中共中央、国务院	2017年2月	强化思想理论教育和价值引领。发挥哲学社会科学育人功能。加强对课堂教学和各类思想文化阵地的建设管理。加强教师队伍和专门力量建设。推进高校思想政治工作改革创新。加强和改善党对高校的领导
《中共中央宣传部中共教育部党组关于加强和改进高校宣传思想工作队伍建设的意见》	中共中央宣传部、中共教育部党组	2015年9月9日	高度重视加强和改进高校宣传思想工作队伍建设是一项战略性基础工程，明确加强和改进高校宣传思想工作队伍建设的总体要求、重点任务与保障措施
《教育部关于全面深化课程改革　落实立德树人根本任务的意见》	教育部	2014年4月	充分认识全面深化课程改革、落实立德树人根本任务的重要性和紧迫性。准确把握全面深化课程改革的总体要求。着力推进关键领域和主要环节改革。切实加强课程改革的组织保障
《关于进一步加强和改进大学生思想政治教育的意见》	中共中央、国务院	2004年10月	加强和改进大学生思想政治教育是一项重大而紧迫的战略任务。加强和改进大学生思想政治教育的主要任务。高等学校思想政治理论课是大学生思想政治教育的主渠道。发挥党的政治优势和组织优势，高度重视学生党员发展工作，坚持标准，保证质量，把优秀大学生吸纳到党的队伍中来。思想政治教育工作队伍是加强和改进大学生思想政治教育的组织保证。全社会都要关心大学生的健康成长，支持大学生思想政治教育工作。各级党委和政府要从战略和全局的高度，充分认识加强和改进大学生思想政治教育的重大意义，把“培养什么人”“如何培养人”这一重大课题始终摆在重要位置，切实加强领导

附表 2 国家层面课程思政建设专门政策文件

文件名称	发文单位	发文时间	重要任务
《全面推进“大思政课”建设的工作方案》	教育部、中共中央宣传部等十部门	2022 年 7 月 25 日	1. 改革创新主渠道教学。 2. 善用社会大课堂。 3. 搭建大资源平台。 4. 构建大师资体系。 5. 拓展工作格局
《高等学校课程思政建设指导纲要》	教育部	2020 年 5 月 28 日	1. 明确课程思政建设目标要求和内容重点。 2. 科学设计课程思政教学体系。 3. 结合专业特点分类推进课程思政建设。 4. 将课程思政融入课堂教学建设全过程。 5. 提升教师课程思政建设的意识和能力。 6. 建立健全课程思政建设质量评价体系和激励机制。 7. 加强课程思政建设组织实施和条件保障
《关于深化新时代学校思想政治理论课改革创新的若干意见》	中共中央办公厅、国务院办公厅	2019 年 8 月 14 日	1. 深化新时代学校思想政治理论课改革创新，要全面贯彻党的教育方针。 2. 关于深化新时代思想政治课改革创新的基本原则。 3. 完善思政课课程教材体系。 4. 建设一支政治强、情怀深、思维新、视野广、自律严、人格正的思政课教师队伍。 5. 不断增强思政课的思想性、理论性和亲和力、针对性。 6. 加强党对思政课的领导
《教育部关于加强新时代高校“形势与政策”课建设的若干意见》	教育部	2018 年 4 月 13 日	1. 强调“形势与政策”课程的重要性。 2. 将“形势与政策”课纳入思政课管理体系，纳入学校教学计划
《关于加强和改进新形势下高校思想政治工作的意见》	中共中央、国务院	2017 年 2 月 27 日	1. 加强和改进高校思想政治工作的基本原则。 2. 强化思想理论教育和价值引领。 3. 加强对课堂教学和各类思想文化阵地的建设管理。 4. 加强教师队伍和专门力量建设。 5. 推进高校思想政治工作改革创新。 6. 加强和改善党对高校的领导
《关于全面深化课程改革落实立德树人根本任务的意见》	教育部	2014 年 4 月 8 日	1. 编写、修订高校和中小学相关学科教材。 2. 改进学科教学的育人功能。 3. 完善各方参与的育人机制

附表 3　部分省市课程思政政策文件概览

文件名称	发文单位	发文时间	重要任务
《全面推进北京高等学校课程思政建设工作方案》	中共北京市委教育工作委员会、北京市教育委员会	2021 年 4 月 16 日	1. 准确把握课程思政建设内容。 2. 强化课程思政教学体系建设。 3. 结合专业特点分类推进课程思政建设。 4. 将课程思政融入课堂教学建设全过程。 5. 提升教师课程思政建设的意识和能力
《关于全面推进全市高等学校课程思政建设的若干举措》	中共天津市委教育工作委员会、天津市教育委员会	2020 年 11 月 17 日	1. 培育高素质的教师队伍，打造课程思政“主力军”。 2. 建设高品质的课程思政，掌控课程建设“主战场”。 3. 开展高水平的思政教育，守好意识形态“主阵地”。 4. 实施高标准的课堂教学，抓住课堂教学“主渠道”
《关于深入推进上海高校课程思政建设的实施意见》	中共上海市教育卫生工作委员会、上海市教育委员会	2021 年 8 月 27 日	1. 全面修订人才培养方案。 2. 研制课程思政教学指南。 3. 完善课程教学管理。 4. 加强教材建设与管理。 5. 提升教师课程思政意识与能力。 6. 完善课程思政教学质量评价
《重庆市全面推进高等学校课程思政建设工作方案》	重庆市教育委员会	2020 年 9 月 17 日	1. 准确把握课程思政建设的时代内涵。 2. 统筹推进课程思政课程体系建设。 3. 将课程思政融入课堂教学建设全过程。 4. 围绕课程思政建设深化教学改革。 5. 着力提升教师课程思政意识和能力。 6. 加强课程思政建设研究。 7. 强化课程思政建设评价。 8. 加强课程思政建设组织领导和条件支撑
《全面推进高等学校课程思政建设工作方案》	河北省教育厅	2020 年 9 月 18 日	1. 准确把握课程思政内容体系。 2. 科学设计课程思政教学体系。 3. 重点建设各类专业课程思政体系。 4. 系统构建课程思政培养体系。 5. 着力培育课程思政研究体系。 6. 加快建立课程思政评价体系
《山西省高等学校课程思政建设实施方案》	山西省教育厅	2021 年 8 月 20 日	1. 以共建共享理念引领课程思政建设发展新格局。 2. 以学科专业为基础分类推进课程思政集成创新。 3. 以改革创新思路促进课程思政教师能力提升

续表

文件名称	发文单位	发文时间	重要任务
《关于深入推进高等学校课程思政建设的实施意见》	山东省教育厅	2021年10月8日	1. 构建科学合理的课程思政教学体系。 2. 将课程思政融入课程教学全过程。 3. 拓展课程思政建设方法和途径。 4. 建强课程思政教师队伍“主力军”。 5. 健全课程思政教学质量监控体系。 6. 打造高校课程思政齐鲁样板
《关于推进本科高校课程思政建设的指导意见》	中共河南省委高校工委、河南省教育厅	2020年8月11日	1. 深入挖掘课程思政元素，打造样板课程。 2. 充分发挥互学互帮作用，凝练教学团队。 3. 扎实推进课程思政研究，形成示范引领。 4. 整体推动思政育人改革，建设示范高校。 5. 全面启动教育教学改革，转化教研成果
《关于实施湖南省高校思想政治工作质量提升工程的意见》	中共湖南省委教育工作委员会、湖南省教育厅	2019年4月30日	1. 坚持协同发力，统筹推进课程育人。 2. 坚持科教融合，着力加强科研育人。 3. 坚持知行合一，扎实推动实践育人。 4. 坚持以文化人，深入推进文化育人。 5. 坚持线上线下结合，创新推动网络育人。 6. 坚持人文关怀，大力促进心理育人。 7. 坚持依法治校，切实强化管理育人。 8. 坚持以生为本，不断深化服务育人。 9. 坚持帮扶引导，全面推进资助育人。 10. 坚持教育引导，积极优化组织育人
《深入推进全省高等学校课程思政建设的实施意见》	江苏省教育厅	2020年7月7日	1. 强化立德树人，落实课程思政主体责任。 2. 强化全面覆盖，设计课程思政教学体系。 3. 强化分类指导，推进专业课程思政建设。 4. 强化育人能力，提升教师课程思政素养。 5. 强化改革创新，深化课程思政建设研究
《浙江省高校课程思政建设实施方案》	浙江省教育厅	2020年12月9日	1. 科学设计全面覆盖、类型丰富的教学体系，明确课程思政目标要求。 2. 着力打造育人特色鲜明的高水平课程，提升课程思政建设质量。 3. 有机融入课堂教学全过程，创新课程思政教学。 4. 建设具有浙江特色的课程资源，丰富课程思政内涵。 5. 提高教师课程思政教学意识和能力，确保课程思政落到实处。 6. 建立评价激励机制，提升课程思政实效性

续表

文件名称	发文单位	发文时间	重要任务
《全面推进高等学校课程思政建设的实施意见》	福建省教育厅	2021年12月20日	1. 科学修订培养方案。 2. 分类推进课程思政。 3. 创新课堂思政方式。 4. 提升教师育人能力。 5. 完善课程思政评价。 6. 深化课程思政研究。 7. 优化课程思政管理
《关于强化课程思政建设一流课程的意见》	广东省教育厅	2019年7月15日	1. 加强师德师风建设。 2. 挖掘课程育人功能。 3. 完善课程准入机制。 4. 及时更新课程内容。 5. 强化教材使用管理。 6. 改革课堂教学模式。 7. 提高教师育人水平。 8. 严格课程考核考试。 9. 完善课程评价体系。 10. 大力开展试点示范
《全面推进广西高等学校课程思政建设的实施意见》	广西壮族自治区教育厅	2020年9月25日	1. 抓牢课程建设主阵地，构建思政育人协同体系。 2. 抓实教师队伍建设，紧握课程思政育人方向。 3. 抓住大学生认知规律，增强课程思政育人效果。 4. 抓选一批典型，全面推进课程思政建设
《全面推进普通本科高校课程思政建设的实施办法》	贵州省教育厅	2020年7月15日	1. 以一流大学建设为抓手，推进专业思政建设。 2. 以一流专业建设为目标，一流学科建设为支撑，构建科学合理的课程思政教学体系。 3. 分层分类进行课程"主战场"建设，将马克思主义理论贯穿育人环节全过程。 4. 提升教师课程思政建设的理念和能力，强化教师育人主体意识。 5. 课堂教学全过程融入，全面落实课程思政建设
《关于推进高校课程思政建设的指导意见》	云南省委教育工委、云南省教育厅	2021年8月16日	1. 准确把握课程思政内容体系，明确建设目标。 2. 深入挖掘课程思政元素，打造示范课程。 3. 充分发挥互学互帮作用，凝练教学团队。 4. 扎实推进课程思政研究，形成示范引领。 5. 整体推动思政育人改革，建设示范高校。 6. 全面启动教育教学改革，转化教研成果

续表

文件名称	发文单位	发文时间	重要任务
《全面推进高等学校课程思政建设工作方案》	中共陕西省委教育工委、陕西省教育厅	2020 年 7 月 31 日	1. 构建课程思政教学体系。 2. 分类推进课程思政建设。 3. 将课程思政融入课堂教学全过程。 4. 着力提升教师课程思政意识和能力。 5. 加强课程思政建设研究。 6. 建立课程思政建设评价体系
《推进高校课程思政建设的实施方案》	内蒙古自治区高校工委、教育厅	2021 年 5 月 5 日	1. 遴选建设课程思政教学研究示范中心，选树一批课程思政教学名师、教学团队，推出一批示范课程，并分类建设不同专业课程思政优秀案例库、资源库，编写课程思政建设指导手册。 2. 建立健全课程思政评价体系、学科评估、高水平专业群等重大教育教学项目遴选评审的重要评价指标， 3. 将课程思政工作纳入学校教学改革项目，充分调动广大教师参与课程思政建设的积极性，形成推动课程思政建设的工作合力
《关于深入推进全区高等学校课程思政建设的实施意见》	宁夏回族自治区教育工委、宁夏回族自治区教育厅	2020 年 11 月 23 日	1. 系统构建课程思政教学体系。 2. 分类建设课程思政示范课程。 3. 着力提升教师课程思政能力素养。 4. 扎实推进课程思政建设研究。 5. 建立健全课程思政评价体系
《深入推进高校课程思政建设工作方案》	甘肃省教育厅	2020 年 11 月 5 日	1. 坚持全面覆盖，科学设计课程思政教学体系。 2. 坚持分类推进，健全课程思政内容体系。 3. 坚持改革创新，构建课程思政研究体系。 4. 坚持共建共享，搭建教师课程思政培育体系。 5. 坚持激励导向，建立健全课程思政评价体系。 6. 坚持协同联动，完善课程思政工作体系
《全面推进高等学校课程思政建设工作方案》	黑龙江省教育厅	2020 年 12 月 3 日	1. 落实课程思政主体责任。 2. 完善课程思政教学体系。 3. 分类推进专业课程思政。 4. 提升教师育人能力意识。 5. 加强课程思政建设管理。 6. 深化课程思政建设研究。 7. 健全完善考核评价机制
《吉林省全面推进高等学校课程思政建设工作方案》	吉林省教育厅	2020 年 11 月 26 日	1. 科学设计课程思政教学体系。 2. 分类推进课程思政建设。 3. 健全课堂教学管理体系。 4. 提升教师课程思政建设能力和水平。 5. 强化课程思政建设研究

附表 4 部分高校课程思政建设文件概览

文件名称	发布单位	发布时间	建设举措
《复旦大学关于全面深入推进课程思政建设的实施方案》	中共复旦大学委员会	2020 年 9 月 27 日	1. 抓培养体系。 2. 抓教学管理。 3. 抓教学组织。 4. 抓教师培训。 5. 抓教材建设
《北京师范大学关于进一步加强课程思政建设的实施办法》	北京师范大学	2021 年 11 月 26 日	1. 优化课程思政教学体系。 2. 完善课程思政建设培训制度。 3. 发挥教师言传身教的作用。 4. 坚持课程思政建设研讨制度。 5. 开展课程思政教改立项。 6. 推进现代信息技术在课程思政教学中的应用。 7. 评选课程思政建设优秀课程。 8. 选树课程思政建设典型。 9. 建立健全课程思政建设质量评价体系
《南京大学全面加强课程思政建设行动方案》	南京大学	2021 年 7 月 14 日	1. 深化认识，全面阐述课程思政建设的“南大理念”。 2. 同心同行，系统构建课程思政全覆盖的“南大方案”。 3. 注重实效，着力打造课程思政评价的“南大标准”
《吉林大学全面推进课程思政建设工作实施方案》	中共吉林大学委员会	2020 年 12 月 22 日	1. 打造课程思政教学体系。 2. 分类推进课程思政内容体系建设。 3. 将课程思政融入课堂教学全过程。 4. 提升教师课程思政意识和能力。 5. 加大课程思政建设支持力度。 6. 建立课程思政建设评价机制。 7. 提升课程思政研究水平
《宁夏大学关于深入推进课程思政建设实施方案》	宁夏大学办公室	2022 年 5 月 25 日	1. 课程思政教学体系建设计划。 2. 课程思政示范课程建设计划。 3. 课程思政教学名师和教学团队遴选计划。 4. 开展课程思政教学改革研究。 5. 开展“宁夏大学课程思政教学工作坊”活动。 6. 课程思政评价体系建设计划
《西安交通大学全面深化课程思政建设实施方案》	西安交通大学	2021 年 5 月 11 日	1. 提高思想认识，营造良好氛围。 2. 完善课程体系，抓实教学管理。 3. 实施分类推进，重视示范引领。 4. 打造特色品牌，加强教改研究。 5. 建立联动机制，健全质量评价
《四川大学思政课课堂教学质量提升实施方案》	四川大学	2022 年 3 月 24 日	1. 多渠道搭建课程思政交流分享平台。 2. 专门设置课程思政教育教学改革研究专项，单独设立课程思政和思政课程金课建设专项。 3. 不断完善课程思政榜样课程、榜样教师遴选办法。 4. 大力宣传课程思政榜样课程、榜样教师典型经验

续表

文件名称	发布单位	发布时间	建设举措
《广西大学课程思政建设实施方案（试行）》	广西大学	2020年10月7日	1. 加强师德师风建设，加强教学培训。 2. 加强团队建设，深化教学研究。 3. 发挥示范引领作用，优化课程思政内容供给。 4. 强化富民兴桂和爱校荣校教育，加强体育、美育、劳动教育。 5. 加强体育、美育、劳动教育，构建示范课程体系。 6. 更新教学大纲及教案，创新课堂教学模式。 7. 加强教材建设与管理，深入挖掘第二课堂育人元素。 8. 抓严课堂教学管理，建立健全质量评价体系。 9. 以“知识点＋案例”贯穿育人全程，以“特色＋课程思政”彰显育人特色。 10. 以“伦理＋学科专业”强化伦理教育，以“网络＋课程思政”提升育人实效
《湖南大学深入推进课程思政工作实施方案》	湖南大学	2019年10月21日	1. 加强课程思政顶层设计。 2. 开展课程思政专题培训。 3. 强化课程育人意识。 4. 搭建课程思政交流平台。 5. 形成课程思政育人体系。 6. 开展课程思政专项建设。 7. 做好课程思政示范推广。 8. 完善课程思政制度保障
《河南大学推进课程思政工作指导意见》	中共河南大学委员会	2019年6月25日	1. 推进课程体系建设，挖掘课程思政元素。 2. 推进课程教育改革，打造课程思政格局。 3. 加强教师队伍建设，提高教帅育人能力。 4. 全力推进课程思政示范课程建设
《河南师范大学课程思政建设实施方案》	中共河南师范大学委员会、河南师范大学	2021年8月27日	1. 科学设计课程思政教学体系。 2. 结合专业特点分类推进课程思政建设。 3. 提升教师课程思政建设的意识和能力。 4. 加强课程思政建设组织实施和条件保障
《信阳师范学院关于推进课程思政建设的指导意见》	信阳师范学院	2022年4月25日	1. 构建课程思政教学体系。 2. 将课程思政融入课程教学全过程。 3. 拓展课程思政建设方法和途径。 4. 建强课程思政教师队伍“主力军”。 5. 健全课程思政教学质量监控体系。 6. 打造课程思政区域品牌
《杭州职业技术学院课程思政建设实施方案（2021—2025年）》	杭州职业技术学院	2021年11月5日	1. 全课程渗透，落实课程思政建设。 2. 全要素融入，践行课程思政教学。 3. 全方位保障，实施课程思政改革

附表 5　部分高校课程思政建设经验摘编

高校名称	典型经验	资源链接
清华大学	“如盐在水”开展课程思政	https：//www.tsinghua.edu.cn/news/zttj/txtx__qhdxkcszsj.htm
北京大学	选树课程思政样板院系	https：//kcsz.pku.edu.cn/sfyx/index.htm
中国人民大学	结合重大发展战略开展课程思政	http：//www.moe.gov.cn/jyb_xwfb/xw_zt/moe_357/jjyzt_2022/2022_zt04/dianxing/anli/202209/t20220902_657456.html
天津大学	以大平台和大交流促进课程思政建设	http：//marxism.tju.edu.cn/info/1058/2345.htm
南开大学	办好“大思政课”培育“时代新人”	https：//m.thepaper.cn/baijiahao_17327621
山东大学	系统设计大力推进课程思政建设	https：//www.view.sdu.edu.cn/info/1936/171420.htm
中国海洋大学	依托特色优势专业打造课程思政示范样板	http：//cfse.ouc.edu.cn/_t917/2022/1120/c4426a382760/page.htm
南京大学	“三抓三强化”推进课程思政	http：//www.moe.gov.cn/jyb_xwfb/s6192/s133/s171/202204/t20220426_621797.html
东南大学	大力挖掘学科思政元素　切实加强课程思政建设	http：//www.moe.gov.cn/jyb_xwfb/s6192/s133/s173/202107/t20210715_544819.html
复旦大学	结合专业特点分类推进课程思政建设	https：//econ.fudan.edu.cn/info/1042/14102.htm
上海交通大学	依托课程做实课程思政	https：//ctld.sjtu.edu.cn/news/detail/820
浙江大学	多措并举推进课程思政建设	http：//www.moe.gov.cn/jyb_sjzl/s3165/202012/t20201225_507514.html
浙江财经大学	结合特色专业做细课程思政	https：//www.zufe.edu.cn/info/1080/32848.htm
厦门大学	“五路并进”加强课程思政建设	https：//news.xmu.edu.cn/info/1004/43377.htm
福州大学	多措并举推进研究生思政课程和课程思政建设	https：//news.fzu.edu.cn/info/1014/25322.htm
中山大学	以“五个着力”探索加强课程思政建设	http：//www.moe.gov.cn/jyb_xwfb/s6192/s133/s206/202107/t20210723_546278.html

续表

高校名称	典型经验	资源链接
华南理工大学	实施“三四五”行动 深入推进课程思政改革	http：//www.moe.gov.cn/jyb_xwfb/s6192/s133/s207/202111/t20211126_582443.html
海南大学	依托独特专业选树课程思政建设典范	https：//yurenhao.sizhengwang.cn/a/hndxrdzwxygjzdsyspyjdjgdzb/201105/634115.shtml
海南师范大学	守正创新，行稳致远，推动课程思政	http：//www.hainnu.edu.cn/html/2022/meitihaishi_1103/25411.html
广西大学	立德树人堂堂讲	https：//baijiahao.baidu.com/s?id=1749799302673941582&wfr=spider&for=pc
桂林理工大学	“四维五融六促”创新心理育人体系	http：//paper.jyb.cn/zgjyb/html/2022-09/30/content_614731.htm?div=-1
大连理工大学	铭记党史，立德树人 加强课程思政建设	https：//news.dlut.edu.cn/info/1023/1653.htm
辽宁大学	聚焦立德树人根本任务打造思政工作“两大工程”	https：//news.gmw.cn/2019-10/24/content_33262728.htm
吉林大学	融情入理 润物无声——打造具有吉大特色的全课程育人的课程思政教学体系	https：//news.jlu.edu.cn/info/1396/53573.htm
长春理工大学	教指委助力课程思政建设	https：//sem.ccut.edu.cn/info/1163/11004.htm
哈尔滨工程大学	凝聚支部结对共建向心力，推进课程思政高质量建设	http：//ugs.hrbeu.edu.cn/2022/0411/c11388a285014/page.htm
黑龙江大学	加强教学观摩与研讨助力课程思政建设	https：//sjkx.hlju.edu.cn/info/1061/1114.htm
内蒙古大学	以建设方案牵引新时代课程思政建设	https：//uaa.imu.edu.cn/info/1039/2965.htm
内蒙古民族大学	以主题学习牵引谈课程思政教学实践	http：//shuli.imun.edu.cn/contents/2697/4764.html
山西大学	打通思政育人“最后一公里”	http：//news.sxu.edu.cn/mtsd/a9828c51952343ccbfa2f672e06803d0.htm
山西财经大学	以课程思政建设为抓手 强化一流本科专业建设	http：//news.sxufe.edu.cn/info/1003/26004.htm
河北工业大学	创新思政教育模式 推动高等教育改革	http：//www.hebgcdy.com/ztbd/system/2022/02/14/030554400.shtml

续表

高校名称	典型经验	资源链接
河北大学	推动课程思政与思政课程同频共振、同向同行	http：//www.moe.gov.cn/jyb_xwfb/s6192/s222/moe_1734/202208/t20220818_653594.html
郑州大学	从“五个维度”提升课程思政建设融合度	http：//www5.zzu.edu.cn/student/info/1007/9322.htm
河南科技大学	多措并举推进思政课建设迈上新台阶	https：//www.haust.edu.cn/info/1071/33310.htm
中国科学技术大学	交流互鉴推进课程思政创新建设	https：//www.teach.ustc.edu.cn/notice/notice-info/12838.html
安徽大学	创新载体形式推进课程思政特色建设	http：//jyt.ah.gov.cn/xwzx/gdjy/40386649.html
武汉大学	深挖课程内涵、集聚高水平教师、巧妙融合思政元素	https：//baijiahao.baidu.com/s?id=1725991192759229644&wfr=spider&for=pc
华中科技大学	编写教学指南助力课程思政建设	http：//sjic.hust.edu.cn/info/1151/11456.htm
中南大学	校内交流互鉴助力课程思政深入发展	https：//smse.csu.edu.cn/info/1010/3703.htm
湖南大学	学以“四抓”推进课程思政建设	http：//www.moe.gov.cn/jyb_xwfb/s6192/s133/s204/202203/t20220324_610352.html
南昌大学	发挥示范引领，纵深推进课程思政建设	http：//m.ncu.edu.cn/mtnd/81894bc42bda4d9b8c3e8cd2c741980e.htm
江西财经大学	依托红色税收教育实践，推进思政引领，实现铸魂育人	http：//ggxy.jxufe.edu.cn/news-show-6081.html
西安交通大学	深化课程思政建设，着力提升人才培养质量	https：//yz.chsi.com.cn/kyzx/yxzc/202301/20230105/2252154982.html
西北工业大学	信息技术助力课程思政建设	https：//www.nwpu.edu.cn/info/1039/11958.htm
电子科技大学	以全员育人大师资推动各类课程与思政课同向同行	https：//baijiahao.baidu.com/s?id=1745163588838560722&wfr=spider&for=pc
西南财经大学	坚持“四个聚焦”打造财经专业课程思政示范课程群	https：//baijiahao.baidu.com/s?id=1705782859720594542&wfr=spider&for=pc
重庆大学	凝心聚力、培根铸魂，大力推进课程思政建设	http：//www.moe.gov.cn/jyb_sjzl/s3165/202212/t20221228_1036764.html

续表

高校名称	典型经验	资源链接
西南大学	推进课程思政建设　制定“七个一”实施方案	http：//news.swu.edu.cn/s/news/202006/20200609/4172054.html
贵州大学	在助力乡村振兴中实践育人上好“行走的思政课”	http：//cyl.gzu.edu.cn/2022/0830/c10555a176040/page.htm
贵州财经大学	集体备课深挖课程思政元素	http：//www.gzpopss.gov.cn/n176/20220707/i3158.html
云南大学	探索“四个融合”积极推进思想政治教育改革	https：//web.ict.edu.cn/news/gddt/jydt/n20210723_78966.shtml
昆明理工大学	压实学院主体责任，打造课程思政建设的“一院一特”	https：//jwc.kmust.edu.cn/info/1014/3611.htm
兰州大学	“五抓五促”推进课程思政建设	http：//www.moe.gov.cn/jyb_xwfb/s6192/s133/s220/202012/t20201224_507283.html
西北师范大学	唱好入味入脑入心课程思政“三部曲”	http：//m.jyb.cn/rmtzcg/xwy/wzxw/202004/t20200427_321257.html
宁夏大学	聚焦时代特色，淬炼高校思政“金课”	http：//app.nxnews.net/ningxia/cfwz/yw/202205/t20220512_7555111.html
北方民族大学	铸牢中华民族共同体意识，坚守立德树人初心，推进课程思政改革	https：//xww.nun.edu.cn/info/1044/15325.htm
青海大学	以“四个强化”进一步加强和改进师德师风建设	http：//www.moe.gov.cn/jyb_xwfb/s6192/s222/moe_1761/202204/t20220429_623319.html
青海师范大学	情景式教学探索课程思政示范课程建设新路径	https：//soj.qhnu.edu.cn/info/1055/1683.htm
新疆大学	两校联合共推课程思政建设	https：//www.xju.edu.cn/info/1062/14763.htm
新疆师范大学	推动铸牢中华民族共同体意识教育有形有感有效	https：//fjxy.xjnu.edu.cn/_t619/2022/0526/c11505a121173/page.htm
西藏大学	七秩芳华　立德树人	https：//baijiahao.baidu.com/s?id=1713929172786017820&wfr=spider&for=pc
西藏民族大学	扎实推进铸牢中华民族共同体意识教育	http：//m2.people.cn/news/default.html?s=MV8zXzE1NDQwMDgzXzE1NTJfMTY0NDg5MzYyMg=%3D